教育部哲学社会科学教育规划青年项目
"教育精准扶贫的民众获得感研究"成果

教育的反贫困功能研究

JIAOYU DE FANPINKUN GONGNENG YANJIU

谢 非 著

中国财经出版传媒集团

经济科学出版社
Economic Science Press

图书在版编目（CIP）数据

教育的反贫困功能研究/谢非著 . -- 北京：经济
科学出版社，2022.6
ISBN 978 - 7 - 5218 - 3753 - 7

Ⅰ. ①教…　Ⅱ. ①谢…　Ⅲ. ①教育 - 研究 - 中国
Ⅳ. ①G52

中国版本图书馆 CIP 数据核字（2022）第 105579 号

责任编辑：胡成洁
责任校对：易　超
责任印制：范　艳

教育的反贫困功能研究

谢　非　著

经济科学出版社出版、发行　新华书店经销
社址：北京市海淀区阜成路甲 28 号　邮编：100142
经管中心电话：010 - 88191335　发行部电话：010 - 88191522
网址：www. esp. com. cn
电子邮箱：esp@ esp. com. cn
天猫网店：经济科学出版社旗舰店
网址：http://jjkxcbs. tmall. com
北京季蜂印刷有限公司印装
710×1000　16 开　13.75 印张　220000 字
2022 年 9 月第 1 版　2022 年 9 月第 1 次印刷
ISBN 978 - 7 - 5218 - 3753 - 7　定价：68.00 元
（图书出现印装问题，本社负责调换。电话：010 - 88191510）
（版权所有　侵权必究　打击盗版　举报热线：010 - 88191661
QQ：2242791300　营销中心电话：010 - 88191537
电子邮箱：dbts@ esp. com. cn）

本书由教育部哲学社会科学教育规划青年项目“教育精准扶贫的民众获得感研究”（项目编号：18YJC880093）资助。

前　言

　　教育具有重要的反贫困作用。教育对人内生动力的激发，使人们对防返贫、巩固脱贫成果中教育功能的发挥寄予厚望。多年的教育反贫困实践验证了这种功能，也暴露出该功能的边界和问题。教育反贫困功能是一种怎样的教育功能，为何教育能具有反贫困功能，这个功能是如何实现的，其实现过程有何表现、问题和条件？基于对这些问题的思考，本书以调查法、比较法、案例法及文献法为主要研究方法，以贫困者个体为主要研究对象，将教育反贫困置于我国脱贫攻坚的大背景之下，以集中连片地区的教育扶贫脱贫实践为考察对象，尝试探索和解释教育反贫困功能的独特性和复杂性，以期在以下几方面产生学术贡献。在教育理论方面，拓展教育功能理论框架。在贫困理论方面，丰富反贫困理论体系。在实践方面，基于我国教育发展的大框架和教育反贫困的现实，揭示教育反贫困功能实现的方式、条件和路径，以有助于更好地发挥教育反贫困功能。

　　本书从两个方面阐释教育反贫困功能。一方面，教育的反贫困功能是教育作为一种社会系统的表现和结果，是教育功能的一种，是教育系统与社会系统互动过程中表现出来的属性，是教育基本功能在贫困问题中的现实表达，体现了教育对贫困的反对、反抗和改变。教育的反贫困功能以对个体的生产指导为根基，在社会功能中主要归属于经济功能，它是正向的和显性的。另一方面，教育的反贫困功能体现了教育对人们反贫困需求的满足。在最基本的层面上，贫困以经济短缺为核心和基础；不仅如此，反贫困还指向社会制度、文化理念、精神生长、人的内生发展等方面，教育的反贫困价值因此得以凸显。反贫困是教育的目的之一、是教育的基本价值之一。人们为了达到反贫困的目标而进行教育活动，从而建构了教育反贫困功能。教育作为反贫困的因素、目标、结果和手段，在实践活动过程中不断改变着贫困的状态。

本书以历史研究梳理了反贫困功能在教育发展历程中的演进。教育并非一开始就具有反贫困功能，而是在工业化之后，在生产力变迁、教育作用凸显以及对贫困问题系统关注的背景下，教育具有的反贫困功能才被发掘和明确。工业化导致了教育的平民化和大众化。教育经济学从人力资源开发的角度阐述了教育具有反贫困功能。教育反贫困功能在现代社会被突出表达和追求，教育成为反贫困的要素之一。反贫困的教育成为追求全民幸福的一种基本福利，并主要通过专门的教育机构和教育公共服务来实现。

本书的理论研究以"教育与人的发展关系"为核心，阐述了教育能够发挥反贫困功能的理论依据。由于教育促进人产生正向、积极的变化，促使人的发展不断超越过去，使人通过教育摆脱贫困成为可能。更具体说来，人的劳动能力由后天通过接受教育而获取，在受教育中不断升级和增值。教育帮助开发人的可能性和创造性，帮助个体适应变化多样的劳动价值风险冲击，减少致贫风险。社会发展特别是经济发展是教育反贫困功能的宏观表现。人的发展与社会发展双向互动、互为前提、互为基础、内在统一。贫困也可以解释为局部地区的生产力水平落后，或部分人群的劳动力要素与较高的社会总体生产力水平不匹配。教育促进人的发展，生产和提升人的劳动能力，这正是教育能够反贫困的原因，也是教育反贫困功能可以实现的理论依据。

本书的实地研究考察了教育反贫困功能发挥的现实情况。总体而言，我国教育反贫困实践取得了重要成果，但也存在一些鲜明问题。人的一生中，教育、劳动和贫困具有时间波动性，在教育、劳动能力和贫困三者关系中，接受教育、劳动能力提升、劳动产出、贫困改善之间存在时间差。本书以此时间特征建立了教育实现反对当下贫困和未来贫困的分析框架。教育实现反对当下贫困的功能，指贫困人群因为参与特定的教育活动，即可脱离当下的贫困状态。这是人们基于对教育重要作用的认可，从而赋予教育机构一定的特殊地位和权力而造就的。教育机构的这种作用由公益性的社会制度所支撑。教育实现反对未来贫困的功能，表现为让劳动者提升素质，以便在短期或长期未来找到更好的生计，继而获取更高劳动收益，从而摆脱贫困。但教育在反贫困时潜藏着不确定性。两种方式广泛存在于我国的教育反贫困实践中。

实地研究进一步分析了教育反贫困功能实现中存在的典型问题。当前我国教育反贫困功能的实现依赖于强有力的政策资源和政策执行。民众观念有扩大化和简单化教育反贫困功能的倾向，在教育薄弱地区反贫困实践中同时具有正面和负面的影响。行政逻辑、教育逻辑和贫困家庭的生计逻辑之间存在着矛盾，阻碍了教育反贫困功能的实现。地方教育体系羸弱是教育发展长期不足的结果和表现，导致贫困人群在接受教育之后仍无法获得适应社会的基础能力和基本技能，使教育反贫困功能无法充分发挥。

本书基于实地研究成果，反思了教育反贫困功能能够实现又存在问题的原因，提炼了教育反贫困功能的实现条件。按照从微观到宏观渐进，从教育活动的主体性、教育系统运行规律和教育－社会关系几方面阐述。主体性条件说明，虽然所有人可享有教育以避免多维贫困中教育维度的短缺，但贫困者应具有对教育的可接受性、对学习和对劳动的意愿性，接受教育的脱贫主体应具有劳动的可产出性。结构性条件体现了教育系统自身结构、要素水平及其与社会其他系统互动的影响。贫困地区的教育系统开放性差、动态性差、演化较慢、结构要素发展欠佳，难以达成一定的教育质量目标，影响教育反贫困功能的发挥；同时，教育成果要通过在社会大系统中进行复杂交换，才能获得收益。指向性条件说明教育反贫困指向教育缺失的贫困，这在当下主要表现为社会急速发展中的观念滞后和技能缺乏。

本书基于现有教育反贫困功能实现方式和存在问题，并尽量满足其实现条件，提出充分发挥教育反贫困功能的行动路向。可持续性政策在坚守教育公共性的基础之上，注重教育公共性和市场经济规律的契合，注重多方反贫困主体的利益，以实现在教育反贫困中的共同发展。反贫困的教育必须平衡工具理性和价值理性，重申教育的实用性，兼顾贫困者的终身发展，树立发展性教育观念，抵御贫困风险。以教师和技术两个教育系统中最活跃和最具生产力的要素为抓手，提升贫困地区教育系统质量。着力改善贫困地区整体物质、经济和社会氛围，形成教育系统与社会系统的良性互动，推动贫困者的内生、长远和可持续发展。

目　　录

绪　　论

　　贫困与反贫困是当今社会发展的重大议题，国际社会对贫困问题的普遍重视，消除贫困是全世界的共同命题。2000 年 9 月，189 个国家在联合国会议上签署了《千年宣言》，共同承诺"将不遗余力地帮助我们 10 亿多男女老少同胞摆脱目前凄苦可怜和毫无尊严的极端贫穷状况。我们决心使每一个人实现发展权，并使全人类免于匮乏"。① 消除贫困、改善民生、逐步实现共同富裕，也是社会主义的本质要求。②

　　反贫困在我国是一项持久而卓有成效的斗争。由于历史原因，至 20 世纪 70 年代末，我国有 5 亿多人口处于贫困之中。③ 改革开放之后，经济体制改革推动经济大幅度增长，人民的生活水平在得到很大提升。1986 年，我国开始实施扶贫开发政策，成立国务院扶贫开发办公室，首次公开 331 个国家级重点扶持贫困县，扶持贫困地区摆脱落后状况在六届人大四次会议上被列入"七五"计划。1994 年，国务院制定《国家八七扶贫攻坚计划》，要求集中人力、物力、财力，用 7 年左右的时间，基本解决 8000 万农村贫困人口的温饱问题。④ 2000 年，党中央启动了西部大开发政策，战略地提出要促进"地区协调发展，实现共同富裕"。⑤ 2001 年，国务院出台的《中国农村扶贫开发纲要（2001～2010 年）》是我国扶贫开发的纲领性文件。2011 年，国家颁布

---

①　联合国 . 千年宣言［Z/OL］. （2000 - 9 - 8）［2017 - 06 - 07］. http：//www. un. org/chinese/aboutun/prinorgs/ga/millennium/A - 55 - L2. htm.

②　中华人民共和国国务院 . "十三五"脱贫攻坚规划［Z/OL］. （2016 - 12 - 02）［2018 - 09 - 10］. http：//www. gov. cn/zhengce/content/2016 - 12/02/content_5142197. htm.

③　胡鞍钢，胡琳琳，常志霄 . 中国经济增长与减少贫困（1978 - 2004）［J］. 清华大学学报（哲学社会科学版），2006（5）：105 - 115.

④　国务院 . 国家八七扶贫攻坚计划［Z/OL］. （1994 - 12 - 30）［2017 - 06 - 07］. http：//www. cpad. gov. cn/art/1994/12/30/art_46_51505. html.

⑤　中央财经领导小组办公室 . 中共中央关于制定国民经济和社会发展第十个五年计划的建议［M］. 北京：人民出版社，2000：9 - 10.

实施了《中国农村扶贫开发纲要（2011～2020年）》，提出进一步加快贫困地区发展，促进共同富裕，实现到2020年全面建成小康社会奋斗目标。2015年，中共中央国务院发布《关于打赢脱贫攻坚战的决定》，2016年连续发力，发布《"十三五"脱贫攻坚规划》，为脱贫攻坚指明了方向，体现了我国脱贫扶贫的决心。

我国40余年的反贫困斗争取得了举世瞩目的成就。1978年，我国贫困人口约为5亿，① 2020年底，中国大地上已经全面消除当前阶段标准下的绝对贫困。考虑同时期中国总人口的增长，贫困人口在总人口中所占比重的下降更为瞩目。中国成为世界上减贫贡献最大的国家。联合国《千年发展目标报告2015》显示，中国对全球减贫的贡献率超过70%。②

经历了体制改革下的救济式扶贫（1978～1985年）、开发式扶贫制度化（1986～1994年）和八七扶贫攻坚（1994～2000年）三个阶段之后，贫困地区经济文化状况已经得到极大改善：贫困地区的温饱问题很大程度上得到解决，基础设施、生产生活条件、科技、文化、卫生、教育等社会事业都得到很大发展。③ 20世纪开始，扶贫工作在原有成就基础上进入瞄准贫困村和大扶贫格局并存阶段（2001～2013年），劳动力转移培训成为一项重大的扶贫举措。④ 2014以来，扶贫脱贫进一步精准到户，义务教育成为扶贫脱贫的五大目标之一，⑤ 并明确提出"着力加强教育脱贫"，进一步明确了教育扶贫脱贫的功能。

一、研究问题的背景

（一）国家扶贫政策强调教育反贫困独特性

扶贫是一项庞大、长期、复杂的系统工程，需社会各方合理推动。经过

① 中华人民共和国国务院．"十三五"脱贫攻坚规划［Z/OL］．（2016－12－02）［2018－09－10］．http：//www. gov. cn/zhengce/content/2016－12/02/content_5142197. htm.

② 联合国开发计划署．千年发展目标报告（2015年）［Z/OL］．（2015－07－06）［2018－09－30］．http：//www. cn. undp. org/content/china/zh/home/library/mdg/mdg－report－2015/.

③ 国务院扶贫开发领导小组办公室．中国扶贫开发的伟大历史进程［M］．北京：中国经济出版社，2001：638－645.

④ 申秋．中国农村扶贫政策的历史演变和扶贫实践研究反思［J］．江西财经大学学报，2017（1）：91－100.

⑤ 中共中央，国务院．关于打赢脱贫攻坚战的决定［Z/OL］．（2015－11－29）［2018－09－30］．http：//www. xinhuanet. com//politics/2015－12/07/c_1117383987. htm.

啃硬骨头、攻坚拔寨的冲刺和攻坚，虽然"贫困人口生产生活条件明显改善，上学难、就医难、行路难、饮水不安全等问题逐步缓解，基本公共服务水平与全国平均水平差距趋于缩小"，但要稳固现有脱贫成果，特别是使原深度贫困地区"贫困程度更深、减贫成本更高、脱贫难度更大"①的地区实现可持续发展，粗放式资源开发模式和简单的经济手段已不足以应对当前扶贫状况，更与我国"创新、协调、绿色、开放、共享"的发展理念完全背离，必须进一步创新内生性手段。

教育是多渠道扶贫布局"五位一体"（发展生产脱贫一批、易地扶贫搬迁脱贫一批、生态补偿脱贫一批、发展教育脱贫一批、社会保障兜底一批）的重要一环，是新中国历史上一项长久持续的事业，受到重点关注和持续投入。特别是改革开放以来，教育被认为是增加智力投资的手段，被确立为扶贫开发的重要奋斗目标之一。②经过多年的努力，贫困地区的教育得到了长足发展。2013 年，教育部等 7 部委发布《关于实施教育扶贫工程意见》，提出"充分发挥教育在扶贫开发中的重要作用"，通过培养各级各类人才，"促进集中连片特殊困难地区从根本上摆脱贫困"。③"十三五"扶贫攻坚计划将贫困县义务教育巩固率93% 作为 2020 扶贫攻坚的预期性目标。④随后，教育部协同其他五部门发布了《教育脱贫攻坚"十三五"规划》，将"人人有学上、个个有技能、家家有希望、县县有帮扶"作为教育扶贫的总体目标，"促进教育强民、技能富民、就业安民"，⑤动员全国教育系统及相关部门，进一步推动了教育扶贫的展开。教育脱贫成为一种"攻坚战"，在国家的号召下，各部门各地方展开了轰轰烈烈的教育反贫困斗争。不仅如此，教育脱

---

① 中共中央，国务院. 关于打赢脱贫攻坚战的决定［Z/OL］.（2015 – 11 – 29）［2018 – 09 – 30］. http：//www. xinhuanet. com//politics/2015 – 12/07/c_1117383987. htm.

② 中共中央，国务院. 关于帮助贫困地区尽快改变面貌的通知［Z/OL］.（1984 – 09 – 29）［2018 – 09 – 20］http：//cpc. people. com. cn/GB/64162/64165/70293/70322/4871805. html.

③ 中华人民共和国教育部，国家发展改革委，财政部，扶贫办，人力资源社会保障部，公安部，农业部. 关于实施教育扶贫工程意见［Z/OL］.（2013 – 07 – 20）［2018 – 09 – 20］http：//www. gov. cn/zwgk/2013 – 09/11/content_2486107. htm.

④ 中华人民共和国国务院. "十三五"脱贫攻坚规划［Z/OL］.（2016 – 12 – 02）［2018 – 09 – 10］. http：//www. gov. cn/zhengce/content/2016 – 12/02/content_5142197. htm.

⑤ 中华人民共和国教育部，国家发展改革委，民政部，财政部人力资源社会保障部，国务院扶贫办. 教育脱贫攻坚"十三五"规划［Z/OL］.（2016 – 12 – 27）［2018 – 09 – 18］. http：//www. moe. gov. cn/srcsite/A03/moe_1892/moe_630/201612/t20161229_293351. html.

贫攻坚还从关注"做不做"逐渐转向关注"做得好不好"，注重提升教育脱贫攻坚质量。① 在此社会背景下，教育扶贫教育如何实现预期的扶贫目的、能在多大的程度上实现扶贫功能、教育扶贫功能的实现有怎样的机制、什么因素影响教育扶贫功能的发挥，成为极具研究价值的问题。

（二）理论研究对教育反贫困作用研究渐次深入

随着理论和实证研究的不断展开，人们对教育的反贫困作用的认识愈发深入。总体而言，持续几十年、利用不同国家和地区数据进行的诸多研究证明教育对个体经济收入的影响可能是正向的。② 除对经济贫困的减少消除作用以外，教育对其他维度贫困的减少消除作用日益成为研究的关注焦点。

经济学视角以人力资本理论为核心的教育反贫困作用研究，主要认为教育是一种投资，其作用在于提高劳动者的知识程度、技术水平以及工作能力，使人力资源转化为人力资本，为社会经济发展做贡献。个体教育投资决策受成本和收益影响，需权衡当时进入劳动力市场所能够获得的收入（机会成本）和更高的教育水平在未来能够带来的额外收入（教育回报）。这使得教育收益在长期的收益周期内充满了各种风险，人们进行教育投资时比较谨慎。尤其是贫困群体，有限的可支出财富必须在长效投资于教育与当下生存困境间进行理性选择。经济学研究将教育因素置入总体经济增长模型中进行考察，认为发达国家和发展中国家经济水平差距日益扩大，教育因素至关重要。很多研究通过计量模型揭示出受教育状况和收入的相关性。总体上，人力资本理论认为教育对反贫困具有显著正向作用，尤其在当前社会背景下，科学技术和信息知识的力量越来越强大，人通过教育而形成的知识技能特别是创新能力、学习能力更加重要。

社会学视角以文化再生产理论为核心的教育反贫困作用研究，认为经济和文化可以再生产，贫困文化能够进行代际传递。贫困文化是长期生活在一起的贫困群体在与环境相适应的过程中产生的特有的生活习惯、行为方式和价值观念等。在贫困文化的熏染下，贫困地区一直延续一种低水平的经济均

---

① 中华人民共和国教育部. 教育部 2019 年工作要点［Z/OL］.（2019 – 02 – 22）［2019 – 03 – 15］. http://www.moe.gov.cn/jyb_xwfb/gzdt_gzdt/s5987/201902/t20190222_370722.html.

② 李晓嘉. 教育能促进脱贫吗——基于 CFPS 农户数据的实证研究［J］. 北京大学教育评论，2015（4）：110 – 122，187.

衡。贫困文化是下沉的和前喻的，教育在贫困文化中很容易沉沦，但教育也可以改造贫困文化，尤其基础教育在贫困文化改造中可以有所作为。从反贫困视角看来，认为教育应发挥打破贫困再生产的作用：既然教育和学校是再生产的一个不可避免的重要中介，那么可以通过改变教育的具体行为来改变贫困。

值得注意的是，也有一些研究指出，教育对反贫困并没有什么作用。更有甚者，有的研究认为教育是导致贫困的因素之一。但多数研究认为，教育致贫是一个不合理现象，有其现实和历史原因，但并非教育本质功能的表达。

已有研究表明，相较其他方式，教育扶贫脱贫具有特殊性。除职业培训外，教育功能的发挥，整体呈滞后性、长期性和潜在性。教育的反贫困作用归根结底是教育功能的发挥问题。立足于经济角度和社会角度的教育扶贫研究，从理论层面回应了教育可以扶贫脱贫的理论假设，但对教育何以扶贫脱贫、教育扶贫脱贫的边界与局限等，从教育学角度关注较少，这正是本书的主要视角。

（三）教育反贫困的实践困境引发教育功能探索

教育扶贫主旨在于"阻断代际贫困"① "治贫先治愚、扶贫先扶智"。② 多年来，教育扶贫在政策上、理念上受到极大重视，得到长期投入，但在现实中却产生了困境，致使教育扶贫效果不尽如人意。

首先，"教育致贫"现象依然存在。"教育致贫"是指家庭生活状况因为子女的教育而降至贫困的情形。③ 在我国，随着农村义务教育经费保障体系、家庭经济困难学生国家资助制度、农村义务教育学生营养改善计划等政策和措施的不断推进和完善，基础教育阶段因教致贫现象已少有发生。而高中甚至大学阶段的教育经济投入远远高于基础教育阶段，虽然国家建立了强大的贫困生资助体系，但实际上农村家庭仍需要为就读高中或大学的子女支付许

① 习近平. 给"国培计划（2014）"北京师范大学贵州研修班全体参训教师的回信［Z/OL］. (2015 - 09 - 09)［2018 - 09 - 20］. http://news. xinhuanet. com/politics/2015 - 09/09/c_1116512833. htm.
② 中共中央，国务院. 关于打赢脱贫攻坚战的决定［Z/OL］. (2015 - 11 - 29)［2018 - 09 - 30］. http://www. xinhuanet. com/politics/2015 - 12/07/c_1117383987. htm.
③ 谷宏伟. "教育致贫"及其后果：转轨时期中国低收入家庭的教育困境［D］. 长春：东北财经大学博士学位论文，2007：14.

多额外费用并产生机会成本，给家庭带来更多经济负担甚至是潜在的经济损失。① 其次，贫困人口放弃教育现象屡见不鲜。在部分最为偏远和贫穷的地区，人们对接受教育持漠视态度，即使对国家提供的义务教育也不愿意接受，义务教育的"强制性"在这些地区体现最为明显，这也是影响当地义务教育入学率、巩固率的原因。这些人群和地区正是精准扶贫的重点对象，如果他们持续放弃教育，"阻断代际贫困"无从谈起。再次，"新读书无用论"有抬头之势。在工业化社会，教育、个人努力等后致性因素是影响社会流动的主要原因，② 并且教育水平是后致性因素中最重要的指标。③ "新读书无用论"直指教育的功能，贫困家庭需面对孩子"不上学等着穷"但"一上学马上穷"的选择困境，甚至还需承担找不到好工作"永远穷"的后果。④ 若要通过教育扶贫使"家家有希望"，⑤ 需确认教育对摆脱贫困和阶层流动的作用，使个体和家庭认识到教育的作用。除此之外，"寒门难出贵子"现象受到社会关注。这样的现象不利于人们对教育抱有乐观的期待，易导致贫困家庭放弃追求更高层次的教育。最后，"精神贫困"成为脱贫的深层次问题。当前扶贫工作具有外推性、依赖性、输血式、救济式等特征，一旦脱离外部的援助和特殊支持，贫困人群和贫困地区的发展就停滞甚至倒退。这种缺乏自身发展动力和能力的状况，被描述为"精神贫困"。要走出精神贫困，"激发内生动力"，应深切理解教育扶贫作用发挥的真正动力和阻碍因素。

以上列举的种种困境，均需要从教育与社会的互动关系进行考察。教育本身是一种长效投资且效果滞后，诸多看似教育的问题，却必能简单归因于教育。对教育担当和功能的认识不清，盲目夸大或否定教育的作用，都会制约教育反贫困作用的发挥及贫困地区教育的发展。

---

① 鲁子箫. 农村教育扶贫的"因教致贫"困境及观念转向 [J]. 教育理论与实践，2017（2）：10－12.

② Peter M Blau，Otis Dudley Duncan. The American occupational structural [M]. New York：The Free Press，1967：24－36.

③ 许欣欣. 当代中国社会结构变迁与流动 [M]. 北京：社会科学文献出版社，2007：56.

④ 郝文武. 新读书无用论的根源及其消除 [J]. 中国教育学刊，2009（9）：34－36.

⑤ 中华人民共和国教育部，国家发展改革委，民政部，财政部人力资源社会保障部，国务院扶贫办. 教育脱贫攻坚"十三五"规划 [Z/OL].（2016－12－27）[2018－09－18]. http：//www.moe.gov.cn/srcsite/A03/moe_1892/moe_630/201612/t20161229_293351.html.

（四）贫困地区教育与贫困互动中的个人思考

我国的贫困人口主要集中于西部省份、民族地区的（集中连片）贫困区县。[①] 这正是笔者长期工作的地方。西部地区有特殊的民族构成、文化生态和社会状况，更有历史悠久的地方性教育传统。笔者在西部地区长期致力于教育改革和教育现代化的相关工作，在入县、入乡、入村进行教育考察、教育培训和教学项目推广的过程中，很多问题让笔者不断思考。

首先，在谋生方式多元的当今社会，教育与生活质量间的关系似乎难以确定。我们看到回乡的大学毕业生赋闲在家，当地的经济生产方式与之多年所受教育似乎毫无关联；也看到从农村走出的大学生在大城市打拼，在城市中也仅属于温饱线上挣扎的"城市贫民"，在一定时期内对远在边疆的农村家庭回馈极其有限。其次，边远贫穷的地方教育改革遭受到强大的阻力。民间基金会资助的教育支援计划，即使得到当地教育局的支持，有时也难以真正改变当地教育状况。外来教师的带动、示范作用难以形成"星火燎原"之势，对带动本地教师成长的作用有限。现代教育理念的培训、先进教学技能的训练，似乎都收效甚微。大力推行的教育改革，也常常无力改变当地内在的教育结构和价值。提高教学质量、培养师资，最终结果是优秀生源和优秀师资外流。最后，教育作为社会本身的一种尺度，[②] 贫困地区教育本身发展也是欠发达的，发展当地教育对改善当地社会状况的作用似乎也很微弱。教育改革不仅很难将积极作用辐射到当地社会的其他方面，反而处处受到各部门和各种当地观念的制约。

以上种种，引发笔者对教育功能的反思。教育有促进个体发展的功能，也有促进社会发展的功能。但是这个功能在当前社会背景中，在我国西南民族地区，是如何发挥的？就目前的情况而言，教育改革项目的成效限于学生学业成就的提高、师资队伍的培养等教育系统内部，其宏观影响难以被追踪考察。在教育扶贫语境下，教育功能受哪些因素影响，它们之间如何互动等，都是亟待探索的问题。

---

① 中共中央，国务院．关于打赢脱贫攻坚战的决定 [Z/OL]．（2015 - 11 - 29）[2018 - 09 - 30]．http：//www. xinhuanet. com//politics/2015 - 12/07/c_1117383987. htm.

② 叶澜．社会教育力：概念、现状与未来指向 [J]．课程．教材．教法，2016（10）：3 - 10，57.

（五）"后脱贫"时期教育防返贫的可行性省思

我国已实现现行标准下农村贫困人口实现脱贫，但是，贫困问题并不会在我国社会永久消失。"后脱贫"时期的贫困问题将面临新的挑战，其中最大的挑战就是返贫。

返贫是指已经脱贫的群众，由于种种原因，再次陷入贫困。返贫的原因可能有多种。首先，我国尚处于社会主义初级阶段，社会体制处于探索之中，社会财富积累比较薄弱，分配体系还不够合理，社会经济状况变动较大，生计脆弱的人群极有可能返贫。其次，我国的脱贫攻坚战基于对贫困地区和贫困人群有前所未有的资源支持和政策支持。脱贫攻坚战之后，这些政策必然会出现适当调整，已脱贫的群众是否能实现可持续发展而不再返贫，是人们所真正关心的问题。再次，随着人们整体生活水平的提高，贫困的标准也将不断提升和变化。贫困标准提升之后，可能产生新的贫困人口。最后，我国社会虽发展迅速，却非常不均衡。我国收入差距自 20 世纪 80 年代开始迅速扩大，2010 年后有所好转，但 2014 年基尼系数仍高达 0.469，在全球范围内属于高收入差距水平；中国城乡间、不同地区间，以及不同社会群体间的发展差距逐渐加大。① 发展不均衡使以减小不平等为目的的反"相对贫困"成为我国的长期目标。在"相对贫困"框架中的贫困人口，也可以视为一种返贫现象。返贫问题和相对贫困问题，已明确表达在我国的扶贫纲要中。②

返贫以及防返贫归根结底是贫困人群可持续发展的问题，也是要解决贫困人群内生动力的问题。我国的贫困地区与教育欠发达地区高度重合。在信息社会、知识型社会，科技是第一生产力，教育的作用在当今社会发展中日益显著。教育不足的个体在这个知识爆炸、信息爆炸、技术日新月异的社会中，面对更多风险、生计更加脆弱。在此背景下，清晰地认识教育功能发挥的空间及条件，有助于办好信息时代的贫困地区教育，发挥好教育在西部地区传统文化、民族文化和现代科技之间的传承、发扬和引导关系，真正培养当地和时代都需要的人。

---

① 贡森，葛延风，［挪］Stein Kuhnle. 中国人类发展报告 2016：通过社会创新促进包容性的人类发展 ［R］. 北京：中译出版社，2016.8：i.
② 中共中央，国务院. 中国农村扶贫开发纲要（2011–2020）［Z/OL］.（2011–06–13）［2018–09–10］. http：//www.gov.cn/zhengce/content/2016–09/23/content_5111138.htm.

二、研究问题的概貌

教育具有反贫困功能，有助于贫困者的可持续发展。在知识爆炸的当今社会，贫困地区要弥合发展鸿沟，发挥后发优势，尤其需要发掘教育的反贫困作用。我们已经认识到：第一，教育反贫困功能不是一种单纯的经济功能，而是以经济功能为基础的、促进个体多维发展、缓解社会多维贫困的功能；第二，教育自身的发展也是教育反贫困功能的一种体现；第三，教育反贫困功能的发挥是一个教育作用于个体、个体与社会互动、教育与社会其他系统互动的过程；第四，教育反贫困功能的发挥有其特殊性，在反贫困体系中应得到重视；第五，教育反贫困功能的发挥受到环境、时代、经济特征等诸多因素制约。

本书以教育学的角度研究反贫困问题，在我国当前的扶贫背景下，以贫困地区的教育反贫困行动实地考察为基础，以教育作为一种人造的社会组织系统为基本理论视角，将分析阐述如下问题：教育反贫困是否是教育的一种功能，它是怎样的一种功能；理论上，教育为何能够具有反贫困功能；实践上，这个功能能否实现、如何实现、是否得到充分实现；教育反贫困功能实现的规律是什么、存在的问题是什么；充分发挥教育反贫困功能的路径是什么。

本书涉及以下研究方法。利用文献法对哲学、社会学、伦理学、人类学、教育学等多学科理论资源进行广泛收集，分析教育反贫困的理论依据，对阐释教育反贫困功能理论逻辑提供理论参考。文献法还应用于对实地调查收集到的文件、报告等二手资料进行分析研究。利用调查法实地考察教育反贫困功能实际发挥的体现和问题等。实地调查主要采用实地走访、观察、访谈等方法，分析教育反贫困的实际功能发挥效果。走访、访谈对象主要包括教育反贫困的相关利益人员，包括政策制定者、扶贫工作者、贫困群体、贫困地区教育工作者等，了解各方对教育反贫困的理解和期望，对教育扶贫政策的看法，对教育扶贫存在问题的看法，分析相关主题在教育反贫困功能发挥中的主观认识与行为模式。利用案例法对典型的个体及其家庭的教育反贫困实例进行分析，分析扶贫及教育扶贫的实施推进过程中个体的遭遇；以此对个体所在的当地社会其他子系统与教育扶贫的互动形成透视，观察教育扶贫的困境与问题，观察教育功能发挥的表现、条件等，为阐释教育反贫困功能的实现机制提供现实依据。利用比较研究法对重视教育和相对不够重视教育的两种类型贫困地区的反贫困现实情况进行比较研究，进一步凸显反贫困中教育功能的发挥机制、与社会系统互动的影响因素，为构建教育反贫困理论提供依据。

本书以个体作为主要的分析单位。具体来说就是以通过教育实现反贫困的贫困者为分析单位，主要包括在校学习的贫困学生、贫困家庭儿童、参加培训的贫困成人劳动力等。为研究这类贫困者，涉及的相关个体包括教师、家长、学校管理者、贫困地区的教育机构管理者、贫困地区的相关机构人员、在贫困地区进行教育帮扶的相关人员等。

需要说明的是，第一，在一个基本的维度上，教育功能分为个体功能和社会功能；个体功能和社会功能紧密关联。本书以个位为分析单位，是一种切入方式，以贫困者个体的发展来透视教育反贫困问题，并不忽视教育社会功能。第二，在反贫困的视野里，有微观个体即贫困者（及其家庭）的反贫困以及贫困地区的反贫困；个体贫困和社会贫困密切相关。当前我国贫困人口主要集中在贫困地区。以个体为分析单位，以个体和环境的互动来反映区域性反贫困问题，对于贫困地区，多数个体脱贫必在整体上改变区域性贫困样态，个体反贫困对区域性贫困有辐射和带动作用。第三，以个体为分析单位，符合当反贫困的要旨，即集中连片贫困地区、群体性贫困将逐渐减少，小范围的、家户和个体的贫困将是未来关注的方向。以个体为分析单位，对今后反贫困具有更加直接的意义。

三、相关研究简况

（一）教育功能的已有研究概况

功能是事物或方法所发挥的有利作用。[①] 但在实际认识中，应辩证地看待其作用，并非总是认为功能是"有利的"。英语"function"有"功能、职

---

　　① 中国社会科学院语言研究所词典编辑室．现代汉语词典（增补版）［M］．北京：商务印书馆，2002：438.

能、机能、作用、职责"之意，① 教育功能的英语表达以 "function of educa-tion" 较为常见。与 "功能" 相近的词有效能、作用、功效等，相关的还有目标、价值、结果等，用 "功能" 来阐释教育，是将教育看作一个系统、社会结构中的一个部分来认识。

1. 教育功能的类型

（1）区分教育的个体功能和社会功能。教育促进人的发展的功能和促进社会发展的功能是教育的个体本位和教育的社会本位的问题，② 也是教育功能的本体论和工具论问题。③ 个体功能主要指新一代人学习社会长期积累起来的知识、技能、观念和习惯，把社会文化内化为个人的品格和行为精神文明，并创造性地再现于社会生活中；④ 同时，教育培养具有一定社会所需要的思想道德意识、知识技能和健康体格的人，这些人根据社会的要求从事经济、政治、文化等活动，教育即实现了社会功能。⑤ 教育是人成长和发展的手段和工具，也是社会发展进步的手段和工具；人的发展和社会的发展都是教育的目的，社会的发展既是人的发展的目的，也是手段。⑥ 教育的这两种功能是教育成为人类社会必须活动的原因。⑦ 现代社会中的教育功能不仅包含社会功利性，也包括个人自我完善、自我发展的方面，个体需要在自我提升中获得的满足感，体验到教育中的自由和幸福，称为教育的个体享用功能。⑧

（2）区分教育的正向功能与负向功能。正向功能指教育产生积极良好的效果，负向功能指教育产生消极不良的后果。正向教育功能观一般认为 "教育是要在人的身上创造新的人格"，并且，"这种创造力是人类教育所特有的优点"。⑨ 人力资本理论可理解为一种教育正向功能理论：教育的意义在于激发人的潜在能力，使个体善于进行个人选择和社会选择，"人口质量的改进

---

① 英国 DK 公司．DK·牛津英汉双解大词典 ［M］．北京：外语教学与研究出版社，2005：392.

② 黄济．关于教育功能的几个问题 ［J］．北京师范大学学报，1991（6）：11 – 20.

③ 郑金洲．教育两大功能之关系研究 ［J］．上海高教研究，1995（6）：30 – 32.

④⑤ 张人杰．大教育学 ［M］．广州：广东高等教育出版社，2003：10.

⑥ 胡德海．教育学原理 ［M］．兰州：甘肃教育出版社，1998：254.

⑦ 叶澜．教育原理 ［M］．北京：人民教育出版社，2006：34 – 35.

⑧ 冯建军．教育的个体享用功能 ［J］．上海教育科研，2002（1）：28 – 31.

⑨ ［法］埃米尔·涂尔干．教育及其性质与作用 ［M］//张人杰．国外教育社会学基本文选．上海：华东师范大学出版社，2009：9.

在很大程度上是由教育造成的"，[①] 学校教育和知识进步是经济增长的主要源泉，[②] 知识经济时代之后，教育作为一种很有价值的投资，其收益是正向的，教育能够促进经济增长，这种作用在知识经济时代变得更加重要。教育负向功能论脱胎于社会的良好功能与功能失调；[③] 一个事项同时具有正向功能和负向功能；同时，对不同的人群，事项可能具有正向功能，也可能具有负向功能，[④] 还可能存在即既非良好功能，也非功能失调，[⑤] 或可以称之为"无效"。柴野昌山基于结构功能理论，把学校教育功能划分为显性正功能、显性负功能、隐性正功能、隐性负功能四类（见图1）。教育的负功能又可以分为反动的、落后的和错误的教育功能。[⑥] 教育的负向功能来源于教育制度本身的弊端乃至整个社会制度与文化的本质，要消除这些极端的负向功能，只能进行教育重构甚至社会重构。[⑦]

		主观意向	
		显性	隐性
客观结果	正向	A	B
	负向	D	C

图1　柴野昌山的学校功能分析框架

资料来源：柴野昌山. 学校的负向功能. 教育社会学研究27集. 日本东洋馆出版社，1972. 转引自：吴康宁. 教育的社会功能诸论述评 [J]. 华中师范大学学报（哲学社会科学版），1996（3）：77 – 84.

（3）区分教育的显性功能与隐性功能。外显功能（manifest function）是

---

① ［美］西奥多·舒尔茨. 论人力资本投资 ［M］. 吴珠华　等，译. 北京：北京经济学院出版社，1990：40.

② ［美］西奥多·舒尔茨. 教育的经济价值 ［M］. 曹延亭，译. 长春：吉林人民出版社，1982：73.

③ ［英］米切尔（G. Duncan Mitchell）. 新社会学词典 ［M］. 蔡振扬　等，译. 上海：上海译文出版社，1987：144.

④ ［美］罗伯特·金·默顿. 论理论社会学 ［M］. 何凡兴　等，译. 北京：华夏出版社，1990：106 – 144.

⑤ ［美］威廉·J. 古德. 原始宗教 ［M］. 朱天顺，译. 上海：上海人民出版社，1964：70 – 88.

⑥ 张人杰. 大教育学 ［M］. 广州：广东高等教育出版社，2003：11 – 12.

⑦ 吴康宁. 教育的社会功能诸论述评 ［J］. 华中师范大学学报（哲学社会科学版），1996（3）：77 – 84.

由参加者所计划和认识到的客观后果，潜在功能（latent function）既不是被计划好的，也不是被认识到的。① 教育的显性功能是教育系统运行结果与教育目的相符合的情况，教育促进人的全面和谐发展、促进社会的进步，是显性教育功能。教育的隐性功能是非预期的，是伴随显性功能所出现的，如教育固化了阶层、再生产了社会的不平等即是隐性功能。教育的负功能主要集中在隐性教育、隐性课程、隐蔽课程等方面，学生除学习正规课程（formal curriculum），还要学习与正规学习同时产生的影响或经验即"附带学习"（collateral learning），"环境形成真正的经验，环境有助于促进未成年人进一步的发展"。② 隐性课程既包含对教育过程的关注，也包含对教育结果的关注。③ 隐蔽课程带来的影响包括不利于社会公平、造成社会的两极分化、④ 注重技能训练而忽视了价值获得⑤等负功能。教育的隐性功能虽然能被人们认识并重视，但它是不能预计和控制的。⑥ 隐性教育一旦被有意识地设计、规划，那么教育隐性功能就可能转化为显性功能；关注重点也从教育功能转到教育过程。

2. 教育功能的发挥机制

教育功能的过程有形成和释放两个阶段：形成是教育活动过程，释放渗透在其他社会活动过程之中；在这两个过程中，教育功能表现出凝固和流动两种形态。教育功能一旦形成，便凝固于人才（承载着文化遗产和未来发展方向）和精神文化产品（承载着知识、思想、观念等）之中；教育功能两种形态的释放都受到诸多因素的制约，可能导致教育功能释放受阻。⑦ 教育功能的形成从时间上可分为功能取向的确立、功能行动的发生、初级功能结果的产生及次级功能结果的衍生几个过程；其中功能取向涉及社会的价值选择；社会的教育投入状况和教育系统自身素质对教育功能行动起着促进或延缓作用；教育初级功能的产生是一种特殊的文化碰撞（和谐或冲突）与文化较量

13

① 罗伯特·金·默顿. 社会理论与社会结构 [M]. 唐少杰，齐心　等，译. 南京：译林出版社，2008：130.

② ［美］杜威. 民主·经验·教育 [M]. 彭正梅，译. 上海：上海人民出版社，2009：292－300.

③ 郑金洲. 隐蔽课程：一些理论上的思考 [J]. 外国教育动态，1989（1）：26，46－50.

④⑤ ［奥］伊凡·伊利奇. 非学校化社会 [M]//张人杰. 国外教育社会学基本文选. 上海：华东师范大学出版社，2009：383，389.

⑥ 张云霞. 教育功能的社会学研究 [M]. 武汉：武汉大学出版社，2011：73－74.

⑦ 傅维利. 论教育功能的释放与阻滞 [J]. 教育科学，1989（1）：1－4.

（统整或离散）过程；教育的次级社会功能是初级社会功能在教育系统自身调节机制与社会人才环境综合制约下曲折衍生的产物。① 在对教育中主体（办学机构、办学者、执教者、求学者等）和客体（社会、社会期待、教育手段等）的相互作用中，社会期待通过教育文本、教育行动转化为人的发展，从而完成教育的内生过程；同时，人的发展通过实践转化为社会发展，从而体现出社会期待通过人的发展和实践与社会发展相契合，这是教育功能的外生过程。②

3. 教育功能的限度

教育的期望功能向实效功能的转化是连续过程，教育期望功能的产生过程及其影响因素、教育活动过程及影响因素、教育实效功能的释放过程及其影响因素是影响教育功能转化的三个基本方面。③ 教育事业蓬勃发展，人们对教育的期待也越来越高，但教育功能泛化性描述反而造成思想混乱，不利于教育功能发挥，应谨防"教育万能论"，清晰认识到培养人才是教育的唯一功能，其他功能都是由此生发、间接实现的。④ 要防止神奇化学校教育，不同类型的教育分别有各自的功能，学校教育对社会教育、家庭教育的僭越并不值得提倡，学校受到的重视应是有限的。⑤ 学校在受到巨大期待的同时承受着社会变迁的巨大压力，功能泛化是"学校教育承受不可承受之重"，提倡应从现实维度对教育功能进行理性考察。⑥

教育功能的研究是教育学原理和教育社会学的重要议题，社会学理论对教育功能研究有深远的影响，教育学界对教育功能的认识以宏观视角为多。教育功能研究呈多元化趋势，视角贴近社会现实。从人们的闲暇、幸福、民生等方面来考察教育的功能，大大发展了教育功能的现实性。研究方法上，已有教育功能的相关研究以逻辑思辨为主，运用实证方法考察实际功能还比较少，应在教育现象和社会现象的实证考察和理论之间架构桥梁。

---

① 吴康宁. 教育的社会功能新论 [J]. 高等教育研究, 1996 (3)：13 – 23.
② 张云霞. 教育功能的社会学研究 [M]. 武汉：武汉大学出版社, 2011：86 – 121.
③ 杨斌. 教育的期望功能与实效功能 [J]. 教育评论, 1991 (4)：4 – 7.
④ 燕国材. "教育功能泛化"刍议 [J]. 探索与争鸣, 2003 (6)：43 – 44.
⑤ 罗祖兵. 学校教育：没有想象的那么神奇 [J]. 现代教育科学, 2006 (1)：21 – 25.
⑥ 赵庆来. 学校教育功能的泛化及反思 [J]. 教育科学论坛, 2011 (10)：8 – 10.

（二）教育反贫困的相关研究

教育是反贫困体系中的一个重要因素。一般认为，教育扶贫是针对贫困地区的贫困人口进行教育投入和教育资助服务，使贫困人口减缓或摆脱贫困的一种扶贫方式。[①]

1. 教育反贫困的作用

教育反贫困的作用，在政策上表达为"治穷先治愚""扶贫先扶智""阻断代际贫困"，学术界从经济学视角进行以人力资本理论为核心的相关研究。人力资本理论认为教育是一种投资，其作用在于提高劳动者的知识程度、技术水平以及工作能力，[②] 使人力资源转化为人力资本，为社会经济发展做贡献。劳动者的知识、技能和体力等体现了劳动者身上以数量和质量形式表示的资本即人力资本，它对经济增长起重要作用，促使国民收入明显增加；而教育支出是人力投资的首要方面。[③] 个体教育投资决策受成本和收益影响，需权衡当时进入劳动力市场所能够获得的收入（机会成本）和更高的教育水平在未来能够带来的额外收入（教育回报）。[④] 影响人力资源生长的基本要素为自然环境、本土文化、经济形态、学校教育、个体自组织能力，并具有特定的作用路径；学校教育属于人力资源生长的次生场，对标准化人力资源生长影响远胜于对本土化人力资源生长影响。[⑤] 教育投资是长期投资，需要估算时间成本、机会成本和教育收益，[⑥] 这使得教育长期收益周期内充满了各种风险，尤其是贫困群体，其有限的可支出财富必须在长效投资于教育与当下生存困境间进行选择。人力资本的累积还有代际效应。贫困家庭的教育投

15

① 谢君君. 教育扶贫研究述评 [J]. 复旦教育论坛，2012（3）：66–71.

② [美] 西奥多·舒尔茨. 论人力资本投资 [M]. 吴珠华 等，译. 北京：北京经济学院出版社，1990：1.

③ [美] 贝克尔. 人力资本：特别是关于教育的理论与经验分析 [M]. 梁小民，译. 北京：北京大学出版社，1987：1.

④ Becker G. Investment in human capital：A theoretical analysis [J]. Journal of Political Economy，1962（5）：9–49.

⑤ 孙杰远. 教育促成人力资源生长——西南三地调查研究 [D]. 重庆：西南大学博士学位论文，2007：117.

⑥ 张川川. "中等教育陷阱"？——出口扩张、就业增长与个体教育决策 [J]. 经济研究，2015（12）：115–127，157.

入不足是其陷入贫困陷阱的重要原因,[①] 而较高的人力资本投资可形成较高收入,这成为教育阻断贫困代际传递的可能性根源。[②]

经济学还以宏观经济增长中教育所做出的贡献份额来衡量教育的作用。教育部门被直接纳入经济增长模型,[③] 知识积累是促进现代经济增长的重要因素;劳动者从正规或非正规的教育中所积累的人力资本促进经济增长的作用。[④] 知识外溢使资本收益率递增,从而带动世界经济高速增长。[⑤] 这也是发达国家和发展中国家经济水平差距日益扩大的原因。在政府各种公共投资中,教育投资的扶贫效应最为显著。[⑥] 从受教育状况与个体、群体经济收入之间的关系来看,教育和收入贫困负相关,受过一定教育与未受过教育的家庭相比,贫困发生率显著下降。[⑦] 我国教育扩展与收入分配之间是一种倒 U 形关系,教育扩展先是扩大收入不平等,在教育成就达到一定程度之后,收入不平等随着教育扩展降低,并且少数民族的教育收益高于汉族。[⑧] 近年来我国城镇职工的教育收益率显著提高,且受教育程度越高年均教育收益率呈提高趋势。[⑨] 延长受教育年限对绝对贫困群体的工作收入仅具有微小的正效应,但对相对贫困群体却可以显著增加工作收入。[⑩]

社会学视角以文化再生产理论为核心研究教育反贫困。文化再生产理论认为,社会结构能够再生产,通过经济和文化的再生产,社会成员实现了社会地位的家庭内代际传递,而教育是文化再生产的重要手段。学校"以一个

---

① Barham V, Boadway R, Marchand M, Pestieau P. Education and the poverty trap [J]. European Economic Review, 1995 (7): 1257 – 1275.

② 史志乐,张琦. 教育何以使脱贫成为可能?——基于家庭贫困陷阱的分析 [J]. 农村经济, 2018 (10): 1 – 8.

③ Hirofumi Uzawa. Optimum technical change in an aggregative model of economic growth, 1965. 转引自: 王明杰,郑一山. 西方人力资本理论研究综述 [J]. 中国行政管理, 2006 (8): 92 – 95.

④ Lucas R E. On the mechanics of economic development [J]. Journal of Monetary Economics, 1988 (1): 3 – 42.

⑤ Romer P M. Endogenous technological change [J]. Journal of Political Economy, 1990 (5): 71 – 102.

⑥ Fang C, Zhang X, Fan S. Emergence of urban poverty and inequality in China: Evidence from household survey [J]. China Economic Review, 2002 (4): 430 – 443.

⑦ Tilak J B G. Post-elementary education, poverty and development in India [J]. International Journal of Educational Development, 2007 (4): 435 – 445.

⑧ 孙百才. 中国教育扩展与收入分配研究 [D]. 北京: 北京师范大学博士学位论文, 2005.

⑨ 岳昌君. 教育对个人收入差异的影响 [J]. 经济学(季刊)(第 3 卷增刊), 2004: 16.

⑩ 李晓嘉. 教育能促进脱贫吗——基于 CFPS 农户数据的实证研究 [J]. 北京大学教育评论, 2015 (4): 110 – 122, 187.

以民主思想为基础的社会里所能想象出来的唯一方式，促进业已建立的秩序的再生产"。① "贫困文化"是长期生活在一起的贫困群体在与环境相适应的过程中产生的特有的生活习惯、行为方式和价值观念等，② 在这种贫困文化的熏染下，贫困地区形成一种低水平的经济均衡，一直延续。贫困文化有文化生活闭塞、生产观念保守、人生态度懒惰、观念落后、心态消极等特点，并且贫困文化会对教育产生消极影响。③ 贫困文化是社会化的产物，虽然使穷人陷入"自我设限"的藩篱，但也是平衡理想和现实的调节器。④ 贫困文化还是小农的、下沉的和前喻的文化，教育在贫困文化中很容易沉沦，但教育也可以改造贫困文化，尤其基础教育在贫困文化改造中可以有所作为。⑤ 贫困农民文化教育对当前我国农村的内源反贫困具有关键性意义：教育在贫困农民自我发展能力、观念转变、心理健康改善及挖掘他们文化资源等方面发挥积极作用。⑥

以"人的发展"为核心研究教育反贫困。人的可行能力观点认为，微观上来说，收入贫困、失业都是可行能力的剥夺所造成的，⑦ 良好的教育和健康的身体不仅能直接地提高生活质量，还能提高个人获得更多收入及摆脱贫困的能力。根据森（Amartya Sen）的理论，可以通过重建个人能力来避免和消除贫困。因此，消除贫困要注重"人的发展"，要转变传统落伍的观念，努力让人人有接受教育的机会，让贫困者有通过自己努力创造收入的机会。⑧ 财政分配、贫困消除与人的发展之间存在密切的内在关系，财政教育支出、社会保障支出等的增加，有利于促进贫困地区教育水平、消费模式和社会保障体系等的转变，从而推进贫困消除，促进人的全面发展。⑨ 教育反贫困的

---

① ［法］布尔迪约，帕斯隆. 再生产：一种教育系统理论的要点［M］. 邢克超，译. 北京：商务印书馆，2002：180.

② Oscar Lewis, Oliver La Farge. Five families：Mexican case studies in the culture of poverty［M］. New York：Basic Books. 1959：10 – 13.

③ 李瑾瑜. 贫困文化的变革与农村教育的发展［J］. 教育理论与实践，1997（1）：47 – 49.

④ 王兆萍. 贫困文化的性质和功能［J］. 理论研究，2004（12）：30 – 32.

⑤ 秦玉友. 贫困文化改造取向中的基础教育改革研究与反思［J］. 教育理论与实践，2005（17）：14 – 17.

⑥ 王三秀. 贫困治理转型与农村文化教育救助功能重塑［J］. 探索，2014（3）：136 – 142.

⑦ ［印度］阿马蒂亚·森. 以自由看待发展［M］. 任赜，于真，译. 北京：中国人民大学出版社，2013：88 – 91.

⑧ 吴碧英. 消除贫困要注重"人的发展"［J］. 经济纵横，2000（8）：4 – 6.

⑨ 裴金平，廉超，廖洧. 财政分配、贫困消除与人的发展［J］. 改革与战略，2016（7）：15 – 18.

要点在于贫困者的脱贫与发展，教育的主要作用在于使贫困者得以累积获取资源、驾驭资本的意识和能力，但这需要借助国家教育扶贫作为贫困者内在教育资本和外在发展样态的中介机制。①

最后，尤其值得注意的是，一些研究指出，教育对反贫困并没有什么作用。如对加纳农户的调查数据显示，教育只对女性就业者有显著影响，其他人的收入提高不受教育影响。② 一项在坦桑尼亚的研究也表明，教育投资对消除农村贫困没有明显效果。③ 同时，有研究认为教育是导致贫困的因素之一。教育花费成为城乡居民致贫的首要原因，教育致贫是一个教育投资的长期性、政府考核制度的不健全和减少家庭教育投资理性选择之间的悖论。④ "因教致贫"产生的原因是教育成本分担不合理、教育收费行为不规范、个体和家庭的教育投资偏差，⑤ 教育收益减低以及"离农"观念、唯学历主义的人才观以及"学历至上""劳心者治人"等因素。⑥

2. 教育反贫困的途径

国家教育部发布的《教育脱贫攻坚"十三五"规划》是对教育扶贫的总体安排，其中详细规定了整体教育事业对教育扶贫采取的"超常规政策"，包括夯实教育脱贫根基、提升教育脱贫能力、拓宽教育脱贫通道、拓展教育脱贫空间、集聚教育脱贫力量几个方面，以切实打好扶贫攻坚战。⑦ 教育支持精准扶贫脱贫，要从以下几个方面进行：扩大农村教育资源，贫困地区普及学前教育，推动义务教育优质均衡发展，推动普通高中教育特色发展，依托职业教育拔除穷根，努力提高高等教育贡献率，提升贫困地区教师整体水平，加大对革命老区和民族地区教育特殊支持，打通贫困学子纵向流动渠道，

---

① 吴晓蓉，范小梅. 教育回报的反贫困作用模型及其实现机制 [J]. 教育研究，2018 (9)：80 - 88.

② Teal F. Educational，incomes，poverty and inequality in Ghana in the 1990s [R]. Csae Working Paper，2004 (10)：1 - 34.

③ Wedgwood R. Education and poverty reduction in Tanzania [J]. International Journal of educational development，2007 (4)：383 - 396.

④ 陈建国. 教育致贫悖论及其解释 [J]. 生产力研究，2008 (8)：1 - 4.

⑤ 余世华. "因教致贫"原因探析 [J]. 教育与经济，2006 (1)：59 - 61.

⑥ 鲁子箫. 农村教育扶贫的"因教致贫"困境及观念转向 [J]. 教育理论与实践，2017 (2)：10 - 12.

⑦ 中华人民共和国教育部，国家发展改革委，民政部，财政部人力资源社会保障部，国务院扶贫办. 教育脱贫攻坚"十三五"规划 [Z/OL]. (2016 - 12 - 27) [2018 - 09 - 18]. http：//www. moe. gov. cn/srcsite/A03/moe_1892/moe_630/201612/t20161229_293351. html.

扩大资助帮扶政策覆盖面，保障留守儿童健康成长。① 在拉丁美洲，新一代教育扶贫政策"有条件现金转移支付计划"，通过直接的现金补贴方式，促进贫困人口特别是赤贫人口的人力资本投资，但受益家庭必须保证家庭中适龄儿童入学并达到一定的出勤率作为基本的领取补贴条件。② 教育扶贫的"清华模式"以大规模、见实效、可持续、能推广为基本原则，通过搭建远程教学站、提供地方订制的培训内容、面授＋远程＋送教的培训方式，动员全社会、东西方共同参与，成为认可度较高的教育扶贫模式。③

具体途径方面，信息化手段作为教育反贫困的途径也受到越来越多的重视，数字资源、④ 教育公共传播⑤都被认为较为有效。职业教育的作用尤其受到关注。从重庆市某中学的教学改革实践中构筑的农村普通中学职教渗透特色教育模式，通过"课堂连基地""基地连农户""农户连实体""实体连高校"的"四连"结构"双证式"教育扶贫模式，让贫困地区的农村学生"升学有基础，务农有技术"，实现教育扶贫效益。⑥ 联合国教科文等国际组织通过发展职业教育体系开展扶贫助困，职业教育应从教育目的、教育对象和教育体系的不同维度加强与完善扶贫助困功能。⑦ 我国职业教育扶贫机制框架包括职业教育及相关扶贫政策、管理运行体制、合作办学机制、人才培养机制、扶贫对象识别机制、资金投入保障机制、职业技术培训服务工作机制、职业教育发展模式设计8个方面。⑧ "雨露计划"扶贫培训作为国务院扶贫办主导推进的一种扶贫开发模式，从贫困地区农民实用技术培训基础上发展演

---

① 王嘉毅，封清云，张金. 教育与精准扶贫精准脱贫 ［J］. 教育研究，2016（7）：12－21.

② 郑皓瑜. 论拉丁美洲国家教育扶贫政策在消除贫困代际传递中的作用 ［J］. 山东社会科学，2016（4）：171－175.

③ 阎桂芝，何建宇，焦义菊. 教育扶贫的清华模式 ［J］. 北京教育（高教），2014（5）：7－10.

④ 王文君，李艺华，王建明. 信息技术视域下教育精准扶贫路径探析 ［J］. 电化教育研究，2017（11）：32－37.

⑤ 徐杉. 教育类公益传播阻隔代际贫困的路径探究 ［D］. 重庆：西南大学博士学位论文，2017.

⑥ 朱德全. 西部贫困地区农村"双证式"教育扶贫模式探索 ［J］. 教育研究，2004（2）：80－84.

⑦ 余祖光. 终身教育背景下职业教育的扶贫助困功能 ［J］. 北京大学教育评论，2007（3）：29－33，193－194.

⑧ 游明伦，侯长林. 职业教育扶贫机制：设计框架与发展思考 ［J］. 职教论坛，2013（30）：19－22.

变而来，其工作重点、实施方式、满意度调查等方面较受关注。①

3. 教育作为反贫困目标

教育反贫困具有双重属性。教育既是扶贫的手段，又是扶贫的目标，二者的关系是通过扶教育之贫实现依靠教育来扶贫，基于教育的扶贫功能发挥以证实扶教育之贫政策的有效性。② 从人民生活的角度出发，教育作为反贫困的目标或者手段，是为了达到这样的生活状态：个体受教育不至于让家庭陷入贫困；学习者能够进入质量良好的教育系统；受教育之后，个体及其家庭能够改善、脱离贫困状态，具有更高质量的生活。

从贫困理论的视角看待教育作为反贫困的目标，教育本身是多维贫困的一个维度。联合国开发署的人类发展多维指标中，教育与健康和生活标准并列为多维指标之一。③ 我国也把保障义务教育作为扶贫开发的五个基本目标之一。④ 我国农村劳动力的教育贫困程度、广度、深度都呈现明显的下降趋势，但教育分布不均呈上升趋势，而西部则成为教育最贫困的地区。⑤ 教育贫困各指标下降明显，但下降的幅度和速率各不相同：教育贫困强度降幅最大，降速最快，其次是教育贫困深度，而教育贫困发生率降幅最小，速度最慢；教育贫困各指标对贫困线的变动均具有较强的敏感性，教育贫困强度最敏感。⑥ 从教育事业发展历史看，教育反贫困属于教育均衡发展的范畴。我国在新中国成立后即开展农村教育发展，可视为此类教育扶贫的发端；1986年成立国务院扶贫办，将教育确立为扶贫开发的重要奋斗目标之一，并一直延续至今。⑦ 教育贫困指向教育本身的贫困和缺乏，既表现为由于教育未能

---

① 魏毅，彭珏. "授人以渔"：赋能式扶贫开发效果分析——基于重庆市"雨露计划"培训学员的回访 [J]. 农村经济，2012（2）：66 - 69. 王宏杰，冯海峰，李东岳. 贫困地区农村人口对"雨露计划"转移培训扶贫政策的满意度分析——基于湖北省松滋市241位农村居民的调查 [J]. 经济论坛，2015（3）：88 - 93. 陈平路，毛家兵，李蒙. 职业教育专项扶贫机制的政策效果评估——基于四省雨露计划的调查 [J]. 教育与经济，2016（4）：56 - 63.

② 刘军豪，许锋华. 教育扶贫——从"扶教育之贫"到"依靠教育扶贫" [J]. 中国人民大学教育学刊，2016（2）：44 - 53.

③ UNDP. Human Development Report 2010 [R/OL]. （2010 - 11 - 01）[2018 - 09 - 30]. http://hdr. undp. org/sites/default/files/reports/270/hdr_2010_en_complete_reprint. pdf.

④ 中共中央国务院. 中国农村扶贫开发纲要（2011～2020）[Z/OL]. （2011 - 06 - 13）[2018 - 09 - 10]. http://www. gov. cn/zhengce/content/2016 - 09/23/content_5111138. htm.

⑤ 张锦华. 基于SST指数的中国农村教育贫困分析 [J]. 中国农村观察，2005（5）：10 - 16，80.

⑥ 尹飞霄，罗良清. 中国教育贫困测度及模拟分析：1982～2010 [J]. 西北人口，2013（1）：30 - 35.

⑦ 张磊，中国扶贫开发政策演变（1949～2005）[M]. 北京：中国财政经济出版社，2007：53，101.

满足社会大系统的需要，也表现为教育系统自身的失序。① 以是否接受九年义务教育作为衡量教育贫困的标尺，教育绝对贫困表现为失学辍学；教育相对贫困则表现为虽然上学，但资源不足，质量不高。② 将教育作为扶贫的目标、任务、内容或领域，并通过政策倾斜、加大投入、调整结构等各种手段及方式以最终实现教育领域的减贫与脱贫。③ 我国教育中长期发展纲要提出诸多发展贫困地区教育的重要目标和举措，如"合理配置教育资源，向农村地区、边远贫困地区和民族地区倾斜，加快缩小教育差距""进一步加大农村、边远贫困地区、民族地区教育投入""实施农村义务教育学校教师特设岗位计划，完善代偿机制，鼓励高校毕业生到艰苦边远地区当教师"等，④ 均是以发展贫困地区教育、解决教育系统自身的贫困现状为出发点的。我国教育扶贫"十三五"攻坚计划中的很多措施也以发展贫困地区教育为目标。如"坚持教育优先发展，尽快补齐贫困地区教育发展短板""到 2020 年，贫困地区教育总体发展水平显著提升""发展学前教育""巩固提高九年义务教育水平""加强乡村教师队伍建设"等，⑤ 是以发展国家扶贫开发工作重点县和集中连片特困地区县的教育事业，提升教育系统质量为指向的。

综上所述，教育扶贫的经济功能被充分地考察了，从总体的教育部门、教育投入，到各学段各形式的教育的经济效应都有所研究；宏观上考察了教育对国家或地区经济增长的效应，微观上教育对个体收入的影响也有丰硕成果。教育对不同人群（性别、地区、族群等）的经济影响有差异。根据多维贫困理论，教育可作为社会发展的一个重要尺度。教育既是反贫困的手段又是反贫困的目标这一辩证关系凸显。以贫困的视角考察教育反贫困，从实证角度成果比较丰富；但是从教育视角的研究相对较少。在研究方法上，使用

① 许小平，马和民. "贫困的教育"与"教育的贫困"——兼论教育改革的方向 [J]. 杭州师范学院学报，1996 (5)：87 - 92.

② 牛利华. 教育贫困与反教育贫困 [J]. 学术研究，2006 (5)：121 - 124.

③ 刘军豪，许锋华. 教育扶贫——从"扶教育之贫"到"依靠教育扶贫" [J]. 中国人民大学教育学刊，2016 (2)：44 - 53.

④ 中华人民共和国教育部. 国家中长期教育改革和发展规划纲要（2010～2020 年）[Z/OL]. (2010 - 07 - 29) [2018 - 09 - 30]. http：//old. moe. gov. cn//publicfiles/business/htmlfiles/moe/moe_838/201008/93704. html.

⑤ 中华人民共和国教育部，国家发展改革委，民政部，财政部人力资源社会保障部，国务院扶贫办. 教育脱贫攻坚"十三五"规划 [Z/OL]. (2016 - 12 - 27) [2018 - 09 - 18]. http：//www. moe. gov. cn/srcsite/A03/moe_1892/moe_630/201612/t20161229_293351. html.

经济学方法，采用宏观数据和局部调查数据，使用量化回归模型来验证教育与反贫困相关性的研究较多。除此之外，也有一些思辨性、政策性研究成果，以"应然"的教育扶贫路径和政策安排为主要研究方向，基于微观视角的质性实证研究较少。

第一章　教育反贫困功能的
本体解读

对教育反贫困功能的研究从认识其"是什么"开始。本章为把握教育反贫困功能的本质特征，从教育的感性观察入手，对教育反贫困功能的内涵特征进行解读，并将教育反贫困的相关概念体系进行逐一分析。

教育具有多种性质。本书主要从教育的客观性和能动性两方面来把握教育反贫困功能的本质特征。教育的客观性是指，教育是一种包含多个内部要素的社会系统，内部要素之间互相作用；教育系统和社会其他系统互相作用，是教育系统运行的方式。教育的能动性是指，教育是一种人的活动，教育活动如何开展受到主观能动性的驱使，因此可认为教育是一种人为的系统，具有鲜明的主体性特征。人的主观能动性在教育实践中受到客观性的制约，二者形成辩证关系。教育反贫困功能是教育同时作为一种社会系统和作为一种主体活动的结果。

第一节　作为一种社会系统的表现和结果

一、功能是系统结构的表现和结果

功能即效能、作用，① 是事物或方法所发挥的有利作用。② 英语 function 有"功能、职能、机能、作用、职责"之意，③ 在教育功能的英语表达中以"function of education"比较常见。"功"的古代字形与现在几乎一致，是一

---

① 汉语大字典编纂处. 60000 词现代汉语词典 [M]. 成都：四川辞书出版社，2014：285.
② 中国社会科学院语言研究所词典编辑室. 现代汉语词典（增补版）[M]. 北京：商务印书馆，2002：438.
③ 英国 DK 公司. DK·牛津英汉双解大词典 [M]. 北京：外语教学与研究出版社，2005：392.

个会意形声字,"从力从工,工亦声"。^① 其本意是建立稳定的国家,也表示尽力做事、努力工作。^②"功"作为名词具有功绩、工作、功效、功劳、功德等含义。^③"能"是"熊"的本字,其本义是指熊一类的野兽,后来假借为技能、能力等意思。现代语境中"功""能"连用,成为一个常用词汇。哲学上将功能解释为"有特定结构的事物或系统在内部和外部的联系和关系中表现出来的特性和能力,任何物质系统都是结构与功能的统一,结构是功能的基础,结构决定功能,功能对结构又有反作用"。^④ 因此,功能直接被认为是一个结构主义术语。可以说,结构之所以存在,就是因为它具有某种功能,是有作用的;而功能一定基于某种结构,不可能凭空存在。

当人们讨论功能时,总体上持一种系统观。在系统论中,功能就是指系统的功能,与系统的结构相对应。其中,结构指向系统的内部组织形式,是系统的内部规定性;而功能则是系统和环境之间联系和发生交互作用而体现出来的一种外在活动形式和表现形式。^⑤ 系统行为引起了环境中某些事物的变化,便表现为系统的功能。系统产生了什么样的功能,不仅是系统结构和要素的结果,更是系统和环境之间相互作用的结果,两种作用紧密关联与互动,无法分割。系统具有层次性,所以功能也具有层次性。因此,功能既可以阐述为从系统外部描述系统的整体性质,^⑥ 也可以定义为"总体活动一部分的某种活动对总体活动所作的贡献"。^⑦

在很多定义和阐释中,都将作用和功能互换使用。但也有学者认为它们有细微差异,即功能特指事物属性中的特殊部分,而作用的范围更广泛和更一般;同时,作为一个系统论词语,功能比作用更加强调部分对整体或者整体独特结构的贡献。^⑧ 与功能类似的词还有功效、效能、功用、效应等,它们虽略有差异,但总体指向一致。

---

① (汉)许慎. 说文解字 [M]. (宋)徐铉,校定. 北京:中华书局,2013:293.
②③ 古代汉语字典编委会. 古代汉语字典 [M]. 北京:商务印书馆,2007:241.
④ 金炳华. 哲学大辞典:[M]. 上海:上海辞书出版社,2001:448.
⑤ 廖盖隆,孙连成,陈有进,郭继严,康绍邦. 马克思主义百科要览 [M]. 北京:人民日报出版社,1993:220.
⑥ 王雨田. 控制论、信息论、系统科学与哲学 [M]. 北京:中国人民大学出版社,1986:50.
⑦ J. 威尔逊,罗述勇. 功能分析介绍 [J]. 国外社会科学,1986(10):63-65.
⑧ 杨正万. 监视居住制度功能分析 [J]. 贵州民族学院学报(哲学社会科学版),2008(6):46-50.

"功能"在不同领域使用，其含义不同。数学中的功能是变量之间的函数关系。① 物理学的功能指力的作用后果与能量转化之间的关系。生物学的功能指生物中达到同一目标的共同积极属性，即为维持肌体的正常运转，其某个组织或器官所做的贡献。人工造物因人们的需要而存在，一开始就为明确的功能而设计和制造，人工构造物或产品都有应有的作用，这些作用就是它的功能。② 没有这个功能，人造物便没有存在的意义，因此在人造物中，先有预设的功能，才有人造物的形式，或者说，才有了人造物的要素和结构。文化学的功能指"文化特点之间的互相关联，尤其是指一种文化的一部分对于该文化之成为一个整体所作的贡献"。③ 人类学中的功能是指社会组成部分或社会制度作为相互依赖的整合体共同发生作用，④ 这个观点后来被社会学家所继承。根据不同领域的不同解释，功能可划分为四类：物理因果性功能、生命的目的性功能、技术人工物的功能以及社会组织功能。⑤ 教育系统是一种社会组织，因此教育功能是一种特殊的社会组织功能。

社会组织的功能是社会现象和社会事实在一定的社会组织中所发挥的特定作用。在社会学中，功能被定义为"一种社会现象对于一个它所属的更为广大的体系来说所具有的被断定的客观结果"。⑥ 因此，以社会学的观点来看社会组织的功能，是一种客观结果而非如汉语词意中所讲的有利结果；同时，功能针对一定对象而言，是"对谁而言"的；最后，在上述定义中，功能是放置于更大的系统中去考察的。虽有如此规定，但社会学认为功能不能被准确定义，因此社会学功能主义理论中有大量的不同认识。⑦ 社会组织的功能分析是对社会的结构和运行规律的揭示，非常重要并且产生了丰富的研究成果。功能主义是社会学和人类学中的一个重要流派。功能主义学派发端于奥古斯特·孔德（Auguste Comte）和赫伯特·斯宾塞（Herbert Spencer）。社会学功能主义认为，任何社会制度都对准一种基本需要，"社会是一个复杂系统，

① 英文 function 在数学中的意思就是函数。
② 张宪荣. 现代设计辞典［M］. 北京：北京理工大学出版社，1998：45.
③ 何新，王均，石夫，杨再立　等. 中外文化知识辞典［M］. 哈尔滨：黑龙江人民出版社，1989：31.
④⑦　吴泽霖. 人类学词典［M］. 上海：上海辞书出版社，1991：280.
⑤ 徐佳. 技术人工的功能理论及功能失常研究［D］. 沈阳：东北大学博士学位论文，2014：27.
⑥ ［英］米切尔. 新社会学词典［M］. 蔡振扬　等，译. 上海：上海译文出版社，1987：144.

它的各个组成部分协同工作，产生了稳定和团结"，同时，"要研究某一社会实践或制度的功能，就要分析其对与社会延续所做出的贡献"。① 当我们以"功能"作为理解教育和探寻教育规律的切入点时，是将教育作为一个社会组织子系统和社会结构的一个部分来认识的。

二、教育系统及其功能

教育系统是一种社会组织，教育功能是一种特殊的社会组织功能。教育作为一种特殊的社会现象，对于整体社会而言，具有的被断定的客观结果，便是教育的功能。对教育功能的研究，简单说来，就是探寻教育究竟有何作用。②

教育功能产生于教育系统与社会其他子系统的交互过程中。教育功能涉及教育在社会中的地位和作用，也涉及教育与人、教育与社会各方面的联系。③ 包括教育与人口的关系、教育与社会物质生产的关系、教育与社会政治的关系、教育与社会文化的关系及教育与科学技术的关系。④ 同时，在认识教育功能时，人的主观能动性产生很大影响，人们的教育功能观不同，是参与教育的个体不同造成的。⑤

将教育部门作为一种特殊的社会组织来研究，受到社会学功能主义学派很大影响。功能主义又称结构功能主义，发端于 19 世纪末 20 世纪初，于 20 世纪五六十年代达到顶峰，后来虽然受到诸多批评，但目前依然是西方社会学理论中极具代表性的主要理论之一。其核心观点仍在很大程度上和特定角度上，对当前的社会现象和社会规律具有独到而深刻的解释力，其视角对教育科学研究具有极大影响和启发。结构功能主义的代表人物是美国学者帕森斯（Talcott Parsons，1902 ~ 1979）和默顿（Robert Merton，1910 ~ 2003）。社会学家孔德、斯宾塞的社会有机体论（theory of social organism）对结构功能主义产生了早期影响。结构功能主义也借鉴了人类学的思想来源。马林诺夫斯基（Bronislaw Malinowski，1884 ~ 1942）提出的功能普遍性和功能不可缺少性，与拉德克里夫－布朗（Alfred Radcliffe-Brown，1881 ~ 1955）提出的功

---

① ［英］安东尼·吉登斯. 社会学［M］. 李康，译. 北京：北京大学出版社，2009：17.
②③ 胡德海. 教育学原理［M］. 兰州：甘肃教育出版社，2013：239；1998：241.
④ 傅道春等. 教育学［M］. 哈尔滨：哈尔滨工业大学出版社，1999：28.
⑤ 王富平. 教育功能的相关性探析［J］. 现代教育科学，2003（1）：11－13.

能统一性一起，成为传统功能主义的三大假设，并对结构功能主义产生了巨大影响。总体而言，结构功能主义认为社会由相互依存的不同部分构成，它们对整个社会的运作都有必要功能，教育系统是社会存在的必需品之一。

涂尔干（Émile Durkheim，1858～1917）被认为是结构功能主义的奠基人，他率先揭示了教育作为社会的一个特定组织对社会大系统的作用。涂尔干认为不能将教育系统从社会中割裂开来，因为它们彼此依存，相互促进。涂尔干持教育"功能-目的"一体观，① 在其论述中混合使用教育目的和教育功能。他认为"教育是年长的几代人对社会生活方面尚未成熟的几代人所施加的影响。其目的在于使儿童的身体、智力和道德状况都得到某些激励与发展，以适应整个政治社会在总体上对儿童的要求，并适应儿童将来所处的特定环境的要求""使年轻一代系统的社会化""在每个人身上塑造社会我""要在人的身上创造新的人格"。② 同时，涂尔干强调教育的社会功能，即教育激发儿童的成长，应促进他们发展社会需要的那些能力，强调为维持社会稳定而进行价值观传递。

默顿认为功能是指可明显观察到的客观结果而非主观愿望，应区分主观动机与客观功能。③ 因此，教育功能是人类教育活动和教育系统对个体发展和社会发展产生的客观作用与影响。帕森斯认为教育的功能是社会化和社会选择，这是与教育置身其中的社会大环境的整体发展密切相关。其中，社会化可以让人们与日益分化的、逐步向上升迁的社会期望一致；同时，学校具有选拔功能。④ 即教育宏观上促进现代社会发展，微观上通过职业选择将个体分层。教育是"人事分配中的第一步，随之而来的是进入劳动力市场，受过良好教育的人在劳工市场上寻找适合他们的位置和报酬"。⑤ 虽然结构功能

---

① 吴康宁. 教育的社会功能诸论述评 [J]. 华中师范大学学报（哲学社会科学版），1996（3）：77-84

② ［法］埃米尔·涂尔干. 教育及其性质与作用 [M]//张人杰. 国外教育社会学基本文选. 上海：华东师范大学出版社，2009：8-9.

③ ［美］罗伯特·金·默顿. 社会理论与社会结构 [M]. 唐少杰，齐心 等，译. 南京：译林出版社，2015：113.

④ Parsons，T. The school class as a social system：Some of its functions in American society [J]. Harvard Educational Review，1959（4）：297-318.

⑤ ［美］杰弗里·亚历山大. 社会学二十讲——二战以来的理论发展 [M]. 贾春增，董天民，译. 北京：华夏出版社，2000：41.

主义非常注重社会秩序与稳定，但帕森斯晚期关注社会变迁，明确将教育革命看作现代社会体系演进的三大革命性开端①之一。② 资本主义社会中存在极大分化，一方面，教育通过选择功能将现存的不公平合法化，从而帮助减缓社会分裂和冲突紧张，实现平衡和协调；另一方面，通过扩大教育机会均等来促进社会平等，从而推进社会变革。

三、反贫困功能是教育基本功能在贫困问题中的表达

教育反贫困功能是教育多种功能中的一种。功能是物质存在的最重要的特性，不同的性能正是区别不同物质形态的标志。③ 因此，讨论教育反贫困功能就是讨论教育本身的特性。当人们谈论教育反贫困时，很大程度上就是在讨论教育具不具备反贫困功能、教育有没有帮助人们摆脱贫困的作用。从不同角度，教育功能可分为个体功能与社会功能、正向功能和负向功能、显性功能与隐性功能等。

首先，教育反贫困功能既是教育个体功能的体现，也是其社会功能的体现。从教育的育人功能和社会功能角度，教育功能体系可总结为图2。贫困以经济匮乏为表现，反贫困也以经济状况改善为指标。虽然教育功能体系各个部分之间具有千丝万缕的关系，在社会运行中根本无法互相完全剥离，但作为一种分类法视角，教育反贫困功能在教育功能体系中是紧密结合劳动、植根于人们生产活动的。对于个体而言，教育的反贫困功能属于进行生产指导、提升个体人力资本从而增加个体收入、摆脱贫困的范畴；就社会而言，教育反贫困主要实现推动经济增长；同时，从贫困作为一个历史悠久的社会问题角度，教育的反贫困成效如减少甚至消灭贫困人口、缩小贫困地区范围等，正是推动社会进步与变迁。虽然教育反贫困功能涉及教育功能的方方面面，但其突出部分和重点是生产和经济功能，因此在图2中突出显示。微观上，教育改变个体能力使之更具生产力，从而摆脱贫困，是育人功能的表达；宏观上，通过教育的溢出作用，贫困地区经济发展，社会发生变化，是社会功能的表达。

---

① 其他两个分别是工业革命和民主革命。
② Parsons Talcott. The system of modern societies [M]. Englewood Cliffs：Prentice‑Hall. 1971：71‑121.
③ 胡德海. 教育学原理 [M]. 北京：人民教育出版社，2013：237.

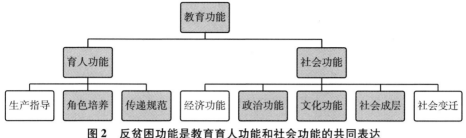

图2 反贫困功能是教育育人功能和社会功能的共同表达

资料来源：胡德海．教育学原理［M］．北京：人民教育出版社，2013：239. 笔者整理。

其次，教育反贫困功能是一种正向功能。教育作为一种构建性的社会组织，其功能就在于它作为社会结构的一部分对社会延续所做出的贡献。当我们讨论教育功能或者教育反贫困功能时，讨论的其实是教育对社会发展的正向作用，是教育能够反对贫困、促进减贫、促进脱贫的作用。消除贫困是人们的目标，教育反贫困表达人们的一种期待，这个功能是正向的，与人类社会往好的方向发展的愿望相一致。因此，实践中很多时候人们谈到教育功能，实际上是在谈论它的正向功能。如果教育系统产生了负功能或正向功能很小，就会成为人们改造教育系统的动力。

最后，教育反贫困功能主要是一种显性功能。显性功能指系统的主观目标与客观结果相符；而隐性功能指系统结果并非事先筹划，也不被察觉。教育的反贫困功能显然是人们事先策划的，即使实践中功能发挥存在一些问题，但其总体结果与反对贫困这一主观目标相一致。教育的反贫困功能能够被显著察觉，并已通过诸多考察和测量得到了相关证据，本书也将继续呈现这一点。

第二节　作为一种主体活动的价值和构建

一、教育的功能与其目标、价值紧密相连

本书中，目标、价值、结果是与"功能"紧密相关的概念，它们体现了教育这种主体性活动时刻在主体的主观能动性影响下活动。功能是实现了的

目标和被满足的价值。"目的"是"想要达到的境界或想要得到的结果"，[①]而"教育目的"是"教育要达到的结果"，是"教育工作的出发点和归宿"。[②] 教育目的受制于一定的社会生产力，由当时的社会经济、政治、文化所决定。教育体系有其运行的自身规律，但教育同时具有鲜明的"人造"属性，体现在多个方面，鲜明的目的性便是其一。在任何国家和地区，办什么样的教育，都有明确规定。我国教育法指出，"教育必须为社会主义现代化建设服务、为人民服务，必须与生产劳动和社会实践相结合，培养德、智、体、美等方面全面发展的社会主义建设者和接班人。"[③] 这是我国教育目的的总体描述。目的具有引领作用。教育目标一旦确定，人们就会朝着这个目的去办教育。然而必须指出的是，教育目的未必被完全实现，它可能只是部分实现甚至不被实现。在一个正常运行的社会系统中，教育目的总能得到较多实现。已被实现的教育目的，便是教育功能的一部分。

"价值"指向一种意义，是"事物或现象对于一定的个人、群体乃至整个社会的生活和活动所具有的积极意义"，[④] 是"客体的存在、属性和合乎规律的变化与主体尺度相一致、相符合或相接近的性质和程度"，[⑤] 是"对主客体相互关系的一种主体性描述"。[⑥]也就是说，客体自身属性满足主体需求的那部分，便是客体的价值。而"需求"是"人的生存和发展对外部世界及自身活动的依赖性表现"，[⑦]包括物质需要、制度需要和精神需要。社会实践中的教育对个体和社会来说，就是客体与主体的关系，教育价值便是教育作为客体满足人们需要的属性。这里，人们的需要是存在的需要和文化传承的需要。[⑧] 当谈论教育价值时，教育是客体，个体与社会是主体。虽然教育的存在、属性和作用是客观的，个体与社会的存在和需要是客观的，教育与个体与社会的关系也是客观的；但必须认识到，教育与人、与社会之间形成的价值关系是一种"以主体尺度为尺度"[⑨]的价值关系。如果教育功能与主体

① 汉语大字典编纂处. 60000 词现代汉语词典 [M]. 成都：四川辞书出版社，2014：904.

② 王焕勋. 实用教育大词典 [M]. 北京：北京师范大学出版社，1995：238.

③ 中华人民共和国教育法（2015 修订）[Z/OL]. (2015 – 12 – 27) [2018 – 09 – 18]. http://www.moe.gov.cn/s78/A02/zfs__left/s5911/moe_619/201512/t20151228_226193.html.

④ 徐光春. 马克思主义大辞典 [M]. 武汉：崇文局，2017：91

⑤⑥⑦⑨ 李德顺. 价值论——一种主体性的研究 [M]. 北京：中国人民大学出版社，1987：51，53.

⑧ 胡德海. 教育学原理 [M]. 北京：人民教育出版社，2013：239.

生存和发展目标相符合，对主体生存发展具有肯定作用，则教育具有"正价值"；否则，教育具有"负价值"。[①] 人在生存和发展中，总是追求更便利、更容易的生存，追求更好的生活质量，这是人们生存和发展的总体方向；这便是教育的基本价值所在。一定程度上，人们把自己的需要与期望赋予教育活动，并力图按此需要去规范和建构教育活动，以实现教育价值。此时的教育价值，其实是指正价值。值得注意的是，教育价值是"满足人们的需要"的体现，因此，只有真正发生了、满足了，教育才存在某种价值。

将教育功能、教育目的和教育价值的相互关系简化地用图 3 表示。该示意图固然不能完全表达教育功能、教育目的和教育价值的全部含义，但基于一些简单分类，可以对这三个概念之间的紧密关系进行一个梳理。

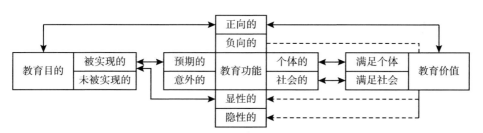

图 3　教育功能、教育目的与教育价值的关系

第一，被实现了的教育目的是教育功能的一部分，是预期的教育功能部分。教育功能是教育系统设计要达至的目标，并且是真正达至了的目标，也是教育功能中人们想要的部分。第二，教育目的都是正向的。人们根据正向目的而设计教育系统并建构教育活动。纵然教育活动结果必然受到各种客观历史条件的制约，但是教育活动总体上是为了产生有利的结果，因此，被实现的教育目的同时是正向的教育功能。第三，教育价值是"一种事实而非设想"。功能也是实现了的教育活动结果，在这个意义上，教育价值与教育功能关系极其密切。只是教育价值的提法更突出主体需要作为尺度的部分。与教育功能一样，人们一般强调教育的正价值。第四，存在负的教育价值和负的教育功能，但这都不是人们所期望的，负向功能和负向价值是人们所极力避免的。

反贫困功能是教育目的的实现，是教育目标的结果体现。我国的教育目

31

---

① 李德顺. 价值论——一种主体性的研究 [M]. 北京：中国人民大学出版社，1987：51，53.

的是"教育必须为社会主义现代化建设服务、为人民服务，必须与生产劳动和社会实践相结合，培养德、智、体、美等方面全面发展的社会主义建设者和接班人。"① 可以看出，我国教育体系具有发展生产、培养个体劳动技能的基本目的。对个体而言，具有一定的生产技能和劳动技能，是获得一定工作回报、满足一定标准的生活的基础；对贫困者而言，这是他们依靠提升自身能力增加收入、改善生活、摆脱贫困的基本条件；对不贫困的人群来说，这是他们获得报酬、提高收入，维持生活水平、进一步提升生活质量并抵抗致贫风险的根本依赖。因此，教育的目的包含反贫困又不止于反贫困。目的具有引领作用，因此，我国的教育实践朝着反贫困目的前进。

教育反贫困功能体现了教育满足人们摆脱贫困追求美好生活需求的价值。教育与人的价值关系是以人为尺度，人们的需要是存在和文化传承的需要。② 在这个价值关系里，客体的存在、属性和变化如果与主体生存和发展相符合，对主体生存发展具有肯定作用，则是"正价值"，否则即是"负价值"。③ 人们的生存和发展总是追求更便利、更容易的生活，追求更好的生活质量；因此，教育满足人们摆脱贫困、防止返贫、追求更富裕美好生活的需求。个体与社会对教育活动有反贫困的需要和期望，并力图按此需要去规范和建构教育活动，以实现教育价值。

反贫困是教育的目的之一和基本价值之一，人们有意识地设计具有反贫困功能的教育系统结构去达成这一目的。然而，教育系统的运行结果并非完全按照设计方向和预定路线进行，在复杂的教育实践中，个体行动受多种因素影响，个体在纷繁复杂的教育行动中塑造了真实的教育系统。教育的反贫困功能在复杂的互动中得以实现。

二、贫困问题和反贫困需求

长期以来，人们从不同的角度解释贫困的含义和特征，对贫困认识逐渐深入，反贫困的目标和方式也日渐丰富。

---

① 中华人民共和国教育法（2015 修订）［Z/OL］．（2015 – 12 – 27）［2018 – 09 – 18］. http：//www. moe. gov. cn/s78/A02/zfs__left/s5911/moe_619/201512/t20151228_226193. html.

② 胡德海. 教育学原理［M］. 北京：人民教育出版社，2013：239.

③ 李德顺. 价值论——一种主体性的研究［M］. 北京：中国人民大学出版社，1987：53.

在汉语词源中，"贫"指"房屋之内无（财）物可分"，① 说文解字解读为"财分少也"，② 就是指财务经济问题；而"困"的本义是"倾倒的房屋"，③ "故庐也"。④相关地，"穷"的甲骨文字形为在洞穴里弯身如弓的人，即穷苦人的身体形象，"穷，极也"。⑤荀子认为，"仁义礼善之于人也，辟之若货财粟米之于家也，多有之者富，少有之者贫，至无有者穷"，⑥ "富""贫""穷"原意都是指家庭"货财粟米"的保有程度，"贫"者"货财粟米"少，而"穷"比"贫"情况更为糟糕。"贫"总是不好的、需要摆脱的："民恶贫贱，我富贵之"，⑦ "富与贵，是人之所欲也；不以其道得之，不处也。贫与贱，是人之所恶也；不以其道得之，不去也。"⑧ 摆脱贫困是民与执政者的追求。现代汉语中，"贫困"被解释为"贫穷，生活困难"，⑨ 而"贫穷"则是"缺乏生产资料和生活资料"。⑩ 相较而言，"贫穷"更口语化、更具有生活气息和情感色彩。当前学术语境中以"贫困"作为标准术语。英语中"poverty"是学术研究中的规范用语，是与"贫困"相对应的词。

贫困问题作为学术问题被研究，主要发端于近代西方世界。卢梭（Jean - Jacques Rousseau，1712 ~ 1778）被认为是最早涉及贫困问题的学者。⑪ 马尔萨斯（Thomas Robert Malthus，1766 ~ 1834）在其《人口原理》中详细讨论过贫困及其解决途径的问题。⑫ 英国社会学家布什（Charles Booth，1840 ~ 1916）以伦敦东区为例描述了社会中的贫困现象，阐述了解决贫困的社会理想。⑬ 但他们都没有明确界定贫困。首先界定贫困的是英国经济学家朗特里（Benjamin Seebohm Rowntree，1871 ~ 1954）。他提出，以家庭为单位，当家庭所拥有的收入不足以维持其生理功能的最低需要（包括食品、住房、衣着

---

① 字源网. http://www.fantizi5.com/ziyuan/ [Z/OL].
②④⑤ （汉）许慎. 说文解字 [M]. （宋）徐铉，校定. 北京：中华书局，2013：125，127，149.
③ 古代汉语字典编委会. 古代汉语字典 [M]. 北京：商务印书馆，2007：447.
⑥ （战国）荀况. 荀子 [M]. （唐）杨倞 注，耿芸 标校. 上海：上海古籍出版社，2014：345.
⑦ （春秋）管子. （明）刘绩 补注. 管子补注 [M]. 南京：凤凰出版社，2016：3.
⑧ 杨伯峻. 论语译注 [M]. 北京：中华书局，2012：49.
⑨⑩ 汉语大词典编纂处. 现代汉语词典 [M]. 成都：四川辞书出版社，2017：443.
⑪ 张岩松. 发展与中国农村反贫困 [M]. 北京：中国财政经济出版社，2004：26.
⑫ [英] 马尔萨斯. 人口原理 [M]. 朱泱，胡企林，朱和中，译. 北京：商务印书馆2011：28 – 39.
⑬ 顾建军. 教育与反贫困 [M]. 北京：人民出版社，2000：24.

和其他必需品）时，便是绝对贫困（absolute poverty）；这个最低需要的等价货币衡量便是贫困线，任何个体或家庭人均最低收入低于这一生存标准，则视为贫困人口。① 霍尔曼（Robert Holman）进一步拓展了朗特里的贫困概念，认为贫困应按照满足家庭基本需要的物品量或支出量来衡量。② 目前贫困仍被广泛地定义为"缺少达到最低生活水准的能力"③ "没有达到被认为是一个合理的、最低的经济福利"。④ 我国将贫困界定为："一般是指物质生活困难，即一个人或一个家庭的生活水平达不到一种社会可接受的最低标准。他们缺乏某些必要的生活资料和服务，生活处于困难境地。"⑤

从以上论述可以看出，自古至今，人们首先认为贫困是一个经济概念，是一种钱财物的缺乏，是一种基于经济匮乏的生活窘迫状态。这也是本书的基本立场。同时，了解贫困的其他方面，有助于对贫困问题的深刻理解。

第一，相对贫困是当前人们主要关注的贫困形式。绝对贫困是指缺乏维持生存所必需的、基本的物质条件。相对贫困是一种比较而言的贫困状态，即"某些人的生活低于社会上其他人的生活水平"。⑥ 如果一些个人、家庭、群体由于资源匮乏而不能获得各种饮食、不能参加各项社会活动、没有社会公认的居住设施，或者上述项目得不到广泛赞同，那么他们就处于贫困之中。⑦ 因此，相对贫困是一种立足于"社会公平"的概念，是一种社会特征，具有具体的时空特性。相对贫困是变化的，与社会总体发展和分配制度紧密关联。"随着社会变得越富裕，确定为贫困的收入水平也越高"。⑧ 当分配制度导致严重不均衡时，社会发展反而加大了相对贫困程度。当前主流的贫困线测度是基于相对贫困概念而制定的。贫困线是"贫困标准"的通俗称

---

① Benjamin Seebohm Rowntree. Poverty：A study of town life ［M］. Charleston：BiblioBazaar LLC，2010.

② Robert Holman. Poverty：Explanations of social deprivation ［M］. London：St. Martin's Press，1978.

③ 世界银行. 1990 年世界发展报告 ［M］. 北京：中国时政经济出版社，1990：29.

④ Lipton M，Ravallion M. Poverty and policy ［C］// Behrman Srinivason. Handbook of development economics Elsevier. 1995：2551 - 2657.

⑤ 国家统计局《中国城镇居民贫困问题研究》课题组. 中国城镇居民贫困问题研究 ［J］. 统计研究，1991（6）：12 - 18.

⑥ 李珍. 社会保障理论 ［M］. 北京：中国劳动社会保障出版社，2001：144.

⑦ Peter Townsend. Poverty in the United Kingdom：A survey of household resource and standards of living ［M］. Berkeley：University of California Press. 1979.

⑧ ［英］皮尔斯. 现代经济学词典 ［M］. 宋承先 等，译. 上海：上海译文出版社，1988：473.

谓,是一种为了方便进行贫困识别、标识贫困程度的简化指标,是一种最低生活保障线。世界银行的贫困线标准以收入和消费来评价,根据一系列发展中国家和发达国家的贫困线数据,进行一定调整之后得出。当前执行 2015 年修订的每人每天 1.9 购买力平价美元贫困线标准。[①] 我国当前的贫困线是2015 年颁布的 3000 元人民币,[②] 已将恩格尔系数引入贫困线计算(即从直接关注食物支出到关注食物支出在总支出中的比重)。

第二,收入贫困(经济贫困)仍是贫困的基本面,但能力贫困、权利贫困愈发受到重视。按照家庭最低生活需求、营养条件、经济状况定义的贫困,即收入贫困(income poverty),不足以揭示贫困问题的复杂性。贫困问题是一个生存问题,也是社会问题和人的发展问题。在当今社会中,绝对贫困中所指的"饥饿",并不是现实中不存在足够的食物,而是一部分人不能得到足够的食物。[③] 因此贫困的本质是权利关系。阿马蒂亚·森进一步提出贫困与饥荒的"权利分析法",应"以可行能力剥夺看待贫困"。[④] 正是通过提供包括高水平的识字、算术等基本教育和良好的一般性医疗保健等在内的支持性社会基础条件,给贫困者赋权,日本、中国和新加坡等亚洲经济体才令人瞩目地普及了经济机会。[⑤]

第三,多维贫困是当前识别和测度贫困的基准模型。我国官方的多维度贫困框架是:不愁吃、不愁穿,义务教育、基本医疗和住房安全有保障。[⑥]这也是我国扶贫工作的目标。有学者认为,按照中文的定义,本质上,世界银行的收入/消费贫困标准测量的是"贫",联合国开发计划署报告中采用的

---

① 张朋辉. 世界银行十年来首次上调国际贫困线标准 [N/OL]. 人民日报. (2015 – 10 – 06)[2018 – 11 –03]. http://world. people. com. cn/n/2015/1006/c1002 – 27664879. html;据世界减贫数据库网站 2022 年 5 月 2 日消息,世界银行以 2017 年购买力平价为基准,将在 2022 年秋天采用新的贫困线(参见 https://www. jianpincn. com/zgjpsjk/gwzkkjp/671581. html)。新贫困线上调至 2.15 美元,我国多位扶贫领域专家认为,这是国际贫困线基于全球价格变动进行的正常调整,其价值内涵未发生变化,对中国而言,整体影响不大(参见 https://www. yicai. com/news/101405404. html)。

② 袁晗,底东娜. 刘永富. 贫困线标准的调整对我国扶贫工作没有太大的影响 [N/OL].(2015 – 12 –15)[2017 –06 –05]. http://news. xinhuanet. com/live/2015 – 12/15/c_1117464541. htm.

③ [印度] 阿马蒂亚·森. 贫困与饥荒 [M]. 王宇,王文玉,译. 北京:商务印书馆,2001:5.

④ [印度] 阿马蒂亚·森. 贫困与饥荒 [M]. 王宇,王文玉,译. 北京:中国人民大学出版社,2013:85.

⑤ [印度] 阿马蒂亚·森. 以自由看待发展 [M]. 任赜,于真,译. 北京:中国人民大学出版社,2013:88.

⑥ 中华人民共和国国务院. "十三五"脱贫攻坚规划 [Z/OL]. http://www. gov. cn/zhengce/content/2016 – 12/02/content_5142197. htm.

MPI 测量的是"困"。① 联合国开发署早期的一个"人类贫困框架"以"预期寿命、教育水平和生活质量"三项基础变量对人类发展进行观察，提出了人类发展指数（Human Development Index，HDI）。② 该方法经过进一步开发，形成了目前所使用的多维贫困指数（Multidimensional Poverty Index，MPI），包括教育（成年人受教育年限和儿童入学率）、健康（营养和儿童死亡率）和生活标准（做饭用燃料、厕所、饮用水、电、屋内地面和资产）3 个维度共 10 个指标。③ 这是目前最具代表性的多维贫困指标，在全球广泛使用。

第四，在重视物质贫困基础上，精神贫困严重性凸显，二者的内在关联日渐清晰。精神贫困是物质贫困的直接后果和人文表现，又是物质贫困产生的主要根源；是由经济、教育、自然条件、文化传统、社会发育程度等多种因素共同作用的结果。④ 精神贫困可从以下 7 个方面进行衡量：（1）接受教育的程度；（2）对社会生产和劳动的兴趣、态度；（3）情感需要的满足状态；（4）旧传统习俗的承接率；（5）文化娱乐状态；（6）价值观念状态；（7）生活方式与情绪状态。⑤ 精神贫困也是一种相对而言的匮乏情况，即某个群体或个人对这种个性的精神生活需求或认同程度显著低于群体中其他多数个人的需求和认同程度。⑥ 精神贫困还包含文化贫困，即"特定文化的一种低水平层次的状态或特征"，⑦ 文化建设是欠发达地区尤其是贫困地区精神脱贫的根本路径。⑧

第五，贫困的动态性被揭示，成为反贫困的重要依据。贫困是一种状态，这种状态会变动，因此反贫困才有可能。永久性贫困又被称作慢性贫困、长期贫困。长期贫困一开始被世界银行用于描述一些经历了长期反贫困斗争却

---

① 冯贺霞，王小林，夏庆杰. 收入贫困与多维贫困关系分析 [J]. 劳动经济研究，2015（6）：38 – 58.

② 联合国开发计划署. 1990 年人类发展报告 [R/OL].（1990 – 05 – 01）[2018 – 09 – 05]. http：//hdr. undp. org/sites/default/files/reports/219/hdr_1990_en_complete_nostats. pdf.

③ 联合国开发计划署. 2010 年人类发展报告 [R/OL].（2010 – 11 – 04）[2018 – 09 – 05]. http：//hdr. undp. org/en/reports/global/hdr2010/chapters/cn/.

④ 余德华. 论精神贫困 [J]. 哲学研究，2002（12）：15 – 20.

⑤ 王尚银. 精神贫困初探 [J]. 贵州民族学院学报（哲学社会科学版），2000（1）：114 – 116.

⑥ 朱华晔. 精神贫困：定义、分类与测度 [J]. 统计与咨询，2011（4）：54 – 55.

⑦ 熊丽英. 贫困文化和文化贫困 [J]. 求索，2004（2）：133 – 135.

⑧ 姚建伟，余德华. 欠发达地区的精神脱贫与文化转型 [J]. 贵州社会科学，2005（6）：88 – 90.

仍处于极端贫困的人群。[1] 后由鲍奇（Baulch）和霍迪诺特（Hoddinott）提出短期贫困和长期贫困的概念，由此形成了研究动态贫困的理论框架。[2] 区分暂时性贫困和永久性贫困是为了解决严重的长期贫困问题，在贫困陷阱的研究中较为常见。极端的长期贫困即贫困的代际传递甚至多代传递。特别严重的自然灾害和不利的社会经济因素会导致暂时贫困向长期贫困演变，而持续时间长、代际传递、脆弱性是长期贫困的显著特征。[3] 这种划分与消费水平相结合，进一步将贫困的状态划分为始终贫困、经常贫困、波动贫困、偶尔贫困和从不贫困几种类型（见图4），[4] 它们具有程度上的差异，其中，始终贫困和经常贫困属于暂时性贫困，波动贫困、偶尔贫困则为长期贫困。

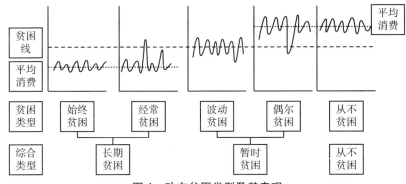

图4 动态贫困类型及其表现

资料来源：转引自王卓. 论暂时贫困、长期贫困与代际传递［J］. 社会科学研究，2017（2）：98-105.

在测量中，"5年"被确定为"长期"的时间标准，这是世界银行的界定，得到多项研究支持。[5] 虽然极端长期贫困（即贫困代际传递）是反贫困的难题，但诸多实证研究表明，目前很多区域的暂时性贫困才是覆盖面最广

① 世界银行. 1990年世界发展报告［R］. 北京：中国财政经济出版社，1990：29-38.

② Baulch B，Hoddinott J. Economic mobility and poverty dynamics in developing countries［J］. Journal of Development Studies，2000（6）：1-24.

③ 王卓. 论暂时贫困、长期贫困与代际传递［J］. 社会科学研究，2017（2）：98-105.

④ Jalan J，Ravallion M. Geographic poverty traps？A micro model of consumption growth in rural China［J］. Journal of Applied Econometrics，2002（4）：329-46.

⑤ Hulme D，Shepherd A. Conceptualizing chronic poverty［J］. World Development，2003（3）：403-423.

的：贫困高发地非洲的数据表明，暂时性贫困占相当大的比例；① 中国的数据也表明，存在数量较多收入徘徊在贫困线上的群体，数据样本显示暂时贫困状况远大于贫困率与长期贫困率。②

"反贫困"由"反"和"贫困"组合而成。"反，覆也"，③ 现代释义为"转换、反抗、反对"。④ 英文用"anti-poverty"表示反贫困，⑤ 在不同语境中，也表达为"against poverty"，表示对贫困的反对、抗争。"反贫困"作为一个学术研究术语，一般认为由缪尔达尔（Gunnar Myrdal）首先提出。缪尔达尔从发达国家和发展中国家两方面的责任和行动对反贫困进行了宏观的分析，阐述了"采取某些策略和方法使贫困人口（群体）或区域原有的贫困情况得到改善"的反贫困行动纲领。⑥ 总体而言，反贫困是对贫困的反对、改变和对抗。

人们对贫困问题认识的丰富性，体现了反贫困需求的多维性。一方面，贫困最基本的层面是经济短缺，这是反贫困的基本问题。无论怎么分类，经济都存在于贫困指标体系中。贫困这一概念就是从描述财物匮乏为出发点而构造的。虽然人类生活的诸多要素存在非常复杂的交互关系，但生存所需的物质基础是生活的基本条件，只有达到这样的基本条件才有发展其他方面的可能性。在导致精神贫困的原因中，经济收入短缺是重要原因，精神贫困也更多地出现在经济财物缺乏的贫困人群身上。在当今社会中，住房、教育、医疗、娱乐等多种公共服务，都建立在区域经济发展水平基础上，个体和家庭也大都可以通过货币进行购买。因此，贫困的概念虽已发展成一个多维而丰富的体系，但必须清晰地认识到经济匮乏在贫困概念中的核心地位，反贫困要紧紧扣住经济因素。

相比起物质基础，贫困问题中的上层建筑受到越来越多的重视，使反贫

---

① Carter M R，Barrett C B. The economics of poverty traps and persistent poverty：An asset-based approach［J］. The Journal of Development Studies，2006（2）：178–199.
② 廖君芳，霍鹏，崔海兴. 暂时贫困人口问题研究［J］. 中国农学通报，2014（35）：297–303.
③（汉）许慎. 说文解字［M］.（宋）徐铉，校定. 北京：中华书局，2013：59.
④ 汉语大词典编纂处. 现代汉语词典［M］. 成都：四川辞书出版社，2017：443.
⑤ 英国培生教育出版亚洲有限公司. 朗文多功能英汉双解大词典［M］. 北京：外语教学与研究出版社，2014：81.
⑥［瑞典］冈纳·缪尔达尔. 世界贫困的挑战——世界反贫困大纲［M］. 顾朝阳，张海红，高晓宇，叶立新，译. 北京：北京经济学院出版社，1991.

困不仅停留在经济层面。相对贫困指向社会总体水平和社会公平，反贫困不仅要求社会整体的发展，而且在文化理念和社会制度上，向不均衡和非正义提出挑战。世界上贫困问题最严重的国家，阶层分化问题往往也非常严重。多维贫困以明确可观察的指标衡量人们的生活质量，在生存层面之上关注生活的丰富性、完整性、内涵性和发展性。反贫困不仅要使贫困者当下的生活在卫生、营养、安居方面得到保障，还要考虑寿命、健康、教育等未来的发展可能性。反贫困要满足贫困者文化层面、精神层面的诉求，打破精神匮乏和物质匮乏之间的循环。贫困的动态性进一步表明，在社会财富整体大幅度增加的情况下，消除长期贫困的要点在于阻断贫困代际传递；短期、波动、暂时贫困体现了生计脆弱的易发性。在脱贫攻坚完成之后，这些是反贫困面对的主要问题。

反贫困需求重心逐渐转移和多样化，使教育的反贫困价值日渐凸显。教育的育人功能、文化传承和创新功能、社会变革功能等，以不同的方式和程度切合多样性的反贫困需求。在实践中，即使已考虑到自然条件差、基础设施不足、自然灾害频发、缺乏支柱产业、缺乏医疗保障、无法投资子女教育等多种直接的致贫因素，反贫困仍有诸多障碍，其中外推与内生的矛盾凸显，反贫困的投入收益不佳。一些贫困比较顽固，时有返贫现象发生等，使反贫困的焦点逐渐指向对人本身的贫困的反对，从改变人的内在去改变贫困。这一思路的根基是教育对人的发展的重要作用，人的意识、态度、技能的改变，才是真正的改变。只有人本身的脱贫才是真正的脱贫。这种反贫困需求的满足，充分说明了教育反贫困功能的独特性和重要性。

三、教育反贫困活动及贫困状态的改变

在教育反贫困中，教育活动作为主要因素，改变了贫困的状态，通过教育活动实现了反贫困功能。在这一过程中，形成了教育反贫困的一系列活动概念。

第一，从主体角度，可从"教育扶贫"和"教育脱贫"两方面来认识教育反贫困活动。"教育扶贫"和"教育脱贫"是我国政策常见术语。"扶"的本义是"用手支持使人不倒"，扶助、扶持，"扶贫"即帮助贫困户或贫困地

区发展生产，改变穷困面貌，①"教育扶贫"指对贫困地区、贫困人口在教育领域进行帮助、支持和援助的活动，主体是全社会，对象是贫困人群。当使用"扶贫"这一词汇时，已暗含的意思是贫困者是弱者，需要外力帮助才能改善贫困状况。"脱"则是指"脱离"，"脱贫"即是摆脱贫困之意，② 其主体地贫困人群或贫困地区。"教育脱贫"指通过教育，原本贫困的人群脱离贫困状态，原本贫困的地区经济发展摆脱贫困。我国政策中常用"扶贫"一词，是一种政策实践和反贫困的具体行为过程，"严格地说只是反贫困的一种具体方法或路径"，③ 也就是说，贫困者本身是有可能在没有外力帮扶下即脱贫的。在改革开放之后贫困人口迅速大规模减少的几年里，大部分贫困者都是在合适的宏观政策条件下，依靠自身力量、不需外界帮扶而脱贫的。当下，扶贫、脱贫成为高频词，正说明了当前贫困地区和贫困人口的贫困状况比较特殊：他们或陷于贫困陷阱之中，或缺乏独立脱贫的必备条件，或与社会发展整体情况差距太大，因此需要社会其他力量进行帮扶；同时，脱贫成为热词，既说明了我国反贫困的目标，也暗示着社会主流对反贫困主体能动性的强调。

脱贫的主体是贫困者。其中，有劳动能力和学习能力的贫困者，是教育脱贫的主体。当今世界的贫困者主要集中在亚洲、非洲和南美洲的一些国家和地区。我国的贫困者主要集中在中西部地区、农村地区、少数民族地区，城市中的贫困者也逐渐受到关注。突出贫困者自主性、自觉性、能动性和创造性，是教育反贫困的核心问题。扶贫主体通常不是贫困者。在我国大扶贫格局下，政府机关、扶贫机构、对口帮扶学校、相关企事业单位、社会团体、NGO 组织等，都有一些直接从事反贫困工作的人员，如支教老师。还有一些间接参与教育扶贫的主体，他们通过缴纳税金、捐赠物品、形成舆论、构成社会环境、组成外部市场等，以参与社会行动的方式间接参与教育反贫困活动。人类是一个命运共同体，反贫困是全社会的共同责任。

第二，从目标角度，减贫和脱贫是教育反贫困的目标和结果。教育本身

---

①② 中国社会科学院语言研究所词典编辑室．现代汉语词典［M］．北京：商务印书馆，2002：386，1286－1287.

③ 朱霞梅．反贫困的理论与实践研究［D］．上海：复旦大学博士学位论文．2010.

包含在减贫和脱贫目标中。"减"就是降低,"从总体或某个数量中去掉一部分"。① 减贫是在宏观层面社会整体的贫困状况相对某种"原来的"状况,有所降低、减轻,意味着减少贫困的因素、减少贫困人口的数量、降低或者缓和贫困程度,是当前状况的改善。而贫困状况减轻了多少、贫困程度降低了多少以及贫困人口减了多少,这些程度上的描述,是以随时代变迁的贫困线以及贫困人口认定、贫困(村)县等认定方法为基础的。教育缺乏是贫困的一个表现,教育缺失被满足、通过教育提升了生活水平,都是减贫目标的达成。脱贫更多地指向个体或家庭微观层面,意味着在一定标准下,各项贫困指标均到达临界值:生活水平在临界值以上,贫困人口降到临界值以下。为贫困人口提供达到标准的教育便是满足脱贫指标的基本维度。一方面,减贫是脱贫的中间状态,是走向脱贫的过程;持续减贫便可走向脱贫;另一方面,随着人们对贫困认识的丰富、衡量的多元化,减贫反而更加长远,只有阶段性和局部性的脱贫目标能够暂时完成。

第三,教育是一种重要而独特的反贫困手段,人们可以通过多重手段反贫困。目前的反贫困理论涉及的反贫困手段主要有:控制人口、改善环境、发展经济、消除不平等、增强能力、赋权、改善文化、兜底保障等。这些反贫困手段可分为外推手段和内生手段。外推手段主要改善人的外在生存环境;内生手段则聚焦于改善贫困者本身的禀赋和能力,其中,增强能力、提升个体人力资本便是教育反贫困。这种内生性就是教育反贫困的重要性和独特性的体现:教育对人的作用是基础性和长期性的,是由内而外的。"人的能力和素质是决定贫富的关键",② 而教育是关键的中间变量:通过接受教育,人们可以提升能力,这种能力可看作一种资本,在市场中可以获得回报。在宏观层面,总体人力资本质量低下成为穷国贫困的症结所在。

第四,从活动过程角度,教育反贫困是一个不断对抗贫困的动态历程。从关注贫困,追溯致贫原因,再到着手扶贫、减贫,最终实现脱贫;脱贫之后还可能返贫。图5简要描述了教育反贫困的渐进动态过程,这个过程包括多方主体、多个状态的变化以及多种因素的影响。教育作为反贫困的

---

① 中国社会科学院语言研究所词典编辑室. 现代汉语词典 [M]. 北京:商务印书馆, 2002:616.

② [美] 西奥多·舒尔茨. 论人力资本投资 [M]. 吴珠华　等, 译. 北京:北京经济学院出版社, 1990:44.

因素、目标、结果和手段，在实践活动过程中不断对人发挥作用，改变着贫困的状态。

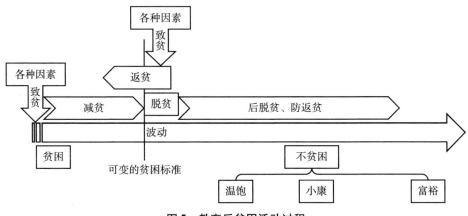

图 5　教育反贫困活动过程

"致"是"达到、实现"，[①]"致贫"指向导致人民群众陷入贫困的原因。只有准确地把握导致贫困的原因，才能对症下药进行反贫困实践。"教育致贫"是指家庭生活状况因为子女的教育而降至贫困。[②] 接受教育曾是人们的一个致贫原因，但随着农村义务教育经费保障、家庭经济困难学生国家资助等政策不断推进和完善，基础教育阶段因教致贫现象已少有发生。高中乃至大学阶段教育经济投入远远高于基础教育阶段，虽然国家建立了强大的贫困生资助体系，但实际上农村家庭仍需为就读高中或大学的子女支付许多费用，贫困家庭仍有经济负担。总体而言，教育致贫不是教育反贫困的主要方面，但必须重视教育作为贫困原因可能在反贫困中起到的相反作用。同时必须明确，社会生活和社会结构错综复杂，人们陷入贫困的原因很多，多种致贫因素经常伴随出现，有时致贫因素和贫困结果互相交织，教育反贫困和其他因素常常以混合的复杂面貌出现。

返贫就是贫困者经过努力已经脱贫，却由于种种原因回到贫困状态。原

① 中国社会科学院语言研究所词典编辑室. 现代汉语词典［M］. 北京：商务印书馆，2002：1624.
② 谷宏伟. "教育致贫"及其后果：转轨时期中国低收入家庭的教育困境［D］. 大连：东北财经大学博士学位论文，2007：14.

本是贫困人口的人群或者家庭，由于历史上的财富积累本来就比较低，在遭遇生计打击时，抗风险能力总体较低，更容易再次陷入贫困。返贫表现了反贫困斗争的复杂性和艰难性，反贫困绝不是一劳永逸的。相应地，"防返贫"就是对这种情况的一种应对。返贫原因可能有多种，防返贫的措施不一定是之前的扶贫脱贫措施。由于教育对人的内在而长远的改变，被视为一种防返贫重要途径。

教育反贫困活动在时间维度上，还有一个"后脱贫"的概念。我国反贫困政策确立的"确保到 2020 年实现全面建成小康社会宏伟目标"，[1] 要"确保到 2020 年现行标准下农村贫困人口实现脱贫"，[2] 已经实现。基于完成脱贫目标的时间、标准和范围，特别是时间的明确，人们在实践中有这样的认识：2020 以前属于扶贫攻坚阶段，2020 之后属于已脱贫阶段。但是，反贫困的斗争绝不会因为在 2020 年这个时间的到来而停止。"后脱贫""后脱贫时期"被用于指称脱贫目标完成之后的反贫困阶段。这个阶段的要点是稳固拓展脱贫成果、防止返贫以及应对社会发展中出现的新的贫困问题。在中国经济发展的转型期、改革深水期，中国经济发展面临"中等收入陷阱"[3] 以及全球经济下行风险，意味着致贫、返贫的风险不可小觑，扶贫、脱贫、减贫的目标、手段都有新的变化，反贫困的理论和实践都面临着新的挑战。

第三节　教育反贫困功能与教育促进阶层流动功能之辨析

教育反贫困功能与教育促进阶层流动功能之间既有联系又有区别。教育反贫困功能与教育促进阶层流动功能之间的联系主要体现在以下三个方面。

第一，两种观点具有共同的社会背景。当今社会中，个人的处境是可以改变的，并不完全由先赋出身所决定，后致因素具有重大影响。在个体处境

---

① 胡锦涛．在中国共产党第十八次全国代表大会上的报告［Z/OL］．（2012 - 11 - 17）［2018 - 09 - 10］．http：//www. xinhuanet. com/18cpcnc/2012 - 11/17/c_113711665. htm.

②③ 中华人民共和国国务院．"十三五"脱贫攻坚规划［Z/OL］．（2016 - 12 - 02）［2018 - 09 - 10］．http：//www. gov. cn/zhengce/content/2016 - 12/02/content_5142197. htm.

的改变过程中，教育作用极其重要。教育是每个人都可获得的重要后致因素，教育机会对于不同的人是开放并且相对公平的，贫困人群也可获得受教育的机会。教育对人的改变和塑造作用，能够外显出来，成为社会变迁中的重要力量，可能改变贫困阶层的整体状况，也可能改变个体的阶层变动。

第二，两种观点具有相似的理论主张，二者都强调教育功能体现在个体和社会现状的改变。在功能论视角看来，贫困是具有社会整合功能的，所以它长期存在。例如，功能论一方面认为贫困的威胁是激发人们努力工作、搞生产的重要机制；另一方面，结构功能主义不仅注重社会的秩序与稳定，也明确将教育革命看作现代社会体系演进的三大革命性开端之一。[①] 与此对应，教育反贫困强调对贫困的反对、抗争和摆脱，其目标是要改变贫困这种社会现象、改变社会，使个体脱离最底层。又比如，在社会理论框架中，结构功能主义认为教育具有社会化和选择的功能。教育是"人事分配中的第一步，随之而来的是进入劳动力市场，受过良好教育的人在劳工市场上寻找适合他们的位置和报酬"。[②] 而"训练—职位—报酬"正是教育反贫困功能的基本逻辑之一。功能主义也将个体的向上流动的原因主要归功于教育，认为学历与文凭是向上升迁的一个主要的标准，个体的经济收入和社会地位都与受教育程度正相关。教育的选择功能就是通过教育选择出有动机与能力的学生，这些学生通过正规教育的帮助而获得更高的社会地位。[③] 因此，教育促进阶层流动功能和教育反贫困功能都强调教育对社会"改变"的一面，而不是"固化"的一面，且是朝着社会更加公平、更加均衡的方向去改变。

第三，两种教育功能观点具有共同的价值立场，即对弱势群体进行关照。教育促进阶层流动功能的关注重点是底层能够借助教育实现阶层上升，教育是一个有效的上升渠道和机制，而不是上层的阶层如何向下流动，所以教育促进阶层流动功能更多关注社会弱势群体的向上流动。低收入群体、农民、农民工等群体的阶层上升，是社会流动研究的重点。贫困人群是社会的弱势

---

① Talcott Parsons. The system of modern societies [M]. Englewood Cliffs: Prentice – Hall. 1971: 71 – 121.
② [美] 杰弗里·亚历山大. 社会学二十讲——二战以来的理论发展 [M]. 贾春增，董天民，译. 北京：华夏出版社，2000：41.
③ 塔尔科特·帕森斯. 作为一种社会体系的班级：它在美国社会中的某些功能 [M]//张人杰. 国外教育社会学基本文选. 上海：华东师范大学出版社，2009：437.

群体，教育的反贫困功能关注的也是贫困人群能否通过教育实现脱贫。教育反贫困功能与教育促进阶层流动功能都站在社会经济地位低、权利意识弱、社会地位边缘的弱势群体立场上，都指向教育促进弱势群体获得更多资源和更多权利的一种现实作用。

两种功能的区别也非常清晰。辨析两种功能的不同，对保障贫困人群的充分受教育权和对教育反贫困功能的发挥都非常重要。两种功能的不同之处体现在以下几个方面。

第一，从衡量标准来说，两种功能促进的"变化"并不在一个尺度之下。教育的反贫困功能是指教育能够促进反贫困、促进减贫、促进脱贫、防止返贫的作用，指向的是一种人的生存状态的改变，是以保证基本物质和基本权利为主要目标的改变。无论以哪种标准的贫困指标进行衡量，只要人们通过接受教育，实现了在该指标下从贫困到不贫困的改变，那么教育的反贫困功能就得以实现。在教育的反贫困功能中，衡量贫困的指标来自人们对当前人类生活水平的总体判断。即在当前一定社会环境下，以人们的总体生活水平为基准，以某个指标或者某些指标比平均水平更低的某个标准来判断是否处于贫困之中。无论是以收入为指标，还是计算了家庭规模、支出以及更加复杂的多维贫困指标，贫困与否都是一个二元的状态。即使多维贫困指标在横向上包含很多内容，但是纵向上只有一条"是否贫困"或者"是否有保障"的衡量尺度。如果人们通过接受教育实现了在多维指标下从"贫困"向"不贫困"尺度的跨越，即可认为教育反贫困功能已经实现。而教育促进阶层流动，其衡量尺度是阶层。社会阶层有静态分层和动态流动的两种结构关系。静态分层是根据人们经济收入水平、受教育程度、政治权利、社会名望等划分的不同社会集团，每个社会阶层由一定量的人口所组成。阶层的划定横向上也采用多个维度指标，而这多维指标和贫困多维指标显然并不相同。同时，纵向上则划分为很多层次，而不仅仅是二元的两种状态。理论上，阶层流动意味着上升或者下沉，而实际中人们更多地关注向上流动。

第二，从程度上说，两种功能促进的"变化"具有程度上的差异。教育的反贫困功能强调在一定社会历史条件下，通过教育这个手段或者相关组织发挥作用，使贫困人群的基本生活和基本权利得到保障。可以说，教育反贫困功能更具基础性。而教育促进社会阶层流动，可能是从底层阶级往上流动一个层次，也可能上升多个层次，具有更大的活动空间。即便脱贫者的社会阶层地位并没有实现流动，他可能仍处于底层或边缘的社会经济地位，他没有变成富人，也没有变成上层阶级；但是通过接受教育，通过劳动技能的提升或者生活环境的变迁，他获得了更丰富的生活资料，获得了更多的发展机会，其生活境况发生了确实的提升和改善，这也是教育反贫困功能的实现。但未必实现了教育促进阶层流动的功能。如果一个贫困者通过接受教育，在自身禀赋、努力和机遇的共同作用下，恰当地利用社会制度规则，在实现反贫困的同时也实现了致富和阶层流动，流向了脆弱性更小的阶层，就更加远离贫困的风险。但必须明确，致富和阶层流动并不在教育反贫困功能范围之内。

教育反贫困功能和教育促进阶层流动功能不是一种递进关系。并不存在反贫困功能是低级和底层、阶层流动功能是高级和进阶这种关系。即反贫困功能实现之后，并不是以阶级流动为下一个目标。在一定意义上，教育促进阶层流动功能和教育反贫困功能是并存的，教育促进阶层流动功能和教育反贫困功能有一定交叉，教育反贫困功能实现的同时可能伴随着阶层流动功能的实现，但阶层流动并不在教育反贫困功能范围之内。将教育反贫困功能扩大延伸到其他教育经济和社会功能的倾向，说明了教育各项功能之间具有千丝万缕的紧密关系，是无法完全清晰分割开的。

第二章　教育反贫困功能的
历史发展

　　教育并非一开始就具有反贫困功能。教育活动的存在有赖于人类对教育的需要，教育满足人类个体和人类社会需要的特性和程度，便是教育的价值。反贫困需求在近代工业化之后才逐渐诉诸教育。

　　我国古代专门化的教育由上层阶级垄断，底层人民没有受教育的权利。阶级社会产生了基本的脑体分工，学校主要由上层阶级掌握，使得当时的学校教育重心向上层建筑倾斜，注重精神文化的传递和发展，与生产劳动脱离且对立；这一影响在我国延续了上千年。^①古希腊时期斯巴达的学校是为了训练特定资格的儿童具有战斗和镇压奴隶的技能；而雅典城邦统治阶级的男孩要成为雄辩的政治家和商人。古代学校的建立，其主要目标是为培养不劳动的阶级，培养社会的统治者和管理者。大量不能进入学校的劳动人民，其劳动生产技能来源于非学校单位，例如作坊师傅传授的手工生产技能，以家长为主教授的耕作技能、教授女孩纺织缝纫等。生产经验和技能不断丰富，累积到了一定程度，便产生了专门教人生产技能的人。

　　随着社会分工愈发精细，各种职业的劳动技能更加复杂，关于生产的知识和技术有专人进行记录、累积和传播。农业和手工业开始有专门的官职、书籍以及制度来传授相关的劳动技能。隋唐时期形成了我国古代的学徒制，即艺徒制。这是官营手工业中具备一定规模生产的工匠技艺传承和培养制度，是官办产业技术培训。在私营作坊内部，依然以家传世袭的方式传承工艺，虽然受众有限，但随着生产力的提高和社会分工的日益精细，家传的技艺也更加精进。唐代出现了技艺传授为主的职业专科性学校，这可以说是最早的职业学校。古代的职业教育一直以和主流学校教育分离的形式，存在于生产

---

　　① 叶澜. 教育概论 [M]. 上海：人民教育出版社，2006：49.

劳动一线中。这些教育形式很大程度上仍是为统治者服务的，而非面向贫困人民改善他们的生活。实际上，工业化以前，贫困还未作为一个需要解决的专门问题呈现在人们的视野中，人们也尚未产生教育反贫困需求，教育价值中不包含反贫困。当时的现实情况是，绝大部分贫困者不能接受教育，更无法通过受教育摆脱贫困，因此，笔者不认为教育在近代以前具有反贫困功能。教育的反贫困功能是工业化社会生产力和生产方式发生巨大变化之后逐渐产生的。

第一节　教育反贫困功能显现的背景

一、工业化社会要求人的劳动能力更新升级

人类文明走到工业革命之后，生产力飞跃发展，人类社会的生产关系和生活方式产生了革命性变化。工业革命不仅指机器代替手工的复杂技术革命，还指社会主体产业从手工业和农业向机器大生产工业转变，① 以及随之而来的经济组织变革、技术变革和工业结构变革。② 工业革命推动了工业化大生产，工业社会逐渐形成，传统农业迅速改变，第三产业急速发展，出现了很多前所未有的行业。技术进步、机械化生产不仅出现在工业中，也大量出现在农业中；交通运输现代化和现代工厂分工合作，使大量的人口不仅在地域间流动，更在行业间快速流动。

工业化过程中，农业首先受到极大冲击，拥有少量土地并进行低生产率的生产方式已经瓦解。随着科学技术的飞速发展，工业化不断升级，生产领域的变化日新月异，劳动技能更替升级需求不断加快。

日渐复杂并且更新极快的劳动要求，以及工业化现代化的生产生活方式，不仅提升了劳动力技能学习要求，还对人的基本素质提出了要求。基本的文

---

① Landes D S. The unbound prometheus: Technological change and industrial development in Western Europe from 1750to present [M], Cambridge: Cambridge University Press. 1999: 1.

② ［英］菲利斯·迪安. 英国工业革命 [M]// ［意］卡洛·奇波拉. 欧洲经济史（第四卷 上册 工业社会的兴起）. 王铁生，王禹，袁广伟，邵钢，译. 北京：商务印书馆，1989：131 - 140.

化素养和学习能力是人们学习复杂劳动技能的基础，是保持劳动技能更新升级的能力基础，也是人际关系变动、劳动关系复杂多样的现代社会的基本要求。于是，生产力发展和生产方式急剧变迁使人们的文化素养和劳动技能面临更高要求；无法满足这些要求的人群往往下沉为社会底层的贫困者。这成为教育反贫困功能显现的基本动力。

二、贫困问题进入理论视野深入研究

贫困问题的研究发端于英国，这和英国是工业革命的发源地有关。英国学者马尔萨斯、布什、朗特里等对贫困问题的集中论述，将贫困问题及其解决正式纳入人们的视野。基于这些研究成果，人们逐渐建立起反贫困的理论体系。

工业革命引起的贫富分化带来了大量贫困人口，形成了早期的贫困问题。这使得人们开始系统性地关注反贫困问题。英国的《济贫法》被认为是最早的反贫困法令，成为现代福利制度的探索先驱。《济贫法》实施之后，人们发现，在接受救济的人口中，有劳动能力的人所占比例逐渐增加，且所占比例较大，[①] 这已经逐渐脱离了济贫的初衷。这不仅使福利制度产生变化开始实施区别性救济，也进一步推动人们对劳动能力和贫困的思考。

贫困问题研究至今 100 多年来，社会生产力进一步提高，社会总体财富进一步增加，人们对贫困的认识更加多维，反贫困的探索取得了很多经验。反贫困的有效性取决于内因和外因共同作用，已经被人们深刻认识。外推式扶贫作用有限，内生式反贫困值得大力开发。内生式反贫困直指人的生产能力和劳动技能，这也促使人们关注教育与贫困之间的关系。

三、学校教育在现代社会的作用日益凸显

工业化进程中，学校作为专门教育机构，其形式和制度均发生了巨大转变，其生产力也实现了巨大提升。现代学校采用班级授课制作为基本教学形式；以工业文明中产生的科学知识为主要教学内容，课程类型专门化且逐渐

---

① 丁建定. 英国新济贫法制度的实施及其评价——19 世纪中期英国的济贫法制度 [J]. 华中师范大学学报（人文社会科学版），2011（4）：32−37.

相对固定；学校具有特定的时间表；不仅有专职教师，而且教师在教授门类上的专门化也日渐精细；学校类别日渐细分，专业学校大量涌现。不仅学校数量极大增加，还形成了不同序列、层级和类别的学校，学校之间对人的培养的分工也更加清晰，从而逐渐形成一个庞大的现代学校体系。这一体系作为教育系统最重要的成员，与社会其他系统形成紧密互动。

与此同时，大量儿童从在家中受教育转向主要在学校中受教育，家庭从教育系统中逐渐退让；学校以其集约化、程序化的产出方式，顺应了工业社会的需求。学校教育已经成为现代社会的人们适应社会生产生活、实现个体社会化的必须和首选活动，学校在社会组织结构中的重要性大大加强。儿童进入学校学习的时间逐渐增加，社会生产力越提高，社会生产越复杂，学校教育年限越发延长。学校教育是否发达，已经成为一个国家社会和经济发展的标签；一个个体接受学校教育的程度，也成为个体生存发展状态的重要指标。

学校教育的重要性日益凸显，还体现为形成了以学校教育为核心的理论体系。学界以《大教学论》为现代教育学形成的标志。在这本著作中，夸美纽斯（Johann Amos Comenius）总结了当时学校班级授课制的经验，并较为系统地论述了其改进方法。这成为工业化教育形式的奠基之作。此后，对现代学校教育的研究成为一种显性、系统的科学行为，并逐渐形成了庞大的教育科学体系。随着人们对学校教育认识的深入，教育规律被更多地揭示出来，人们能更加丰富地塑造教育形式、开发教育功能，这为教育反贫困功能的显现做好了准备。

第二节　教育反贫困功能的确立

教育机构专门化发展以后，教育反贫困功能从学校教育中分离出来，广泛地蕴藏于广大老百姓的日常劳作和生产中。教育的反贫困功能被明确地表达和追求，是在近代工业化之后的现代社会才凸显的。

一、平民教育的反贫困诉求

教育平民化体现了近代工业革命后工业化大生产对劳动力的大量需求。

一方面，传统从事手工业的人口远远不能满足工业大生产需求；另一方面，工业急剧发展使大量剩余劳动力从传统农业中流动出来，需要融入新的生产劳动体系。

虽然在教育思想中有"有教无类"的思想传统，但我国历史上较长的时期内，教育活动对普通平民的覆盖范围极其有限。真正的教育平民化和大众化开始于工业革命后。以工业革命首发的英国为例。工业革命之后，1831年英格兰有100多万人进入主日学校①学习，而在1851年人数超过200万，分别占总人口的8.4%和12.5%，分别占劳动阶级五岁至十五岁孩子中的49.6%和75.4%。②中等教育方面，培训工业生产所需技术工人的技工讲习所，1826年有100所，到1840年已超过300所。③高等教育改变了长期以来以古典文学和神学为中心的教学传统，引入自然科学；产生了"新大学运动"（new university movement），打破牛津和剑桥两所大学的垄断，创办了具有新精神和新学科的其他大学，如伦敦大学、达勒姆大学等；继而出现了"大学推广运动"（university extension movement），全日制大学以校内或校外讲座的形式将教育推广到非全日制大学，加强了大学与社会之间联系，"促使社会中下层阶级和女子有更多的接受高等教育机会"。④可见，工业化大生产极大地推动了教育平民化和大众化，受教育者范围极大扩展，受教育内容极大丰富，学校作为专门的教育机构自身也得到了蓬勃发展。在这个过程中贫困人群和下层阶级作为生产劳动的主体，作为当下和未来的工人，被广泛地纳入教育体系中。

工业化浪潮席卷全球，几乎在所有国家都促成了平民教育的大发展。在我国，"五四"时期是平民教育兴起的重要时期。"五四"时期的平民教育运动有三股主要力量：北京大学先进分子组成的平民教育讲演团，北京高等师范学校（今北京师范大学前身）的平民教育社，以及由爱国教育家晏阳初、

---

①　该校是1781年由传教士雷克斯（Robert Raikes）为当地针厂童工创办的学校，主要学习宗教条文、粗浅的读写知识。后被教会推广为向工人阶级的儿童灌输宗教思想和工业社会道德秩序并教授文化知识和劳动技能的学校。

②　[英] 奥尔德里奇（Richard Aldrich）. 简明英国教育史 [M]. 诸惠芳，李洪绪，尹斌茁，译. 北京：人民教育出版社，1987：73.

③　李维. 试论英国工业革命和初等教育普及的关系 [J]. 世界历史，1995（1）：14－21，127.

④　吴式颖. 外国教育史教程 [M]. 北京：人民教育出版社，1999：383.

陶行知等倡办的中华平民教育促进会。北京大学的平民教育讲演团发端于1918 年的"校役夜班",即为北京大学校内工人提供的夜校。1919 年成立到1925 年结束活动,北京大学平民教育讲演团以增进平民智识、唤起平民之自觉心[1]为宗旨,在北京城郊区及讲演团员所到之处,向平民、工人展开讲演,提供阅报处,为开启民智起到重要作用。北京高等师范学校教职员和学生联合发起组织的平民教育社,创建于1919 年,止于1924 年,深受杜威的教育思想影响。平民教育社创办了《平民教育》杂志,约请文化名流和著名学者进行专题演讲,编译教育类书籍等,将平民教育思潮放在中国整个新教育运动中去研究和宣传,形成了系统的平民教育思想体系,并掀起平民教育活动高潮,成为中国平民教育的重要中心。[2] 中华平民教育促进会虽然成立得最晚(1923 年),但持续时间最长,其起源于一战期间赴法华工识字教育,持续到全面抗日的 1937 年。中华平民教育促进社以"扫文盲、作新民"为出发点,对乡村进行改造,对民众文化水平的提高产生了积极的作用。中华平民教育促进会的骨干陶行知推行"实利主义教育""要叫种种人受平民化";[3]而另一个骨干晏阳初则提倡教育面向农民,针对中国农民"愚贫弱私"问题,使劳动人民解除痛苦,要开发劳动人民的潜能:"这 80% 的'苦力'的苦不解除,'苦力'的力不开发,政治就不能上轨道,经济就不能发展"。[4]以上三股力量,各自重点不同,但都追求教育权利扩大和教育机会平等,主张给无力入学或失学的广大劳动人民进行文化知识教育,[5] 主要面向农村、难民、贫民等弱势群体,[6] 促进教育平民化、通俗化。由于战乱及当时的社会发展水平,"五四"时期平民教育的效果有限。[7] 但这种教育工农群众的立场,被马克思主义者持续地坚持和贯彻下来,在新中国成立之后,一直是我国的基本教育方针之一,也成为我国教育反贫困的重要基础。

"五四"以后,早期的马克思主义者提倡教育要深入劳动群众,以广大

---

① 北京大学平民教育讲演团征集团员启事 [N]. 北京大学日刊, 1919 – 03 – 07.
② 杨彩丹. 北京高师平民教育社论述 [J]. 教育学报, 2011 (1): 113 – 121.
③ 陶行知. 陶行知文集 [M]. 南京: 江苏人民出版社, 1981: 65.
④ 晏阳初. 晏阳初全集 [M]. 长沙: 湖南教育出版社, 1989: 308.
⑤ 桑东华. 五四平民教育思潮的演变、分化和发展 [J]. 党史研究与教学, 2004 (4): 71 – 75.
⑥ 杨东平. 平民教育的流变和当代发展 [J]. 清华大学教育研究, 2008 (3): 8 – 13.
⑦ 徐秀丽. 中华平民教育促进会扫盲运动的历史考察 [J]. 近代史研究, 2002 (6): 0 – 1, 89 – 120.

工农为对象，传播文化知识、启发工农群众的革命觉悟，开展了早期的工农教育活动。1924年，毛泽东同志在韶山领导农民运动时，在20多个乡开办农民夜校。毛泽东同志在《湖南农民运动考察报告》中谈到这种农民教育的迅速发展："中国有百分之九十未受文化教育的人民，这个里面，最大多数是农民……农民运动发展的结果，农民的文化程度迅速地提高了。不久的时间内，全省当有几万所学校在乡村中涌出来。"[①] 1927年中国共产党创建农村革命根据地以后，建立了以共产主义为指导的新教育制度，工农教育获得了迅猛发展。新中国成立时，中国人民政治协商会议第一届全体会议通过了临时宪法性质的《中国人民政治协商会议共同纲领》，其中规定："中华人民共和国的文化教育为新民主主义的，即民族的、科学的、大众的文化教育"。[②] 教育部在紧接着召开的第一次全国教育工作会议进一步强调教育应着重为工农服务，保障劳动人民的权利。由此，我国的教育方针中一直将劳动人民的教育放在首位，教育为生产劳动服务是我国的基本教育方针之一，这是我国教育反贫困的重要政策基础。近年来学界再次掀起对平民教育的讨论，也产生了一些关于"新平民教育"的声音，可视为是平民教育在当代的价值重申。在当前如火如荼的反贫困斗争中，面向大众、面向底层的教育，使其提升劳动力能力，从而改善生活提升生活水平的作用，再一次被重视起来。

二、现代职业教育追求富国裕民

现代职业教育始于近代科学技术的发展。科学技术的发展提升了对劳动力技能的要求，现代职业教育迅速发展，回应了工业革命之后生产力迅速提升、劳动生产的知识技能含量迅速提升对劳动者提出的新要求。现代职业教育出现，打破了家庭、手工作坊和行会中技能训练的限制，提升了技能培训的广度、专业程度和效率，为工业社会的劳动力大规模生产创造了条件。从功能分析的角度来说，职业教育学校化体现了教育系统内部通过要素变革以适应社会变迁的过程，职业教育追求富国裕民是教育系统功能调试的过程。

当为底层穷苦劳动力训练职业技能的教育机构被国家教育制度所接纳，

---

① 毛泽东选集（第1卷）[M]. 北京：人民出版社，1991：39–40.
② 中国人民政治协商会议共同纲领 [M]. 北京：人民出版社，1952：16.

职业教育才成为一种学校制度。① 工业革命后，西方产生了很多教育劳动技能的思想，如卢梭的劳动技艺改造思想、裴斯泰洛齐（Johan Heinrich Pesta-lozzi，1746～1827）将教育建立于心理学之上并与"手工工场结合起来"②的思想等，提出教育要使人们在劳动中增加实际产量。德国教育家凯兴斯泰纳（Georg Kirschensteiner，1854～1932）创立了劳作学校，培养在资本主义工业化大生产中高效率劳动的新型体力劳动者。劳作学校作为一种典型模式，代表着大工业时代的精神，为有重视科学与技术传统的德国培养了很多高素质的劳动者，推动了德国工业和经济发展。③ 在美国，为满足社会对大量熟练工人的需求，1917 年颁布了《史密斯·休斯法案》，这是第一部意义完整的职业教育法案，规定联邦政府拨款来管理和协助各州大力发展大学程度以下的职业教育，14 岁以上的青少年可享受政府提供的职业教育，这使职业教育成为公立学校体制的重要组成部分。④ 虽然该法案具体执行中产生了严重的阶级隔离和选择作用，⑤ 但大量少数族裔、外来移民、贫困家庭出身的孩子进入职业课程班级，被培训为熟练工人，进入了社会生产系统，谋得了生计，也推动了当时的社会经济发展，确是当时职业教育产生的实际结果。

我国的职业教育成形于鸦片战争之后急剧的社会变迁之中。这一时期产生了像龚自珍"经世致用"、魏源"师夷长技"这样重视教育实用性、重视教育推动社会经济发展重要作用的教育思想。洋务运动中的职业教育学堂是我国近代职业教育的发端。洋务运动是晚清自上而下的改革运动，以自强求富、中体西用为宗旨，开办了语言教育学堂、军事职业技术学堂等。实业学堂分为初等、中等和高等三种级别，于 1902 年的壬寅学制中被明确规定为国家教育体制的一员；1904 年颁布的癸卯学制以《实业学堂通则》作为专门职业教育法律文件，从整体上规范了职业教育的层次、类别，学生入学的资格、条件，以及监督、教员等内容；《初（中、高）等农工商实业学堂章程》《实业补习普通学堂章程》《艺徒学堂章程》《实业教员讲习所章程》则进一步对

---

① 徐平利.职业教育的历史逻辑和哲学基础［M］.桂林：广西师范大学出版社，2010：171.
② 滕大春.外国教育通史（第 3 卷）［M］.济南：山东教育出版社，1990：205 – 207.
③ 彭雷.凯兴斯泰纳劳作学校及其现实意义［J］.职业技术教育，2006（7）：79 – 81.
④ 吴诗，郭丽媛，黄胜堂.美国职业教育的演变与思考［J］.大学教育，2018（9）：241 – 244.
⑤ 张瑜珊，贾永堂.美国百年职业教育的三次改革浪潮［J］.外国教育研究，2018（10）：88 – 103.

具体各类学堂的目标和办学方法做出了具体规定。①

这一时期，全国各地开办了蚕桑学堂、铁路学堂、茶务学堂、农业技术学堂、工业技术、商业学堂等。1907年全国各类职业学堂137所，学生8693人，其中农业学堂学生2886人，工业学堂学生2800人，商业学堂学生1117人。② 到1912年，5年间全国实业学堂已发展到425所，在校生人数31736人。③ 农业学堂中的农业和蚕桑课程内容对普及近代农业技能知识、促进我国近代农业现代化发展起到了重要作用。同时，开设了大量工业和商业课程，反映出当时中国社会向商业社会全面转变、近代工商业急剧发展的人才需求。除洋务学堂以外，企业还开始自办新式学堂，培养适合机械化生产的工人。实业学堂一方面培养了近代中国最早的专门人才，包括顶尖的技术人才；另一方面也培训了大批具有近代科学技术基础知识、有熟练技能的工人，很大程度上满足和推动了当时生产的需要。值得注意的是，实业学堂还具有辐射作用。比如农业学堂提高农业生产水平、推广先进农业生产技术，在进行教学实验和推广时，受到农民的广泛关注，并对实际生产产生了很大影响。

随着时代发展，职业教育进行了改进和革新，但不变的主旨是教育的实用价值，教育要推动社会经济发展，要振兴农工商，要富国裕民，要满足社会经济发展需求。我国早期职业教育的倡导者已经明确提出了职业教育与人民富裕、国家财富之间的关系。"旷观中外教育发达之程度，无不视贫富为比例，而非职业教育兴盛，实业必不能发达，民生必不能富强"。④ 顾树森则谈到职业教育与现代劳动之间的密切关系，使人人可以劳动、能够劳动，才是教育的最大责任："不可不养成人人有劳动之习惯，以为职业之准备，即所以使人人有一定职业，为有用之国民，此为教育最大之责任"。⑤ 黄炎培认为唯有大力发展实用的职业教育，普通教育与职业教育同时发力，才能"救

---

① 王为东. 癸卯学制中职业教育法制的特点 [J]. 职业技术教育，2006（28）：78–80.
② 李蔺田. 中国职业技术教育史 [M]. 北京：高等教育出版社，1994：27.
③ （中华民国）教育部中国教育年鉴编审委员会. 第一次中国教育年鉴·丙编 [M]. 上海：开明书店，1934：375.
④ 陆费逵. 论人才教育、职业教育与国民教育并重 [C]//吕达. 陆费逵教育论著选. 北京：人民教育出版社，2000：146.
⑤ 顾树森. 欧美最近教育思潮 [J]. 中华教育界，1914（8）：155–136.

生计之穷"。① 黄炎培引入美国的实用主义职业教育，对我国职业教育理论和实践产生了极大的推动作用。② 可见，职业教育在我国诞生于国家积弱、民生穷困的背景之中，职业教育面向下层民众，要使民众谋生，使没有职业的人可以有职业，以解决生计为目的。教育要为贫苦人民服务，要使他们谋生计、过更好的生活。当职业教育成为国家教育制度的一个重要组成部分，职业教育制度化使职业教育发展更规范、迅速，有更多人可能获得职业教育，习得适合社会生产发展和经济发展的劳动技能，进入有效的社会生产和交换体系中，从而得以摆脱贫困、获得更好的生存条件。

三、教育经济学创立明确了教育具有反贫困功能

教育经济学发端于"教育具有经济意义"这一历史悠久的思想流源，作为一个学科产生于西方经济学蓬勃发展的背景之中。20 世纪 20～50 年代是教育经济学的萌芽阶段；作为一门学科在研究对象、研究内容、研究范围和理论体系上确立起来，是在 20 世纪 60 年代；经过蓬勃发展，20 世纪 70 年代进入了平稳时期。③ 教育经济学是教育学和经济学的交叉学科，是教育学科群的一个新领域和新分支。教育经济学以经济学视角看待教育，将教育作为社会的一个生产部门，探讨这个部门的投入、产出、分配和效益等，主要研究内容包括教育中的经济规律、教育与经济的关系、劳动力再生产、人力资源开发等，主要采用经济学数量化的统计和计量方法。

教育经济学的代表理论是人力资本理论。20 世纪 60 年代舒尔茨创立的人力资本理论极大地推动了教育经济学的确立和发展。舒尔茨认为，"人们自我投资以增加生产能力与消费能力，而学校教育乃是人力资本的最大投资"。④ 总体上，教育投资能提高收益，不是通过增加劳动力数量而是提升劳动力质量来实现。劳动力质量提升导致劳动生产率提升，这是收入增加的来

---

① 黄炎培. 新大陆之教育（上编）［M］. 上海：商务印书馆，1917：141.
② 谢长法. 为职业教育与时俱进的一生——论黄炎培的职业教育心路历程［J］. 河北师范大学学报（教育科学版），2016（6）：9－16.
③ 靳希斌. 教育经济学［M］. 北京：人民教育出版社，2009：15－17.
④ ［美］西奥多·舒尔茨. 教育的经济价值［M］. 曹延亭，译. 长春：吉林人民出版社，1982：8.

源。通过教育投资产生的劳动收益增长，在人的生命周期各个阶段有所不同。① 基于教育的这种重要作用，教育是一种生产性投资。从成本和收益的角度分析，可认为教育投资不同于物力投资，教育投资于人特别是劳动者，其收益通过劳动者报酬体现出来，而劳动者报酬除了人力资本收益，还受其他因素影响，如市场需求、供求关系等。教育投资不仅能给个体带来收入增长，还能促进区域性的经济整体发展，产生外溢的社会收益。② 因此教育规划要依据经济和非经济目标而进行。③

在教育经济学的视野中，贫困是"人力投资机会遭到挫折的结果"。④ 人力资本理论明确阐述了教育对于穷人脱贫的作用。舒尔茨专门论述了贫困经济学和穷国的经济学。贫困不会通过某种自然法则自然而然地消失，"改进穷人的福利之关键因素不是空间、能源和耕地，而是提高人口质量，提高知识水平"。⑤ 人口质量通过健康投资和教育投资实现，高技术人口在总人口中的比例是一个国家或地区人口质量的重要指标。消费是必需品而教育是奢侈品，贫困家庭子女受教育水平低，贫穷家庭和富裕家庭之间的人力资本禀赋差距大。贫困程度的降低，主要是因为劳动收入增长，而工人收入增加是由于高技术需求不断增加，⑥因此，人力资源是一种值得投资的稀缺资源。人力资源投资对于穷人的好处不只是收益增长，这种收益相对于财产收益要更高，人力投资的分配比财产收益更具有均衡性。⑦贫困是一种匮乏，现代社会常以平均财富作为衡量的参考基准，因此，收益分配的均衡对穷人摆脱贫困具有更加重要的意义。社会中贫困现象的大大降低，其主要原因是劳动力收入的增长，而不是财产收入，因为穷人的财产维持生活尚不足够，通过财产增加收益更无从谈起。贫困导致的人力资源禀赋劣势如果一直持续，还将形成贫困代际传递。因此，保障贫困人群能够接受基本教育，是摆脱贫困和打破贫困代际传递的重要途径。

---

① Mincer J. The distribution of labor incomes: A survey [J]. Journal of Economic Literature, 1970 (1): 1 – 26.

② Becker G S. Human capital: A theoretical and empiricalanalysis, with special reference to education [M]. Chicago: University of Chicago Press, 1964.

③ ［英］布劳格 M. 教育经济学导论［M］. 韩云，孙玉萍，赵一栋，译. 北京：春秋出版社，1989：107 – 121.

④⑤⑥⑦ ［美］西奥多·舒尔茨. 论人力资本投资［M］. 吴珠华 等，译. 北京：北京经济学院出版社，1990：40，61，65，67.

我国教育经济学的重要基础是马克思主义理论。马克思主义教育经济思想将教育的经济功能放置于社会再生产中，认为教育能够生产劳动能力、提升人劳动能力、使科学技术转化为生产力，这使教育成为一种生产力，教育可提升劳动经济价值。马克思主义学说指出，在社会化大工业生产中大量贫困工人面临的生死攸关的问题，即劳动变换、职能变更、工人全面流动而带来的对人的局部性职能的强调，并且这个局部职能是不断变化的。因此，适应大工业社会的人是全面发展的人，全面发展的教育才是最具有经济效率的教育。

教育经济学创立几十年来，有了很大发展，人力资本理论受到诸多新理论的挑战，信号模型、[①] 筛选假设、[②] 劳动力市场分割理论[③]等理论认为人力资本理论高估了教育的作用，教育不能产生提高劳动生产率的作用，而仅仅是在社会经济中作为一种分配机制而存在，将更好的工作、更高的收入以及更高的社会地位通过教育机制分配给具有更高教育水平的人。劳动力从市场上获得的经济和社会地位并不主要由教育决定，而由来自家庭资本禀赋的非认知能力所决定。[④] 因此，教育即使不是一种纯粹的精英化阶层机制，也对处在底层的贫困者助益不大。与贫困认识多维化相伴随，有学者提出人力资本理论单纯注重经济增长和经济收益的缺点。当今的社会公民不仅是具备一定劳动能力而已，还需要能够理解和参与社会政治、经济、文化生活的观念、知识和技能，学校应培养学生能够参与社会生产和参与社会成果分享，但这些社会融合的教育目标在以往教育经济学研究中很少涉及。[⑤] 这些质疑促使人力资本学说进一步反思科学技术、教育、经济发展、市场之间的关系；进而导致教育经济学的进步和拓展，对教育消费、教育内部的经济性、过度教育（即教育投入的浪费）、教育体制等问题进行更深入的探讨。

---

① Spence M. Job market signaling [J]. The Quarterly Journal of Economics, 1973 (3): 355 – 374.

② Stiglitz J E. The theory of "screening", education, and the distribution of income [J]. The American Economic Review, 1975 (3): 283 – 300.

③ Doeringer P B, Piore M J. Internal labor markets and manpower analysis [M]. New York: ME Sharpe, 1985.

④ Bowles S, Gintis H. The inheritance of inequality [J]. The Journal of Economic Perspectives, 2002 (3): 3 – 30.

⑤ Levin H M. A comprehensive framework for evaluatingeducational vouchers [J]. Educational Evaluation and Policy analysis, 2002 (3): 159 – 174.

教育经济学新发展，不仅没有动摇教育具有反贫困功能这一观点，反而启发人们更深入地反思教育对穷人的价值，探索教育反贫困功能发挥的机制。例如筛选理论认为人力资本理论的基本逻辑"教育—劳动生产率—工资"是不对的，应改为"教育—文凭—工资"，这样，教育对于贫困者而言依旧非常重要，在文凭社会中，具有颁发文凭资格的正规教育对贫困者的意义就更加凸显，正规教育更应体现对贫困者的公益性。对教育消费的深入研究，对贫困者这种不具备教育支付能力却具有教育消费能力的人群，其教育支付能力如何由政府分担和帮助，提供了理论支持。对过度教育的研究将教育提高劳动生产率这一理想状况还原到实际劳动中，将教育投入到工资收益之间的多种因素影响和不确定性置于众人视野之下，显示出教育反贫困功能的复杂性。

总之，教育具有反贫困功能已明确地进入大众观念，并反映在各国政府的教育政策体系里。亚洲和非洲进行了大量教育反贫困实践。中国、韩国以及近年来印度的经济腾飞，被认为是教育反贫困宏观表现的突出代表。[1][2] 我国的教育脱贫攻坚战，是教育反贫困的又一重大实践。

第三节　教育反贫困功能明朗化的表现

现在，教育肩负反贫困的职责已是明朗事实。教育与贫困紧密联系在一起，面向所有人的、特别是向贫困者倾斜的教育成为政府的基本职责之一。教育已经成为当今社会人们的一项基本权利，在福利社会中尤其强调这一点。

一、教育成为反贫困的要素之一

贫困具有多维度、多层次的丰富内涵。在贫困概念中明确教育这一要素，具有非常重要的意义：教育是人们重要的生活需求，而教育活动并不只是满

① Becker G. Growing human capital investment in China compared to falling investment in the United States [J]. Journal of Policy Modeling, 2012 (4): 517-524.
② Khan M T. Role of education in poverty reduction (a literature review) [J]. International Journal of Information, Business and Management. 2015 (7): 124-134.

足人们当下的需求，更是满足人类个体发展和代际发展的需求。

第一，教育成为贫困的一个维度。一开始，人们认为贫困是一种财物、钱财的匮乏。到了 20 世纪中期，贫困者的社会需求被重新考虑，社会人力资本积累的需要逐渐高涨，教育成为贫困的一个维度。一种过渡的认识是，人们通过重新认识"人们需要什么"而重新认识贫困。教育逐渐成为一种生活品必需品，缺乏教育成为贫困的一个结果。如今，教育的缺乏本身就是贫困的一个维度这一认知受到越来越多的重视。1995 年，联合国在哥本哈根召开的社会发展问题世界首脑会议发表行动宣言，提出"绝对贫困"和"总体贫困"双层贫困概念。其中，"绝对贫困"指"人的基本需要"，将教育与食品、安全饮水、卫生设施、健康、住所、资讯等的严重剥夺并列其中；而"总体贫困"则呈现多种形式，教育作为一种基本服务，其可获得性有限至匮乏明确属于总体贫困的一个内容。①② 世界银行 2002 年也将教育贫困作为贫困最典型的非经济性指标。③④ 联合国开发署的 HDI 和 MPI 指标都明确将教育列于其中。我国的脱贫指标"两不愁三保障"中，"保障义务教育"是其中一个重要内容。我国学者提出的"四大类型的贫困"⑤ 中，"知识贫困"主要指教育缺乏，而精神贫困的内涵则直指受教育程度（极度）匮乏。在相对贫困概念体系中，教育资源分配不均衡、贫困儿童受教育不充分问题已成为焦点。

第二，家庭的教育支出进入贫困线考量范围。家庭为子女教育而投入的资金，被纳入贫困人口的基本支出部分，进入了贫困标准确定的视野。前面谈到，英国在 20 世纪 80 年代开始基于相对贫困制定贫困线，此后对家庭贫困的计算精确地区分了父母和子女数量不同的家庭收入贫困线（见表 1），儿童越多的

---

① United Nations. The copenhagen declaration and programmed for action：World summit for social development 6－12 March 1995 ［R］. New York：United Nations Department of Publication，1995：57.

② 其他的匮乏还包括：缺乏收入和生产资源以确保可持续的生计，饥荒与营养不良，健康不良，教育和其他基本服务的可获得性有限甚至匮乏，疾病导致的病态与死亡风险，无家可归或缺乏合适的住所，环境不安全，社会歧视和社会排斥。

③ Jeni Klugman. A sourcebook for poverty reduction strategies ［R］. Washington D. C.：The World Bank，2002：32－33.

④ 另一个重要的非经济性贫困指标是健康和营养。

⑤ 张楚晗. 从贫困大国到小康社会：中国如何消除四类贫困——中科院－清华大学国情研究中心主任胡鞍钢谈 21 世纪多维贫困 ［J］. 中国老区建设，2008（12）：14－15.

家庭贫困线越高，将儿童贫困凸显出来，纳入了为阻断代际贫困而让儿童受教育的消费。美国当前的贫困线测算中，也将家庭规模和18岁以下儿童数量的不同组合严格区分开，并且在计算家庭收入时，"货币收入"包含"教育援助"和"儿童抚养费"。①

表1　　　　　　英国不同家庭类型的贫困线（2009/2010）

家庭类型	贫困线：家庭收入，英镑/周
1个，无儿童	124
1对夫妇，无儿童	214
单亲家庭，2个儿童（5～14岁）	256
1对夫妇，2个儿童（5～14岁）	346

资料来源：转引自王小林. 贫困标准及全球贫困状况［J］. 经济研究参考，2012（55）：41-50.

贫困的收入测度中增加如公共环境卫生、教育和文化设施等社会保障内容，已成为当前大部分国家普遍做法。世界银行的贫困标准测度中指出教育水平可很大程度体现社会福祉水平。常用于测度教育贫困的指标包括识字率和受教育年限。② 人类发展指数（HDI）的三大指标中，衡量知识获取的指标是平均受教育年限和预期受教育年限。③ MPI测算中，用成年人受教育年限和儿童入学两个指标来测算教育贫困发展状况。④

第三，一些类型的贫困直指教育匮乏。从全球现实看，造成贫困的原因多种多样，宏观的原因包括发展模式、战争、国家崩溃、精英寻租、根深蒂固的腐败、低效率的官僚机构、不尊重人权、体制改革低效、人口迅速增长、性别歧视、环境退化和艾滋病等；⑤ 微观层面则有懒惰、道德、个体心理健

---

① 王小林. 贫困标准及全球贫困状况［J］. 经济研究参考，2012（55）：41-50.

② Jeni Klugman. A sourcebook for poverty reduction strategies［R］. Washington D. C. ：The World Bank. 2002（1）：32-33.

③ 联合国开发计划署. 1990年人类发展报告［R/OL］.（1990-05-01）［2018-12-05］. http：//hdr. undp. org/sites/default/files/reports/219/hdr_1990_en_complete_nostats. pdf.

④ 联合国开发计划署. 2010年人类发展报告［R/OL］.（2010-11-04）［2018-12-05］. http：//hdr. undp. org/en/reports/global/hdr2010/chapters/cn/.

⑤ Khan M T. Role of education in poverty reduction（A Literature Review）［J］. International Journal of Information，Business and Management，2015（3）：124-134.

康等个体心理原因。① 从微观角度理解贫困，将个体感受、特质和心理特征纳入贫困解释，就将教育与贫困之间的逻辑链条明朗化了。在多种贫困类型的划分中，教育匮乏与贫困的直接关系愈发清晰：精神贫困指向精神文化生活得不到满足，教育本身是精神文化生活的重要组成部分，更是个体拥有和享受精神文化生活的基础；知识贫困直白地表达了个体因缺少教育而缺乏必要的现代社会生活知识、表现为愚昧无知的状态；能力贫困指可行能力被剥夺，而可行能力的获得，其基础正是通过基本教育获得一定水平的识字、算术等基础能力。社会机会公平的要点之一就是为弱势群体提供这些支持性社会基础条件，而贫困文化的研究清晰地揭示了贫困作为一种文化如何在家庭、社区和学校中传递，进而形成贫困代际传递。这些贫困类型的提出和阐释，突出了教育与贫困的互动关系，也突出了教育在反贫困中的独特作用，教育反贫困功能的凸显随着时代的发展而逐渐产生和清晰。

第四，教育成为反贫困的重要手段和目标已成为全球共识。在我国，教育是多渠道扶贫布局"五位一体"（发展生产脱贫一批、易地扶贫搬迁脱贫一批、生态补偿脱贫一批、发展教育脱贫一批、社会保障兜底一批）的重要一环。教育被认为是增加智力投资的手段，被确立为扶贫开发的重要奋斗目标之一。② 国家层面提出"充分发挥教育在扶贫开发中的重要作用"，通过培养各级各类人才，"促进集中连片特殊困难地区从根本上摆脱贫困"。③ 教育反贫困的独特作用在于"人人有学上、个个有技能、家家有希望"，"促进教育强民、技能富民、就业安民"。④ 在世界范围内，联合国将贫困和教育列入新千年目标（MDGs）中。⑤ 联合国前3个十年发展目标更关注经济发展和工

---

① Yanagisawa A. Poverty：Social control over our labor force［J］. International Journal of Social Economics，2011（4）.316 – 329.

② 中共中央、国务院. 关于帮助贫困地区尽快改变面貌的通知［Z/OL］.（1984 – 09 – 29）［2018 – 09 – 20］http：//cpc. people. com. cn/GB/64162/64165/70293/70322/4871805. html.

③ 中华人民共和国教育部，国家发展改革委，财政部，扶贫办，人力资源社会保障部，公安部，农业部. 关于实施教育扶贫工程意见［Z/OL］.（2013 – 07 – 20）［2018 – 09 – 20］http：//www. gov. cn/zwgk/2013 – 09/11/content_2486107. htm.

④ 中华人民共和国教育部，国家发展改革委，民政部，财政部人力资源社会保障部，国务院扶贫办. 教育脱贫攻坚"十三五"规划［Z/OL］.（2016 – 12 – 27）［2018 – 09 – 18］. http：//www. moe. gov. cn/srcsite/A03/moe_1892/moe_630/201612/t20161229_293351. html.

⑤ 其他目标还包括：两性平等、儿童死亡率、产妇保健、艾滋病和其他疾病、环境以及全球伙伴关系。

业化，新千年目标则显示出对人类幸福的关注，① 这使贫困问题研究从经济研究向其他领域极大扩展，教育在减贫中的重要地位被进一步确立。有大规模贫困人口的国家和地区使教育反贫困得到很多关注。拥有世界贫困人口33%的印度，有亚洲贫困人口第二多的巴基斯坦，以及非洲大陆的马拉维、乌干达、尼日利亚、肯尼亚、坦桑尼亚和赞比亚等等，提升教育在这些地区减贫和经济发展中的重要作用，被持续发掘和讨论。②③

二、教育成为面向全民的公共服务

教育作为公共服务是现代政府的重要职能，最贫困的人群也应享有充分的教育公共服务，教育反贫困功能更加明朗化。

以政府为主导的教育公共服务为应对 20 世纪社会迅速发展的形势而产生。工业革命带来的社会变革，使教育活动从家庭走向更广阔的社区和社会。家庭从事经济活动的功能逐渐丧失、劳动技能复杂性和专门性的提高，使家庭难以继续实现生存技能传递的功能，于是家庭作为青少年训练场所的功能也逐渐让渡，儿童受教育成为全体社区成员共同关心的问题。向人们提供一定程度的免费教育，从而构成劳动力的主要输入口，公共教育体系逐渐建立起来。④

教育成为政府公共服务的主要目标是实现教育公平，⑤ 保障教育的公共性，实现教育的公益、公平、公正。⑥ 政府进行公共管理以公正性为基础，这个公共性与大众的公共利益紧密相连。公正的基本意义是利益分配，教育作为一种基本的权利，应被公正地分配，每个人应享有受教育的权利。作为公共服务的教育，对所有人群特别是最贫困的人群都负有责任。教育不仅应

---

① Fukuda - Parr S. Millennium development goals：Why they matter ［J］. Global Governance. 2004 (4)：395 - 402.

② Khan M T. Role of education in poverty reduction (a literature review) ［J］. International Journal of Information，Business and Management. 2015 (7)：124 - 134.

③ Janjua P Z，Kamla U A. The role of education and income in poverty alleviation：A cross-country analysis ［J］. The Lahore Journal of Economics，2011 (1)：143 - 172.

④ ［美］詹姆斯·科尔曼. 教育机会均等的观念 ［M］//张人杰. 国外教育社会学基本文选. 上海：华东师范大学出版社，2009：146 - 149.

⑤ 钟智，李伟涛. 教育公共服务的比较研究 ［J］. 教育发展研究，2008 (9)：49 - 52.

⑥ 张茂聪. 论教育公共性及其保障 ［D］. 济南：山东师范大学博士学位论文. 2010：105 - 129.

包含所有人，是"全纳性"的，教育公共服务的公正性还意味着对弱势群体应进行倾斜性、补偿性的分配。除了公共基础设施、影响公民生活的教育服务、医疗服务、养老服务和社会福利服务等与人民群众的生存和基本发展最密切、最重要、最基础和最相关的公共服务①以外，广义的公共服务还包括政府提供这些公共产品时所进行的市场监管、经济调节和社会管理等一系列政府活动。一方面，各级各类政府在提供教育公共服务时各自有分权，另一方面，也要在市场失灵的时候承担应有的职责，提供个人或社会没有能力或不愿意提供的教育公共产品，不断扩大基本公共教育服务范围，不断优化服务质量。② 政府对所有公民（尤其是贫困民众）的权利和福祉具有责任。

公共教育服务通过提供教育公共产品来实现。最贫困的人群也应享有充分的教育公共服务。政府是教育公共服务的主要提供者，是教育公共服务的主体，但政府并不包办一切教育公共服务事务。③ 教育作为一种公共产品可分为纯公共产品、准公共产品和私人产品。④ 其中，纯教育公共产品完全由政府提供，对公众免费，在我国主要指义务教育。准教育公共产品是优惠性质的，指学前和初中以后的教育，是个体和家庭根据情况选择的，我国正在增加这类教育公共产品向贫困人口倾斜，增加贫困人口享受准教育公共产品的机会。而私人产品是收费的，主要指民办培训和家教等。在我国，许多技能培训也对贫困人群免费开展，凸显了其公益性和公平性。例如，"建档立卡等贫困家庭初中毕业生到省（区、市）外经济较发达地区接受中等职业教育，在享受免学费和国家助学金政策的基础上，各地给予必要的住宿费、交通费等补助，帮助这些学生完成学业，实现就业"。⑤ 贫困人群的职业教育由国家支付，以向弱势群体倾斜的方式体现教育服务的公平性。而在我国"三区三州"深度贫困地区，部分地区的学前教育和大学本科教育是向贫困群众

① 蔡春红. 完善财政转移支付制度的政策建议——兼论推进基本公共服务均等化和主体功能区建设的关系 [J]. 中国行政管理，2008（4）：78 – 81.
② 褚玉中，褚宏启. "新公共服务"理念对当前我国基础教育管理改革的启示 [J]. 中国教育学刊，2007（8）：5 – 7.
③ 钟智，李伟涛. 教育公共服务的比较研究 [J]. 教育发展研究，2008（9）：49 – 52.
④ 何鹏程，宋懿琛. 教育公共服务的理论探讨 [J]. 教育发展研究，2008（9）：39 – 43，48.
⑤ 中华人民共和国教育部，国家发展改革委，民政部，财政部人力资源社会保障部，国务院扶贫办. 教育脱贫攻坚"十三五"规划 [Z/OL]. (2016 – 12 – 27) [2019 – 01 – 18]. http：//www. moe. gov. cn/srcsite/A03/moe_1892/moe_630/201612/t20161229_293351. html.

免费提供的，其中的支出由中央政府和地方政府根据地方社会经济状况分担，教育公共服务的倾斜性的公正性继续扩大。

教育作为一种公共服务是现代国家的共识和通则，以政府为主提供的公共教育系统成为最主要的教育系统。在这样的现代社会中，教育反贫困功能更加突显，为贫困人群提供合适的、有助益的教育，也成为现代国际社会的一个重点问题。

三、享有教育成为福利社会的基本条件

福利社会中对于全民幸福的追求使教育的反贫困功能进一步凸显。福利制度思想可追溯至《理想国》，目标是追求社会整体成员的幸福。现代国家的福利制度一般以英国济贫法和德国社会保险制度为起点，是应资本主义需要出现的，逐渐改进了人民福祉，并成为现代社会保障的原型。① 可见，社会福利起源于对社会弱势群体特别是贫困人群的关注。在人类社会近 300 年来"走向现代"的历程中，人的生活保障和福利从最初的个人命运和家庭义务，逐渐成为政府责任和国家行动。②

福利的本质是个人有真实机会实现自己的价值并带来快乐和幸福，社会发展的目的是增进所有社会成员的福利。③ 社会福利是指帮助人们满足社会、经济、教育和医疗的最基本需要的国家项目、待遇和服务制度，社会福利也是一个社会共同体的集体幸福和正常的存在状态。④ 正是由于对这种"所有人的幸福"的追求，为能更好地利用社会资源，在很多情形下，社会福利被狭义地理解为"国家政府部门通过财力和政策手段保障特定人群并使之改善其社会生活，提高生活品质的一种制度措施"。⑤ 在我国，狭义的福利包括老年人福利、残疾人福利和儿童福利，主要由民政部门主管。教育福利与儿童福利有大量交叉。在当前我国的福利政策制度下，教育福利已由计划经济体

---

① 潘屹. 国家福利功能的演变及启示 [J]. 东岳论丛，2012（10）：15 – 23.

② 杨敏，郑杭生. 西方社会福利制度的演变与启示 [J]. 华中师范大学学报（人文社会科学版），2013（6）：25 – 35.

③ 杨伟民. 论个人福利与国家和社会的责任 [J]. 社会学研究，2008（1）：120 – 142，244 – 245.

④ Barker R L. The social work dictionary 4th Edition [M]. Washington D. C.：NASW Press. 1999.

⑤ 戴建兵，曹艳春. 社会福利研究述评 [J]. 浙江社会科学，2012（2）：82 – 90，157 – 158.

制下的免费教育、为工农服务的形式①转变为面向全体社会成员的教育制度安排，包括为使适龄儿童获得受教育的公平机会而对贫困地区和贫困家庭子女提供物资援助（教育救助的一种类型），也包括面向全体社会成员的免费或低费用教育福利体系，还包括针对残疾儿童兴办的特殊教育体系。②

联合国新千年目标（包括贫穷、教育、两性平等、儿童死亡率、产妇保健、艾滋病和其他疾病、环境以及全球伙伴关系 10 个指标)③ 体现了国际社会对全民幸福普遍的认同和追求，成为一种国际社会新世纪发展的主要目标。联合国前 3 个十年发展目标更关注经济发展和工业化，新千年目标明确地显示出对人类幸福的关注，④ 这使贫困问题研究从经济研究向其他领域极大扩展，教育在减贫中的重要地位也更凸显。

消除贫困、改善民生、逐步实现共同富裕，是社会主义的本质要求。⑤从 2010 年开始，建立健全中国特色现代社会福利制度成为国家战略目标。⑥2013 年中国共产党第十八届中央委员会第三次全体会议通过《中共中央关于全面深化改革若干重大问题的决定》，明确规定"以促进社会公平正义、增进人民福祉为出发点和落脚点"，将社会保障制度纳入"社会事业"之内，与教育服务、就业服务、收入分配、医药卫生服务并列。⑦ 党的十九大报告宣告中国特色社会主义进入新时代，并进一步指出，新时代在社会层面实现人民的"美好生活"与"共同富裕"。⑧ 在这样的总体追求和社会环境下，教育反贫困成为我国教育政策和治理实践中的重中之重。我国相继发布了《关于对全国部分贫困地区农村中小学生试行免费提供教科书的意见》（2001 年）、

---

① 王三秀. 教育反贫困：中国教育福利转型研究 [M]. 北京：人民出版社，2014：105.
② 韩克庆. 转型期中国社会福利研究 [M]. 北京：中国人民大学出版社，2011：378.
③ 联合国第五十五届会议大会决议：联合国千年宣言 [Z/OL]. (2000 – 09 – 08) [2018 – 09 – 30]. http：//www. un. org/chinese/ga/55/res/a55r2. htm.
④ Fukuda – Parr S. Millennium development goals：Why they matter [J]. Global Governance. 2004 (4)：395 – 402.
⑤ 中华人民共和国国务院. "十三五"脱贫攻坚规划 [Z/OL]. http：//www. gov. cn/zhengce/content/2016 – 12/02/content_5142197. htm.
⑥ 刘继同. 中国现代社会福利发展阶段与制度体系研究 [J]. 社会工作，2017 (5)：35 – 59, 110 – 111.
⑦ 中共中央关于全面深化改革若干重大问题的决定 [Z/OL]. (2013 – 11 – 15) [2018 – 09 – 29] http：//politics. people. com. cn/n/2013/1115/c1001 – 23559207. html.
⑧ 习近平. 决胜全面建成小康社会 夺取新时代中国特色社会主义伟大胜利——在中国共产党第十九次全国代表大会上的报告 [Z/OL]. 2017. 10. http：//www. gov. cn/zhuanti/2017 – 10/27/content_5234876. htm. 2018.9.29 检索.

《关于进一步推进义务教育均衡发展的若干意见》（2005 年）、《边远贫困地区、边疆民族地区和革命老区人才支持计划教师专项计划实施方案》（2012 年）、《关于制定全面改善贫困地区义务教育薄弱学校基本办学条件实施方案的通知》（2014 年）、《教育脱贫攻坚"十三五"规划》（2016 年）等政策文件，从制度安排上保障教育福利，并着重向贫困人群和贫困地区倾斜；将"促进教育强民、技能富民、就业安民"作为国家的方针政策确立下来，教育扶贫攻坚要达到"教育服务区域经济社会发展的能力显著增强"的目标。①教育的反贫困功能已经成为人们的共识，并在理论和实践中成为教育发展和贫困治理的重要方面。

---

① 中华人民共和国教育部，国家发展改革委，民政部，财政部人力资源社会保障部，国务院扶贫办. 教育脱贫攻坚"十三五"规划［Z/OL］.（2016－12－27）［2019－01－18］. http：//www. moe. gov. cn/srcsite/A03/moe_1892/moe_630/201612/t20161229_293351. html.

第三章　教育反贫困功能的
生发理据

　　教育促进人的发展是教育功能的起点。教育是培养人的社会活动，"更具体一点说，教育就是由教育者根据社会的要求和人的身心发展规律，对受教育者所施加的一种系统影响活动"。[①] 无论是教育的个体功能还是社会功能，都是从教育对人的改变而生发的。社会乃是人的社会，人的本性乃是社会性，社会由人的个体和群体组成，教育的本质意义归根结底是促进人的发展。

　　教育之所以能够产生反贫困功能，是以教育促进人的发展为出发点的。人在教育实践活动和生产实践活动中，具备了劳动能力，成为一个劳动者，从而可以通过劳动活动从自然中获取物质资源以保障生活的需要。教育生产和改变人的劳动能力，是教育反贫困功能的基础。随着生产力和生产关系的不断升级，人们要通过劳动获得良好的生活，摆脱贫困，必须通过教育这样的主要手段使劳动价值不断增加，并通过开发人的可能性和创造性，帮助个体适应变化多样的劳动价值风险冲击，减少陷入贫困的脆弱性。劳动者作为生产力中最活跃的要素，劳动者的人力资本提升会产生溢出效应，社会经济发展是教育反贫困功能的宏观表现。宏观经济增长，带动劳动力需求增加从而增加穷人收入。[②] 因此，整体社会环境的改进为个体获得更好生活资料、摆脱贫困提供了外部环境。

---

①　黄济. 教育哲学通论 [M]. 太原：山西教育出版社，2001：341.
②　Squire L. Fighting poverty [J]. American Economic Review, 1993 (2), 377–382.

第一节 教育促进人的发展是出发点

一、人的发展的基本内涵

发展是"事物由小到大、由简单到复杂、由简单到高级、由旧质到新质的运动变化过程"。[①] 因此，当我们谈到人的发展时，其基本立场是人会发生变化。这种变化贯穿个体的生命历程。在此历程中，身心两方面都发生有规律的变化，既有量变又有质变。从变化历程看，一方面，人的发展从胚胎持续到死亡，这是人的发展的连续性；另一方面，人的发展在不同时期有不同特点，通常按照生理和心理发展划分为胚胎期、婴儿期、儿童期、少年期、青年期、成年期和老年期几个阶段，这些阶段具有顺序性。从变化内容看，包括生理发展、心理发展和社会发展，其中，生理发展指机体发育、体质增强等；心理发展包括认知、情感、态度等的发展；社会发展是指社会经验、社会关系、行为规范等方面的发展。三个方面互相促进，互相制约。客观上，人的变化既可能是积极的，也可能是消极的，但是，当使用"发展"来描述人的变化时，更多地是指一种积极向上的变化。因此，教育促进人的发展，是促进个体产生正向、积极的变化。因此，人的发展是一个不断超越过去的过程，而这种不断超越将会"走向何处"，便是哲学中对于"什么是理想的人"的思考和回答。

人的发展，是哲学上的一个古老的话题。中国传统哲学中关于"人的发展的目标是什么"，即"理想的人是什么"有深刻省思，认为理想的人的关键是道德，对"什么是理想的人格"有丰富的思想。孔子将"仁"作为理想人格的基本准则和最高境界，以此为核心建立了儒家以伦理为基础的思想体系。"知、仁、勇三者，天下之达德也"[②] 是君子的品格。君子这种理想的人格，在个体层面是自强不息、具有独立意志的，君子重"义"、重尊严；在

---

① 《中国大百科大辞典》编委会．中国大百科大辞典［M］．北京：华夏出版社，1900：55.
② 杨天宇．《礼记》译注［M］．上海：上海古籍出版社，2016：701.

社会层面，对上孝而敬，对友有信，厚德载物，和而不同。① 君子是个人发展的目标，一个人要成为君子，需依靠自己的有为进取精神，没有个体的努力奋发，就不能获得完美的道德修养，不能达到理想境界。②

在西方哲学史上，亚里士多德曾经提出"完人"是人的发展的目标。"完人"是集智慧与勇敢于一身，并拥有正义、节制等美德的人。文艺复兴后，西方哲学力求摆脱神学束缚，将"理想的人"建立于理性之上，追求自由意志，认为人的理性是人本质上的独特之处，推崇理性和智慧。启蒙运动的哲学家们认为人的理智在自然法则下具有局限性，而人的发展以人的自由和自爱为前提。卢梭从抽象人性论出发，认为人的发展过程是：自由本性从原始满足到在社会中理性规范，再通过自由意志进行行动抉择，从而再次恢复自由本性。

马克思主义学说认为，人的发展是一种人的本质的全面发展，是"人以一种全面的方式，也就是说，作为一个完整的人，占有自己的全面本质"。③所以，人的发展与人的本质相关联。人的本质是人在实践中、在社会关系的总和中自我塑造的。因此，在人的发展中，最根本的是人的实践活动。实践是人类特有的存在方式，具有客观实在性、主体能动性以及社会历史性。人在实践中通过各种物质文化资料来发展人自身，形成了人类的文化和历史；人类社会在世代传承的生产实践活动中不断地生成和发展变化，人才成为真正社会意义上的人。总之，人一边实践，一边交往并生成着社会关系，在这个过程中，实践的过程和内容生成人自身，形成人的发展。人的发展是人自身的发展和人的社会关系的发展。人的发展所需要的物质条件有赖于生产力，生产力的发展有赖于人的社会交往。人的社会交往使分散着的各种生产力要素整合起来，从而使生产力得以真正实现，同时，交往还能使生产力得以继承和发展。交往不仅在广泛的意义上而且在具体的范围内促进了社会关系的发展，推动了社会的变革，为人的发展提供了必要的社会条件。④ 人的发展

---

①② 王国良. 儒家君子人格的内涵及其现代价值 [J]. 武汉科技大学学报（社会科学版），2015（2）：140－146.

③ 马克思，恩格斯. 马克思恩格斯全集（第42卷）[M]. 中共中央马克思恩格斯列宁斯大林著作编译局，编译. 北京：人民出版社，1979：119.

④ 刘明合. 交往与人的发展——基于马克思主义的视角 [M]. 北京：中央编译出版社，2008：39－45.

是社会发展的核心，马克思主义学说所指的人的发展，是指人的自由而全面的发展。然而，必须认识到，由于"人的全面发展"和"自我实现"并没有绝对标准，① 因此，人的全面发展不是一个既定目标，而是全人类的崇高价值追求。

二、教育在人的发展中不可替代的作用

影响人的发展的因素，历史上有多种说法。

我国传统哲学中，儒家非常强调个体发展中学习的重要作用。一个人要改变自己的经济精神状况，只能通过学习来完成："我欲贱而贵，愚而智，贫而富，可乎？曰：其唯学乎。"② 人本来不知礼仪，只能努力学习才能获得："今人之性，固无礼义，故强学而求有之也；性不知礼义，故思虑而求知之也"。③ 一个人要想成为"君子"，一定要像玉一样被打磨，才可能放出光彩："人之于文学也，犹玉之于琢磨也。诗曰：'如切如磋，如琢如磨'，谓学问也"。④ 而且，"君子"并非学成之人，乃是一直努力学习、一直努力实践之人："君子强学而力行"。⑤ 可见，教育活动是人发展为"君子"的最重要途径。

西方哲学史中，教育是帮助人彰显灵魂中的美和善的根本途径，这种基本的教育信条从苏格拉底、柏拉图到夸美纽斯，一直传承下来。⑥ 苏格拉底视教育为"灵魂转向的技巧"，人要完成自身发展，要获得灵魂正义，不仅要有最好的天赋，还必须通过比体力活动更为艰苦的种种学习和重重考验，探寻世界的真理。⑦ 因此，苏格拉底实际上认为影响人的发展的因素，既有先天的天赋，也有后天教育的因素。而教育的智慧便在于唤醒。教育包括"知识内容的传授、生命内涵的领悟、意志行为的规范，并通过文化传递功能，将文化遗产教给年轻一代"；教育要启迪年轻一代的天性，要"导向人

---

① [英] 肖恩·塞耶斯. 马克思主义与人性 [M]. 冯颜利，译. 北京：东方出版社，2008：211.
②③④ （战国）荀况. 荀子 [M]. （唐）杨倞 注，耿芸 标校. 上海：上海古籍出版社，2014：72，288，341.
⑤ （西汉）扬雄. 法言 [M]. 北京：中华书局，1985：7.
⑥ 刘铁芳. 教育：唤起美好事物的欲求 [J]. 大学教育科学，2016（3）：23-29.
⑦ [古希腊] 柏拉图. 理想国 [M]. 王铮，译. 重庆：重庆出版社，2016：224；220-250.

的灵魂觉醒之本原和根基"。①

　　现代教育学和心理学发展起来以后，人的发展影响因素理论较常见的有单因素论、二因素论和三因素论。单因素论指遗传决定论或环境决定论，已被历史淘汰。二因素论旨在讨论遗传与环境对个体发展的互动作用；另一种二因素说指向探讨人的内在需要和外部影响对人的发展的作用；进一步地，二因素说还发展为探讨人的主观能动性和客观规律性在人的发展中的交互作用。三因素说来自凯洛夫（И. А. Кайроз，1893～1978）的观点，认为遗传、社会环境和学校是影响人身心发展的因素，其中，遗传为人的发展提供物质基础和潜在可能，环境对人的发展起决定性作用，而学校教育则对人的发展起主导作用。② 这里，学校应属于外部环境的一部分，凯洛夫将学校这个特殊的环境突显出来，以表示教育对人的发展的作用格外重要。

　　叶澜认为，如果把人的发展看作不断从潜在可能向现实发展的转化过程，那么，便可把影响人发展的因素分为两个层次（见图6）。第一层次是条件因素，即为人的发展提供可能的因素；第二层次是现实性因素，是使人的发展可能转变为现实的因素。其中，条件性因素包括主体性条件和环境条件。主体性条件既包含先天的遗传、天赋等，也包括后天的身体生长发育、智力发展水平、经验、态度等；后天的主体性条件是主体能动性的体现，是在主体发展过程中逐渐派生的，因为后天因素具有积累性，所以后天因素对人的发展的影响随人的发展水平提高而逐渐增强。环境条件有宏观的自然环境和社会环境，也有微观的社区环境、家庭环境、学习环境等，环境也是不断变化、被人所改造的；环境对人的发展的影响程度与主体发展水平、独立性和自主性成反向相关关系。各种因素对人各方面的发展的影响并不平衡，而活动才是使人的发展成为现实的决定性因素。个体活动包括生命活动、心理活动和社会实践活动。生命活动和心理活动渗透在一切社会活动中，社会活动又受到生命活动和心理活动的影响，三个层面的活动在人的发展过程中相互依赖、互相渗透。在这些因素中，尤其要明确的是，学校作为教育的主要场所，不

---

　　① ［德］雅斯贝尔斯. 什么是教育［M］. 邹进，译. 北京：生活·读书·新知三联书店，1991：3.
　　② ［苏］凯洛夫. 教育学［M］. 沈颖，南致善　等，译. 北京：人民教育出版社，1953：15－25.

仅是人发展的一种特殊环境，还是人生活的一个特殊活动领域。①

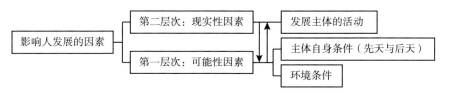

图6　一种影响人发展的因素结构

资料来源：叶澜．论影响人发展的诸因素及其与发展主体的动态关系［J］．中国社会科学，1986（3）：83－98．

　　这个结构模型没有将影响因素看作静态的事物，而是结合人的发展的过程性和主体性，将因素的阶段性变化和个体的活动考虑进去，认为在不同阶段的影响因素都包含了上一阶段发展的结果，对"影响因素"和"结果"的辩证关系阐释得非常清晰，具有较强的解释力。教育提供一种特殊的环境，同时又是一种特殊的领域，不仅帮助形成后天的主体性条件，还提供了环境条件；除了提供以上两项可能性因素以外，更是重要的发展主体的活动，是重要的现实性因素。

　　在影响人的发展的诸因素中，主观能动性越发成为人们关注的焦点。人之所以为人的"能动"特征，是因为人是他自己行动的结果。阿伦特（Hannah Arendt，1906～1975）反思性地强调了行动的重要性，认为劳动、工作和行动乃是人的三种"积极生活"，这是因为人的生活是有条件的，劳动的条件是人们必需维生所以要劳动，人必需建造一个人造物的世界因此需要工作，而人必须在交往中彰显自己于是需要行动，在行动和言语中回答"我是谁"的问题。② 行动是人的显现，人的行动创造了历史。人的行动不是"无思"的，行动应和思维、意志和判断这三种精神能力融合，人的精神生活必须领导人的行动能力，只有这样才能拯救现代社会公共性的危机。③ 因此，教育的本质是"诞生性"：教育不仅肩负教孩子如何维生的责任，还要对其发展

73

---

　　① 叶澜．论影响人发展的诸因素及其与发展主体的动态关系［J］．中国社会科学，1986（3）：83－98．

　　② ［美］汉娜·阿伦特．人的境况［M］．王寅丽，译．上海：上海人民出版社，2017：1－4．

　　③ ［美］汉娜·阿伦特．精神生活［M］．姜志辉，译．南京：江苏教育出版社，2006．

负责；儿童从诞生到成为具有行动能力的人，必须得到培养和塑造；培养人的行动能力，正是教育的意义。① 赵汀阳通过讨论幸福而阐明"可能的生活"是一种"人类行动能力所能够实现的生活"，是需要创造性的，因而幸福是一种"全部生活行为所追求的持续性状态"。② 鲁洁从马克思的实践论出发，定义人的发展的"实质是人的主体性的发展"，③ 而教育作为人类的一种有目的的社会实践活动，其内在就包含了超越性，④因为一切实践活动的本质就是超越，这种超越就是人不断发展，进入新的发展阶段并创造新的历史。超越性是人的根本特性。超越性来自人对自身有限性、不完满性生存境况的克服与超越的渴望，以实践为基础进行努力，并且朝向未来真善美的自由世界；人的超越性主要表现为四重维度：从"生存"到"生活"；从"物质"到"精神"；从"个体"到"类"；从"有限"到"无限"。⑤ "教育的本质属性在于引导完备人性的建构与发展"，⑥教育不仅要激发人对理想生存的追求，还要帮助受教育者通过自身的主体性实践去获取人的完全解放。⑦在这里，不仅强调教育活动的实践性，也强调其作为受教育者实现自身发展的实践性，更强调教育在塑造人的超越性的理想中的重要作用。

三、教育作为社会交往实践促进人的发展

教育是一种特殊的社会实践。人是"现实的人"，其本质是"一切社会关系的总和"。⑧ 人的本质不是由生物特征决定的，而是由社会关系决定的。人生活在社会关系中，而人的活动又生产了社会关系。"人的本质是人的真正的社会关系，所以人在积极实现自己的本质的过程中创造、生产人的社会关系、社会本质。"⑨ 社会关系产生于人的实践。人的实践有改造自然的外部

---

① 刘素玲，程亮. 教育的本质即诞生性——阿伦特的教育观及其反思 [J]. 南京社会科学，2018（4）：151 – 156.

② 赵汀阳. 论可能生活 [M]. 北京：中国人民大学出版社，2010. 21 – 22.

③④⑥⑦ 鲁洁. 超越与创新 [M]. 北京：人民教育出版社，2001：328，331，382，427.

⑤ 宋德勇，路日亮. 试论人的超越性的四重维度 [J]. 学术论坛，2010（3）：1 – 6.

⑧ 马克思，恩格斯. 马克思恩格斯选集（第 1 卷）[M]. 中共中央马克思恩格斯列宁斯大林著作编译局，编译. 北京：人民出版社，1995：56.

⑨ 马克思，恩格斯. 马克思恩格斯全集（第 42 卷）[M]. 中共中央马克思恩格斯列宁斯大林著作编译局，编译. 北京：人民出版社，1979：24.

实践，也有社会内部的人们互相交往的实践活动。^① 社会关系产生于人的交往实践活动，是在人的对象化活动中产生的对象性存在。社会关系是实践的前提，也是劳动的必然形式。劳动不能脱离社会关系而存在，社会关系制约着劳动。一切生产、劳动实践都在一定的社会关系、社会交往中进行。"人们在劳动中不仅仅影响自然界，而且也互相影响。他们只有以一定的方式共同活动和互相交换其活动，才能进行生产。为了进行生产，人们相互之间便发生一定的联系和关系；只有在这些社会联系和社会关系的范围内，才会有他们对自然界的影响，才会有生产。"^② 不同的社会关系、不同的社会实践造就了人的不同本质。人的本质不是先天决定的，而是后天在与他人的交往中形成的，是由他在社会关系体系中的地位所决定的。

教育是一种社会交往实践。教育的对象是人，因此，教育不是改造自然的实践，而是社会交往实践。社会交往实践是人（群）与人（群）之间的相互联系、相互作用和相互关系。教育作为一种特殊的社会交往实践，发生在师生之间、生生之间、家长和师生之间，也发生在社会其他各种人群之间；既发生在学校这样专门的场所中，也发生在广泛的社会生活其他场所中，如家庭、工厂、田间地头、科研场所等。如果将交往的具体类型分成物质交往和精神交往，教育既是物质交往也是精神交往，但以精神交往为主。人们在教育交往中进行经验、思想和意识的交流，以语言为主要手段。教育通过人们精神上的交往实践，间接地对改造自然的实践发挥作用。对个体而言，教育交往实践通过建构人与人之间的交往实践关系，促成个体独立个性和人格的生成，个体从而获得知识、陶冶情感、养成品行、形成独立个性和人格；在教育交往实践中，个体展示自我、发现自我、完善自我。^③

教育作为一种特殊的社会交往，对人的发展具有重要作用。我国古代的儒家强调"三人行，必有我师焉"。^④ 在社会交往中，人的互相作用非常广泛，在这种相互作用中，人们总是能学到一些东西，改造了自身的认知，又

---

① 胡德海. 教育学原理［M］. 北京：人民教育出版社，2013：198.

② 马克思恩格斯选集（第1卷）［M］. 中共中央马克思恩格斯列宁斯大林著作编译局，编译. 北京：人民出版社，1995：344.

③ 张天宝. 教育交往实践：内涵、特征及其基本规定性［J］. 教育研究与实验，2006（5）：7－13.

④ 朱振家. 论语全解［M］. 上海：上海古籍出版社，2014：99.

形成了一种"同行且互相学习"的人际关系。这种社会交往对人产生正向作用，即教育促进人的积极发展而不是消极发展，儒家强调"取友善人，不可不慎，是德之基也"，① 在社会交往中要发挥主观能动性，选择对自己有益的社会关系才能促进自己的发展，这才是德的基础。"君子以文会友，以友辅仁"，② 作为君子，必须走这种学习、交往从而不断修炼走向"仁"的理想的发展路径。"教学相长"③ 更是非常具体地指出在教育实践活动中的交往，并指出了这种教育交往的反思性特征。苏格拉底认为，理想教育的要义是以朋友式的交往和对贤明古人所著之书的共同探讨，并发现好的事情和好的东西。④ 雅斯贝尔斯（Karl Jaspers，1883～1969）阐释教育为"人与人精神相契合，文化得以传递的活动""如果存在的交往成为现实，人就能通过教育既了解他人和历史，也理解自己和现实，就不会成为别人意志的工具。"⑤

综上所述，教育是一种具有自身规定性的社会交往实践活动，是人的个体发展和人作为类的属性的发展的重要途径。

第二节 教育生产和增加人的 劳动能力是基础

人的发展是一种持续变化的过程，在这个过程中教育作为一种特殊的社会交往活动，对促进人的发展产生极重要的基础作用，这是一个总的规律。在这个过程中，人成为劳动者，在社会分工中从事一定的生产劳动活动，从而获得一定的资源，以此为基础展开生产生活的其他活动。

一、教育促使人成为劳动者

劳动是"人和自然之间的过程，是人以自身的活动来引起、调整和控制

---

① （战国）荀况. 荀子 ［M］.（唐）杨倞 注，耿芸 标校. 上海：上海古籍出版社，2014：346.
② 朱振家. 论语全解 ［M］. 上海：上海古籍出版社，2014：190.
③ 杨天宇.《礼记》译注 ［M］. 上海：上海古籍出版社，2016：457.
④ 刘铁芳. 从苏格拉底到杜威：教育的生活转向与现代教育的完成 ［J］. 北京大学教育评论，2010（2）：91－112，190.
⑤ ［德］雅斯贝尔斯. 什么是教育 ［M］. 邹进，译. 北京：生活·读书·新知三联书店，1991：2.

人和自然之间的物质交换的过程"。① 可以认为，劳动是一种特殊的实践活动。劳动的本质在于实践的本质，即实践是人存在的方式，人在实践中生成人的本质。劳动作为一种特殊的实践活动，具有以下几个方面的特征。首先，劳动是人的生存手段。人首先具有自然属性，人要生存和发展，必须从自然中获取生活必需品，获取的过程是人改造自然的实践过程，也就是劳动的最初形式。人必须通过劳动满足生存所需。其次，劳动具有生产性。人的劳动以不同的形式支出劳动力，生产了使用价值："一切劳动，另一方面是人类劳动力在特殊的有一定目的的形式上的耗费；就具体的有用的劳动这个属性来说，它生产使用价值"。② 社会财富以使用价值为基础，在使用价值的基础上才产生层层抽象和分化。第三，在更高层面上，劳动生成人的本质。人在同自然和他人互动的过程中，认识自然、认识自我，进而认识人的社会关系；人的自然生命和自我意识在劳动中形成。因此，人认识和改造自然的活动便超越动物的本能活动，而成为一种自由自觉的活动，仅仅作为谋生手段的劳动是异化的和不自由的。总之，劳动是人在与自然界积极相互作用过程中自我产生和发展的独特方式；劳动的过程不仅是改造和利用自然的过程，同时也是劳动者改造自身、自我进化的过程。

人成为劳动者，是一个在教育和劳动实践中互动的过程。劳动者是人的一种后天发展。首先，人不是天生就具备劳动能力，劳动能力是后天获取的。人成为劳动者，是人的发展的一个方面。"我们把劳动力或劳动能力，理解为人的身体即活的人体中存在的，每当人生产某种使用价值时就运用的体力和智力的总和"。③ 而"教育会生产劳动能力"。④ 人要获得劳动能力进行劳动生产，必须进行学习接受培训。通过接受教育，人掌握前人改造自然的知识和技能经验，在具体的劳动中实践这些知识和经验，便展开了主体性的改造自然的劳动。其次，人将教育的成果实践于具体劳动中，并进一步利用其主观能动性，改造这些经验并创造新的经验，这些又成为人类共同的文化遗

---

① 马克思恩格斯全集（第30卷）［M］. 中共中央马克思恩格斯列宁斯大林著作编译局，译. 北京：人民出版社，1995：201.

② 马克思. 资本论（第1卷）［M］. 中共中央马克思恩格斯列宁斯大林著作编译局，译. 北京：人民出版社，1975：60.

③④ 马克思恩格斯全集（第23卷）［M］. 中共中央马克思恩格斯列宁斯大林著作编译局，编译. 北京：人民出版社，1972：190，210.

产，传递给下一个或下一代劳动者。再次，人的劳动不是个体劳动，而是社会复杂分工中的劳动，是在社会网络中交换生产资料、交换资源分配、交换信息的劳动，这些社会关系建立在教育交往实践中逐渐形成的个体生理、心理和社会发展基础之上。最后，劳动也是发生在人身上的教育。"为了能够得到通晓整个生产系统的人，教育就必须让年轻人不断地接受各种形式的生产劳动，并轮流从一个生产部门转到另一个生产部门"。① 这不仅有助于人形成劳动能力，还能使人摆脱分工带来的片面性。因此，人成为劳动者，是一个后天学习和实践的互动过程，是教育促使人成为一个能够在社会交往中改造自然的劳动者。

二、教育增加劳动价值

劳动产品要进入市场进行交换，这些产品要能够满足人们一定的需要；劳动力本身要进入市场进行交换，劳动力要能够满足社会化大生产的需要。随着生产力的发展，人们生产的产品更加丰富，对劳动能力的要求也越高。因此，劳动能力提升能带来劳动产品和劳动力价值的增加，从而使劳动者收益增加。总体上，这是贫困者摆脱贫困的有效途径。教育使劳动价值增加，主要体现在改变劳动能力的性质和形态上。"要改变一般的人的本性，使它获得一定劳动部门的技能和技巧，成为发达的和专门的劳动力，就要有一定的教育和训练"。② 就简单劳动和复杂劳动而言，简单劳动指低技能含量的劳动，重复性高，生产的价值低；而复杂劳动具有较高技术含量，要求劳动者较高的教育水平和培训水平。在人类历史上的很长时间，大部分人都以体力劳动和简单劳动为主获取生存资源。按照今天的观点，那个时代的大部分人正处于贫困之中。随着生产力和科学技术的发展，对普通劳动者来说，人类从自然界获取生存资源的方式发生了很多变化，生产工具和生产关系都趋于复杂，社会分工更加精细，人逐渐从体力劳动中解放出来，体力劳动中的脑力"成分"越来越多；纯粹意义上的简单劳动逐渐减少，复杂劳动所占份额逐渐增大。到了机械化时代，工业化大生产中机械技术日渐发达，体力性、

① 高放. 马克思恩格斯要论精选 [M]. 北京：中央编译出版社，2016：425.
② 马克思恩格斯全集（第23卷）[M]. 中共中央马克思恩格斯列宁斯大林著作编译局，编译. 北京：人民出版社，1972：195.

重复性劳动已大量被机器替代。脑力劳动者阶层逐渐壮大，通过进一步接受教育，人们从事复杂的专门性劳动。教育可以使劳动具有专门性。在这个发展过程中，机械化大生产极大提高了生产力，给人类带来了前所未有的物质发展，人们生活水平日渐提高，一大部分人已不再生活于贫困之中，也正是在这个时候，那些生存于贫困中的另一部分人，才成为专门的贫困问题被人们所关注。

进一步地，信息革命以来，重复性劳动以及很多复杂的脑力劳动逐渐被更加智能的机器所替代，人类社会的生产力再次实现跨越性发展。人们改造自然的活动，间接性更强。人们的劳动不是直接面对自然资源，而是面对被"数字化"和"虚拟化"的自然资源信息，产品和生产通过数字化的信息表达和控制，人类社会的生产和社会活动围绕着数字信息展开。人们也更多地使用机械化、数字化工具，劳动工具更加智能化。人要从事更加复杂、更高智能参与的劳动生产，必须升级知识和劳动技能。

社会化大生产的生产力水平和生产关系决定了劳动价值的特征，即具有高智力因素、高技能含量和专门性的劳动具有更高价值，能给主体带来更高收益。因此，通过教育改变人们的能力，从而使人们能够具备进行复杂的、高技能含量的和专门性活动的可能，就是教育增加劳动价值的方式。劳动价值增加，体现出教育作为一种特殊的社会交往活动对个体发展的作用。教育是社会化大生产条件下培养劳动力的基本手段和途径。概括起来就是，人们通过教育活动使劳动价值提升，使人们能用更少时间获取更多报酬，经济利益提升，换取了更丰富的生存资源和其他更多样的享受资源，这就是劳动价值的增加。

具备劳动能力的贫困个体要摆脱低水平经济状况、获取更多劳动报酬，提升劳动的经济收益，需寻求劳动能力的提升和劳动价值的增加，这就必须充分利用教育机会，通过教育扩展提升自身的知识技能，使自己的能力与不断进步的生产力所匹配，能够在社会化大生产中生产出具有高交换价值的产品，从而提升劳动的经济收益，摆脱贫困。

三、教育帮助抵御劳动需求变化

如前所述，教育能够提升劳动能力，使个体劳动从简单的、低技能的一般性劳动，转变为复杂的、高技能含量的专门化劳动。但这只是教育重要作用的一方面。除此以外，教育还具有促使劳动能力多样化的一面。

劳动力需要不断变换、更新自身技能在生产关系中的角色。现代社会是一个全球化大生产的社会，人类文明向全球化方向发展，人类历史向世界历史进程转变形成风险社会，风险是现代性的后果。[①] 现代科技高速发展加快了社会运行和社会运动，市场化经济竞争性发展导致社会财富急剧增加、社会财富分配不平等空前加深，使社会结构日益复杂、社会分化日益加剧。"由工业社会的高度发展而导致的现代性对人类现存状态的每一个领域哪怕是很小的角度都带来了极大的不确定性因素"。[②] 这种风险性牵涉每一个人的自我生存以及由此所产生的对其他人的责任。[③] 贫困者是风险社会中被剥夺的边缘人群，他们通常无力参与决策，却是风险目标而无法逃避承担风险的代价。

就贫困问题本身而言，脆弱性是风险的表现，风险和脆弱性已被纳入贫困概念。[④] 风险可带来对人们福利的损害，脆弱性解释了这种福利可能被风险损害的特征，脆弱性的程度取决于风险的特点和家庭应对风险的能力，穷人或接近贫困的人由于资产和应对风险的能力双重限制而趋于脆弱。[⑤] 考虑到贫困者个体的主观能动性，有学者认为贫困是个体缺乏应对风险冲击的能力及没有把握获得更好生活的机会而造成的，在我国防返贫、稳固脱贫成果阶段中，风险冲击与机会缺失是致贫和返贫的本质因素。[⑥] 把贫困群体扩展为脆弱群体，考虑到他们面临着资产风险、收入风险、消费风险的交织和循环，[⑦] 多种因素可能使贫困人群或者当时不处于贫困的人群遭遇经济困难。这样，贫困的模糊性和变动性通过风险这一概念，充分考虑进来了。这也说

① ［英］安东尼·吉登斯. 现代性的后果 ［M］. 田禾，译. 南京：译林出版社，2011：6－9.
② 乌尔里希·贝克，王武龙. 从工业社会到风险社会（上篇）——关于人类生存、社会结构和生态启蒙等问题的思考 ［J］. 马克思主义与现实，2003（3）：26－45.
③ 贝克，邓正来，沈国麟. 风险社会与中国——与德国社会学家乌尔里希·贝克的对话 ［J］. 社会学研究，2010（5）：208－231，246.
④ Williams G. Assessing poverty and poverty alleviation：Evidence from West Bengal ［J］. Transactions of the Institute of British geographers，1999（2）：193－212.
⑤ 黄承伟，王小林，徐丽萍. 贫困脆弱性：概念框架和测量方法 ［J］. 农业技术经济，2010（8）：4－11.
⑥ 王文略，毛谦谦，余劲. 基于风险与机会视角的贫困再定义 ［J］. 中国人口·资源与环境，2015（12）：147－153.
⑦ 陈传波. 农户风险与脆弱性：一个分析框架及贫困地区的经验 ［J］. 农业经济问题，2005（8）：47－50.

明了在现代社会，贫困更多地体现为人们暴露于可能和潜藏的危机中的状态，从风险的角度去理解贫困，就对反贫困中的"防返贫"有了更深的理解。通过风险管理改变贫困人口的风险和机会偏好，是风险社会中的反贫困方法。风险管理必须宏观政策和微观策略共同作用。其中，教育相关的长期投资计划援助非常重要。

可持续生计理论进一步从贫困者的生计维系描述了面对风险的脆弱性。一个被广泛认可的可持续生计框架包括一系列生计资产和生计策略：生计资产包括自然资本、人力资本、社会资本、金融资本及物质资本，利用这些资产，个人和家庭可以采用包括农业集约化/粗放化、生计多样化和流动等不同的生计策略，从而产生不同的生计结果。① 可以在特定的正式和非正式制度背景下观察到个体和家庭的可持续生计发展。自然灾害、环境危机、经济波动、政策改变、种族冲突、疾病、失业、突发事故等都是生计脆弱性的风险。② 贫困人口抵御风险的能力越强，其脆弱性越低。贫困人群要适应生计风险，应在面对风险时主动响应并采取适当策略。提高生计资本中的人力资本，便是教育投入的成果，是对风险的主动相应和有效策略之一。

人力资本的提升能够使个体增加抵御风险的能力，这涉及教育对人的发展的多种可能性的作用。具有较高教育水平是人作为劳动力在市场中抵御风险的重要保障，当出现不可预期的产品价格变动、生产力升级带来冲击以及技术更新带来巨变时，需要人们重新分配时间和资源，此时人力资本是最有价值的。在稳定状态下，在没有冲击的情况下，传统的经验就有效，③ 但当变革和风险来临时，就未必如此。教育不仅传授劳动基本技能和知识来提高劳动者的生产力，还能够开发人的潜力，养成一些适当的价值观念、良好的工作和学习习惯、灵活和清晰的头脑、解决问题的能力、适应变化的能力等。要在充满未知、潜藏各种风险的社会中生存发展，人的能力提升应是一种整体的提升。

---

① DFID. Sustainable livelihoods guidance sheets [M]. London：Department for International Development，2000.

② 韩峥. 脆弱性与农村贫困 [J]. 农业经济问题，2004（10）：8－12.

③ Schultz T. The value of ability to deal with disequilibria [J]. Journal of Economic Literature，1975（3）：827－846.

工业社会以机器代替和减轻人类的体力劳动；信息社会以电脑代替和加强人的脑力智能。这种替代过程意味着人的劳动性质变迁，劳动需求变迁对社会大众而言是种生计风险，对脆弱群体更加如此。这种情况在智能化时代到来之后会更加剧。被淘汰的人没有社会需要的能力、没有工作岗位需要他们、没有劳动机会。技术更新日益快速和深刻，生产力和生产关系变化也可能以某种无法预料的方式给劳动者带来冲击，使他们以猝不及防的方式失去工作机会，失去劳动报酬，从而陷入贫困之中。智能技术一方面在可预见的未来消灭人们当前熟知的一些劳动方式和劳动岗位，另一方面也可能创造了一些人们目前还不能预测的工作机会和劳动方式，但这些新的劳动方式要求新的观念和技能，这种"新"很大程度上不是专门化的。人工智能浪潮到来，不仅是体力和智力上的程序性工作，认知上的非程序性工作、一些目前看来是高度专门化的、高度复杂的劳动，正在逐渐被人工智能替代，新的劳动方式可能是一种休闲和工作相结合的方式。① 教育帮助开发创造性，帮助个体成为一个具有休闲能力能够生产休闲需求的人。人不仅只是被动适应劳动和工作的需要，还具有选择劳动方式、创造工作、引领社会需求的可能性。而这已不再是劳动技能升级问题，而是观念、生活方式、自我开发、自我发展、适应能力、主动改造社会的根本转变了。

因此，人的独特性在于人的可能性。教育在一定的意义上就是让人发展和扩展其可能性，为人创造可能性同时帮助人避免某些可能性，② 比如遭遇风险的可能性。自由自觉地劳动是人类的本性，而教育的目的便是为了让人追求自由、发展自由。有更多的可能性，才有更多选择的机会，才能更自由。

第三节　教育促进社会经济增长是宏观表现

贫困是一种以经济匮乏为核心和基础的多维短缺状态，而反贫困则是对

---

① 肖峰. 人工智能时代"工作"含义的哲学探析——兼论"软工作"的意义与"工作哲学"的兴起 [J]. 中国人民大学学报, 2018 (5): 122 - 129.

② 张楚廷. 人的固有性、可能性和现实性——兼论教育目的 [J]. 大学教育科学, 2011 (5): 110 - 111.

贫困的抗争、改善、脱离、预防的活动，必然要以经济匮乏的改善为前提。经济增长是社会发展的一个重要维度，是人们摆脱贫困的基础。人的发展与社会发展是辩证统一的。教育通过促进人的发展，从而促进生产力发展，生产力发展表现为人们能够更高效率、更科学合理地改造自然，从自然中获取资源，改善生存环境，提升生活质量，因此，促进社会经济增长是教育反贫困功能的宏观表现。

一、人的发展与社会发展辩证统一

人类社会的发展是人通过劳动而不断占有自身本质的生成过程。人的发展与社会发展是双向互动的内在统一关系，虽然有时候这种互动也体现为个人的发展与社会发展的冲突与对立，但人的发展与社会发展是互为前提、互为基础的。

人的发展生产了社会的发展。社会的发展有其自身的规律，但是这规律和自然规律不同，人类社会的发展是在有意识的、有目的、有主观能动性的人的参与和构建下发生的。"以一定的方式进行生产活动的一定的个人，发生一定的社会关系和政治关系"。[①] 作为社会成员的个体的发展，获得的新的经验，发现的新规律，生产了新知识，发明了新科技，在社会交往中发展的新的社会关系，开发了新的资源，生产了新的产品，形成了文化和文明的变迁，这些都是社会发展的具体表现。

人的发展受社会发展的制约和促进。"社会结构和国家总是从一定的个人生活过程中产生的。但是，这里所说的个人不是他们自己或别人想象中的那种个人，而是现实中的个人，也就是说，这些个人是从事活动的，进行物质生产的，因而是在一定的物质的、不受他们任意支配的界限、前提和条件下活动着的"。[②] 现实的人的本质在于他们从事物质生产活动并由这种物质生产活动所造成的物质生活条件决定的。"当人们还不能使自己的吃喝住穿在

———————

① 马克思恩格斯文集（第1卷）［M］.中共中央马克思恩格斯列宁斯大林著作编译局，编译.北京：人民出版社，2009：523－524.
② 马克思恩格斯选集（第1卷）［M］.中共中央马克思恩格斯列宁斯大林著作编译局，编译.北京：人民出版社，1995：72.

质和量方面得到充分供应的时候，人们就根本不能获得解放"。① 社会发展进行着生活资料的生产和再生产，物质的和精神的社会产品越来越多，要获取这些产品，需要更有能力行为者，从而在生产力的发展和社会关系的再生产中不断往前发展。

社会发展的目的和意义是人的发展，社会发展是人发展的手段、条件和表现。人的发展和自由，是社会发展的动力。人的发展不是要把人当作缺乏意志的物来进行发展，也不是外界硬性规定的发展，而是"通过共同的努力，使人们能够自己养活自己，有意识地自己教育自己，并且不用暴力来实现自己的解放"。② 人的本质是一切社会关系的总和，社会关系是人的社会关系，社会发展只有以人的发展作为尺度，以人的价值、人的需要和人的潜力为中心，满足人的基本需求，才是有意义的。而且，这种发展不是少数人的发展，也不是多数人的发展，而是全体成员的发展，是人类共同体成员的全面发展。社会发展的成果体现为人的生存状态的改善、生活质量的全面提升，人以符合人的本性的方式生活："在保证社会劳动生产力极高度发展的同时又保证每个生产者个人最全面的发展"。③

人的发展与社会发展相统一，人的发展不仅是个体的、微观的，也是聚类的、宏观的，体现为社会的发展。社会发展体现了人的发展的结果和条件。经济发展是社会发展的重要方面，社会经济发展意味着生产出更多的物质和劳务，人们生存生活的物质条件的某些方面得到了更充分的供给。但是，社会发展不是单一的经济发展，仅以物质生产这种外在尺度即物的尺度，作为衡量社会发展的标准，经济增长成为发展的根本目的，人变成了实现经济增长的工具和手段，消解了人的发展，使人的发展和社会的发展都不可为继，社会发展也失去了意义和目的。宏观方面看，社会发展是一个多维的过程。"除了收入和产量提高外，发展显然还囊括制度、社会和管理结构的基本变

---

① 马克思恩格斯全集（第 42 卷）[M]. 中共中央马克思恩格斯列宁斯大林著作编译局，编译. 北京：人民出版社，1979：368.

② [法]弗朗索瓦·佩鲁. 新发展观 [M]. 张宁，丰子义，译. 北京：华夏出版社，1987：117.

③ 马克思恩格斯选集（第 1 卷）[M]. 中共中央马克思恩格斯列宁斯大林著作编译局，编译. 北京：人民出版社，1995：342.

化，以及人们的态度，甚至还有人们的习惯和信仰的基本变化。"① 所以，社会发展是经济发展、社会结构改变、减少不平等、消灭贫困、人的发展、政治民主、文明进步、生态平衡等的多维发展。

二、教育促进生产力发展

教育通过促进人的发展从而推动社会的发展，简单而言，社会是人的社会，教育通过传递人类经验、提高个人素养、健全品格，从而对生产力和生产关系形成推动和改造。

生产力是人改造自然、利用自然的存在方式，生产力的来源是人，是人的需求和劳动形成了生产力。人必须先满足基本生活的需要才能展开其他实践活动，因此通过劳动获得基本的生活资料，即生产物质生活本身，这便是生产力的开端。劳动者、劳动对象、劳动工具是生产力的三要素，其中劳动者是最活跃的因素。而教育就是提高劳动者素质的活动。西方经济学家明确提出人的经验、知识、能力是国民财富的重要组成部分，是发展生产的重要手段，劳动技能的学习要花费个体的资产，"这样费去的资本好像已经实现并且固着在他的人格上。这对于他个人，固然是财产的一部分，对于他所属的社会，亦然"。② 人的发展对生产力的发展具有巨大的能动作用。在这个过程中人的精神力量尤其重要，正是人类的精神劳动推动科学技术的发展，才使得生产力提高到前所未有的高度，使科学技术成为第一生产力。知识资本也逐渐成为一种独立的生产要素，在经济社会发展进程中发挥重要影响。

科学技术作为"第一生产力"，虽然暗含了教育在推动科学技术中的重要作用，但是，有很多学者认为应将教育提升为生产力要素层面，才能凸显教育在当今社会生产中的重要作用。有学者在阐释教育对发展生产力的重要作用时，将科技、文化、教育、管理等总结为生产力发展的软的因素，相对于土地、劳动力、资本这些生产力中的实体要素，提出软生产力概念，认为

---

① ［美］迈克尔·P. 托达罗. 经济发展与第三世界［M］. 印金强，赵荣美 等，译. 北京：中国经济出版社，1992：50.

② ［英］亚当·斯密. 国富论［M］. 章莉，译. 南京：译林出版社，2011：264.

教育这种软生产力推动知识生产、知识消化和知识扩散，从而推动社会发展。① 从一定角度上说，教育这一生产力是面向未来的。教育为物质生产提供劳动主体，并通过劳动主体实现物质生产，这一过程决定了教育是先投入后产出的，教育通过促进经济发展实现的价值，为未来经济发展服务。有学者将教育生产力进一步分析为 3 个层次：教育在促进人发展的基础性和推动科学技术进步的先导性方面的作用，只展现了教育的潜在生产力；而教育和劳动生产、与企业相结合，直接提高劳动者的素质，将教育生产力提到了显性层面；而教育的社会化和产业化，使教育这个生产力成为根本的力量并得以实现。②

现代社会总体生产力已经达到了较高的水平。就生产力的平均水平和总体水平而言，人类对自然资源的获取，所生产的物质产品，理想状态下足以使人们生活于贫困线之上。但仍有部分人陷于贫困，从生产力和个人的关系，可以从以下两方面进行说明。

一方面，宏观上，局部地区生产力水平相对较低。可以将生产力的发展过程看作是先进生产力替代落后生产力的过程，其中，先进生产力就是能够更高效能改造自然的、更具有可持续和人本理念的、对人和自然更加友好的，以及科技含量更高的生产力，落后生产力是其对立面。在历史上，从手工生产力时代到机器生产力时代，再到信息生产力（智能时代是信息生产力时代的一个阶段）时代，总是先进生产力逐渐替代落后生产力。同时，人类社会中是多种生产力水平并存的，各地生产力水平存在局部分布差异。贫困地区常常就是局部生产力水平较低的地区。在我国，这种多层次水平的生产力并存的现状在宏观上表现为各地发展不均衡。因此，反贫困的过程也就是在贫困地区淘汰落后生产力、改造和提升传统生产力、转变落后生产关系的过程。而要改变落后地区的生产力，最根本的是改变劳动力这个生产要素，提升当地劳动力素质，以科技含量高的生产力替代科技含量低的生产力，提升科学技术这一生产力的水平，更需要提升教育生产力水平。

另一方面，微观上，个体劳动能力不能纳入先进生产力体系中，这表现

---

① 鲁雁飞，曹建东. 教育生产力发展研究：理论内涵、分析框架与作用机制 [J]. 湖南社会科学，2013（3）：179－182.

② 魏屹东. 论教育的生产力特征 [J]. 自然辩证法研究，2000（1）：54－58，70.

为少数家庭或个人陷入贫困之中。个体丧失劳动能力而陷入贫困属于这种情况，其反贫困途径以兜底保障等福利措施为主，不在本书讨论的范围之内。对于具有劳动能力的个体，其劳动技能水平太低、已经过时或不符合当前生产工具的高技术要求，或个体素质不能满足生产关系升级的需要，个体就会在社会化大生产中处于被动、滞后甚至被淘汰的角色，无法在社会化大生产中通过劳动获得合适水平的收益，因此陷入贫困。值得注意的是，贫困的标准和定义随着社会的进步而改变，随着社会的发展，生产力不断提高，人们总体能够获得生活资料更加丰富，贫困的标准也不断升高。然而，也正是由于人们已经进入智能机器时代这样生产力水平的社会化大生产中，所以个体劳动能力水平不足时，其劳动才显得落后，无法为个体带来与时代相匹配的劳动收益和生活水平。因此，提高个体劳动力素质，使个体具备智能机器时代的劳动力要求，使劳动能够在社会化大生产中找到相应的位置，获得相应的合理收入，这便又回到了强调教育生产力的原点。

三、教育增长与宏观经济表现

作为生产力一种要素，教育增长本身也是社会发展的表现。仅从作为贫困问题的基础经济问题来说，教育是经济增长的源泉①这一论断，已经成为教育经济学的基础。

理论上，教育经济学解释教育发展与经济增长的观点主要有以下几种。

舒尔茨、贝克（Gary Stanley Becker，1930～2014）和明瑟（Jacob Mincer）共同搭建的经典人力资本理论认为，劳动价值适用于衡量国家财富和由此造成的国家财富变化，人力资本的形成主要体现为人的体能、技能和智能的改善，提高劳动力的教育投入与保健投资、职业培训、人力迁移投资和信息投资一起，可视为人力资本投资，这些投资可增加人的资源并影响其未来货币收入和消费，② 劳动力受教育程度越高，宏观经济表现越好。③

新古典增长理论认为生产的投入要素是资本和劳动。假设社会生产的规模收益不变，而资本投资的收益具有边际递减规律，经济增长由劳动产生。

---

① ［美］西奥多·舒尔茨. 教育的经济价值［M］. 曹延亭，译. 长春：吉林人民出版社，1982：66.

② Gary S Becker. Human capital［M］. Chicago：University of Chicago Press. 1975.

③ Schultz T. Investment in Human Capital［J］. American Education Review，1961（1－2）：1－17.

这个劳动不是普通的劳动，而是具有技术含量的劳动。在竞争之中，技术进步是经济增长的主要动力，并且长期来看技术进步几乎可以说是国家经济增长的唯一动力。新古典增长理论以简单模型解释了某一国家的经济增长方式，但没有解释技术进步是怎么产生的，仅假设技术进步是外生的，和经济体内部无关。

内生经济增长理论（即新增长理论）将知识作为一个独立要素纳入经济增长模型，认为知识积累是促进现代经济增长的重要因素。知识具有外溢性，即新知识带来的收益并非完全由知识生产者自身独享，其收益要外溢到社会，并且新知识的私人收益率小于社会收益率。于是资本和劳动要素的收益也是边际递增而非边际递减的，因此，知识和专业化人力资本成为经济增长的主要因素，人力资本收益随人力资本增加而增加。这说明在现代知识社会中，资本收益并非边际递减，它们使整个经济的收益递增，从而形成长期的经济增长。[①] 这解释了目前世界经济高速增长的原因。这一理论也解释了发达国家和发展中国家经济水平差距日益扩大的原因，即各国人力资本的差异导致各国收入和经济增长率的巨大差异。

这些具有代表性的教育经济学理论表明，教育以改变人为核心，提升劳动者素质，产生知识积累和外溢，推动生产力发展，从而在经济增长中发挥举足轻重的作用。

实证中，教育发展与宏观经济增长之间的相关关系已经从多个角度得到证实。

一方面，总体教育投入与经济增长之间具有正相关关系。舒尔茨对 1929 ~ 1957 年美国教育投资和经济增长的关系做了定量估算后，教育增长与经济增长的关系得到了进一步确定。国际经合组织（Organization for Economic Cooperation and Development，OECD）提供的国家面板数据支持的一项跨国研究表明，教育能够显著促进经济增长，并且这种关系非常稳定；由于基本识字者和学业表现优异者与经济增长的关系互相独立，学业表现优异者在比较贫穷

---

① Romer P M. Increasing returns and long-run growth [J]. Journal of Political Economy, 1986 (5)：1002 – 1037.

的国家对经济的贡献更大。[①] 这种正相关关系在二战以来的和平年代都具有普遍性。一项基于 146 个国家 1950～2010 年历史面板数据的研究表明，按照性别和年龄分组观察，教育对经济增长发挥显著推动作用。[②] 总体趋势虽然如此，但如果将发达国家和不发达国家进行比较，则教育投资对发达国家经济增长具有稳健促进作用，对发展中国家经济增长却没有表现出显著影响。[③] 在一定区域内，如果经济不平等程度很高，公共教育会比私人教育带来更快的经济增长。[④] 这对我国当前贫困地区政府的大量教育投入产生了支持。我国改革开放之后的经济腾飞就被阿马蒂亚·森认为是和教育增长关系极其紧密，[⑤] 但也有学者比较了中国、巴西、美国、英国、日本和加拿大几国的数据之后指出，总体上教育对经济增长的贡献与经济发展水平呈非线性正相关关系，教育对各国经济增长的贡献程度各不相同；我国情况是，教育对经济增长的贡献率相对其他几国特别是发达国家处于较低水平，其中的原因是我国的教育产出弹性[⑥]以及受教育年限均相对较低。[⑦] 教育产出弹性被进一步阐释为和经济基础、居民文化素质相关：在经济基础好、居民文化素质较低的省份，教育产出弹性较大，中西部 9 个较贫困的省份教育与经济消极互动。我国教育投入与经济增长的关系，在历史上也表现出不同的特征。[⑧]

89

仅以国家财政投入的教育经费来衡量，教育与经济的关系极其紧密，甚至可以看作是一个具有内在联动关系的系统：当"教育与经济"系统低速增长时，教育投入增长率与经济增长率之间呈现极大程度的负相关关系；当

---

① Hanushek E A, Woessmann L. Do better schools lead to more growth? Cognitive skills, economic outcomes, and causation [J]. Journal of Economic Growth, 2012 (17): 267 – 321.

② Barro R J, Lee J W. A new data set of educational attainment in the world, 1950～2010 [J]. Journal of Development Economics, 2013 (104): 184 – 198.

③ Blankenau W F, Simpson N B, Tomljanovich M. Public education expenditures, taxation and growth: Linking data to theory [J]. American Economic Review, 2007 (2): 393 – 397.

④ Glomm G, Ravikumar B. Flat-rate taxes, government spending on education and growth [J]. Review of Economic Dynamics, 1998 (1): 306 – 325.

⑤ [印度] 阿马蒂亚·森. 以自由看待发展 [M]. 任赜, 于真, 译. 北京: 中国人民大学出版社, 2013: 中文版序.

⑥ 教育产出弹性是指当其他投入量固定不变，单独变动教育投入时，教育投入的相对变动所引起的产量的相对变动。我国教育产出弹性较低的原因可能是经济发展总体水平不高，市场经济体制不完善，体制环境对人力资本发挥作用不够良好，因而在吸收高素质人才方面处于劣势。

⑦ 姚益龙, 林相立. 教育对经济增长贡献的国际比较 [J]. 世界经济, 2005 (10): 26 – 32.

⑧ 孙玉环, 季晓旭. 教育投入对中国经济增长作用的区域差异分析——基于多指标面板数据聚类结果 [J]. 地理研究, 2014 (6): 1129 – 1139.

"教育与经济"系统中速增长时，教育投入增长率与经济增长率之间仍然呈现一定程度的负相关关系；当"教育与经济"系统快速增长时，教育投入增长率与经济增长率之间呈现一定程度的正相关关系。① 虽然教育投资对于人力资本积累和经济增长的效应十分显著，但考虑我国区域之间的巨大发展差距，情况就不能一概而论。在前述理论模型中，物质资本投入和教育投入被看作经济增长的主要因素。利用教育投入在社会总体投资中所占的比例进行衡量，我国区域间经济增长动因能被更加明显地区分出来。教育投入比最高的地区是中国人力资本水平相对较高的地区，无论是政府教育投入还是私人教育投入，对此类地区人力资本形成和当期经济增长的因果关系都不显著；而教育投入比最低的地区是东北三省和西部不发达地区，物质资本投入是拉动这类地区经济增长主要因素，提高这类地区非政府教育投入对人力资本积累水平提高有积极影响，同时有利于保持此类地区经济增长的长期性。② 不同地区间人均教育投入对经济增长的贡献率与地区的发达程度呈反比，在我国，中部较之东部、西部地区政府在教育促进经济增长中所发挥的作用更为显著，而教育供给结构适应经济发展的能力均与地区发达程度呈反向变化关系。③

另一方面，教育发展成果与经济增长总体上呈正相关关系，但具体到不同的教育发展成果与经济增长的关系则表现出不同特征。直观上讲，教育投入成果就是发展了教育事业，各级各类教育得到发展，人们受教育机会和程度提升。以教育发展成果替换教育投入，也可以看到教育增长与宏观经济的相关关系。不同阶段教育与经济增长之间的联系因经济发展水平的不同而不同：在最不发达国家，初等和中等教育的作用更为重要，而在更发达的经合组织，经济的增长主要取决于高等教育（见图7）。④

---

① 隋建利，刘金全，闫超. 教育投入对经济增长的影响恒久不变吗——改革开放以来的路径演化分析 [J]. 教育与经济，2015（1）：3-9.
② 于凌云. 教育投入比与地区经济增长差异 [J]. 经济研究，2008（10）：131-143.
③ 曹雪姣，安秀梅. 论教育供给对地区间经济增长的影响——基于中国31个省、自治区、直辖市2000~2012年的数据 [J]. 中央财经大学学报，2014（4）：11-17.
④ Petrakis P E, Stamatakis D. Growth and educational levels：A comparative analysis [J]. Economics of Education Review, 2002（21）：513-521.

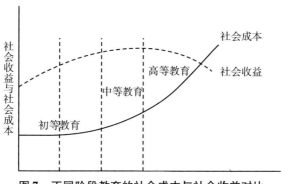

图 7　不同阶段教育的社会成本与社会收益对比

资料来源：靳希斌. 人力资本学说与教育经济学新进展［M］. 北京：教育科学出版社，2010：192.

　　我国改革开放之后，经济飞速发展，家庭对中学和高等教育的投资得到了回报，中国家庭愿意为教育投资，造成我国中等和高等教育繁荣发展，同时也使我国建立起一种动态的比较优势，那就是人口教育的增加，使国家能够随着时间推移向更复杂的产品、服务和活动迈进，从而进一步提升我国在世界经济中的地位。[①] 但是，不同阶段教育发展成果对区域经济增长明显的促进作用也有差别，主要表现为：高等教育对区域经济增长的贡献率最大；中等教育对区域经济增长的贡献水平及其增长，在空间上表现为高水平区域倾向于集聚在一起；初等教育对区域经济增长的贡献水平空间分布无明显规律。[②] 另一项基于我国面板数据的研究指出，如果以受教育年限长短作为划分的依据，把教育分为初级教育（小学和初中）和高级教育（高中及以上），那么虽然不同级别教育都能促进经济增长，由于它们促进经济增长的方式不同，使得在我国现阶段的社会经济结构中，初级教育对经济增长的作用大于高级教育；与此同时，高级教育对中西部经济增长的促进作用大于东部。[③] 近年来，随着我国整体发展理念的转变，教育发展观也从数量转向质量的内涵发展观，识字人数，就业率、完成率这些指标已不能很好地代表教育成果，

　　① Becker G. Growing human capital investment in China compared to falling investment in the United States［J］. Journal of Policy Modeling，2012（34）：517 – 524.
　　② 王家庭. 教育对我国区域经济增长的贡献——基于31省区面板数据的实证研究［J］. 复旦教育论坛，2013（3）：30 – 36，42.
　　③ 黄燕萍，刘榆，吴一群等. 中国地区经济增长差异：基于分级教育的效应［J］. 经济研究，2013（4）：94 – 105.

教育质量被作为一个重要的教育成果指标。教育投入需转化为教育质量，才能有效产出高技能劳动力，从而拉动经济增长。以标准化考试成绩度量教育质量，则教育对经济增长有显著正效应。[①] 在我国，若以小学生师比来衡量，则教育质量和区域经济增长之间存在显著正相关关系。[②]

综上所述，教育通过促进劳动者素质提升、产生知识外溢作用，促进宏观经济增长，教育和知识技术是经济长期发展的动力。教育投入和宏观经济增长密切正相关。不同类型的教育在不同地区作用不同，各级各类教育发展对宏观经济的影响也不尽相同。贫困地区急需加强教育、提升人力资本，提升本地区发展的内生动力，拉动经济的发展。在这个过程中，公共教育投资对贫困地区的作用巨大，并且初等教育和中等教育对贫困地区的推动作用比经济发达地区更加明显，同时需要看到高等教育对地区经济的推动作用总体显著。除注重教育投资以外，切实将倾斜的教育投入转化为教育质量提升和教育成果产出，是当前促进贫困地区教育与经济互动关系良性发展的重点。

---

① Hanushek E, Kimko D. Schooling, labor-force quality, and the growth of nations [J]. American Economic Review, 2000 (5): 1184 – 1208.

② 余靖雯. 政府教育投入、非政府教育投入和经济增长 [J]. 浙江社会科学, 2012 (6): 4 – 14, 156.

第四章　教育反贫困功能的
　　　　实现方式

　　功能的考察有两个基本方面。一方面，功能与目的、价值紧密相连，这在前文已经进行了阐述。功能分析被作为一种目的论的研究方式，社会系统的功能是在它的某种社会目的的联系中得以确认的，一项社会活动就是通过考察它要达到的目标或目的而得到解释。① 目的是社会行动的四个基本要素之一。② 另一方面，功能分析指向客观效果。这是社会科学研究的基本方法。在功能分析中，客观效果的概念涉及正功能和负功能、显功能和潜（隐）功能、功能和非功能、多重后果等经常被人使用的概念。③ 在考察社会系统的客观效果时要注意区分目的和功能。功能是一种抽象的描述，认识功能需还原到社会系统中去。虽然和人们的动机、和社会历史相关，但分析社会系统的功能应该到社会系统同社会其他部分的联系中去寻找。④理解和考察教育的功能，不能将教育系统从社会中割裂开来，教育作为子系统，其功能是教育对于一个它所属的更为广大的体系来说所具有的、被断定的客观结果。教育功能产生于教育子系统与社会其他子系统的交互过程中。考察教育具有反贫困功能，要还原到具体的教育反贫困实践中去，要观察和理解教育系统在反贫困实践中与社会其他子系统的相互关系。

　　总体上，本书认为，第一，教育的反贫困功能是实现了的；第二，教育的反贫困功能的实现中还存在多种问题，其功能实现并非完全充分，必须优化。

　　本章将说明，在我国的教育脱贫攻坚中，教育的反贫困功能以特定的方

93

---

　　①④　J. 威尔逊，罗述勇. 功能分析介绍［J］. 国外社会科学，1986（10）：63 – 65.

　　②　［美］塔尔科特·帕森斯. 社会行动的结构［M］. 张明德，夏翼南，彭刚，译. 南京：译林出版社，2003：49 – 50.

　　③　［美］罗伯特·金·默顿. 社会理论与社会结构［M］. 唐少杰，齐心　等，译. 南京：译林出版社，2008：151 – 158.

式得以实现，这也说明了教育反贫困是可实现的，实现路径由教育本身的规律决定，受到多种社会因素的制约。

第一节　调查设计

一、调研概况

本书选取了云南省 3 个贫困地区作为调研区域，总调研时间为 3 个月。其中，集中调研时间是 2016 年 7 月、2017 年 7 月和 2018 年 10 月；并有不定期前序和后续采访通过电话和网络持续进行，时间未累计在 3 个月调查期之内。

三个调研区域中，H 州和 L 县为自然资源较为丰富的集中连片贫困地区，N 州为自然资源较为匮乏的深度贫困地区。三个地区都是民族地区，但不是单一民族地区，呈多民族杂居状态。H 州主要作为前期考察对象，L 县和 N 州的考察材料在本书中呈现较多。

选取的三个地区在本书中均为具有典型特征的区域个案。首先，三个地区均属于国家划定的 14 个集中连片特困地区，是国家扶贫开发工作重点地区，其中 N 州是"三区三州"深度贫困地区，脱贫攻坚任务均比较艰巨。其次，三个地区都是教育薄弱地区。虽然新中国成立之后这些地区教育发展巨大，但横向比较的话，当地还存在教育普及程度低、人口素质低、入学率低、控辍保学压力大等问题。最后，三个地区在教育扶贫方面的做法有所差别。"三区三州"中的 N 州，教育扶贫政策力度最大；其他两个地区相较而言教育在反贫困实践中比重相对较轻，有利于在三种状况之间形成比较。

除调研地点具有和本书问题较为契合的典型性特征以外，可获得性、可进入性也是选择这三个地区作为调查点的重要原因。

具体而言，调查点涵盖了 H 州 2 个县的 2 个乡、L 县 3 个乡、N 州 2 个县的 5 个乡下辖多个村寨的家户和教育机构，相应县级、市级的部分典型教育机构和扶贫机构也在调查范围之内。在调查材料中均不呈现具体地名，而以编码方式呈现。

二、调查工具

以观察和访谈为主要的调查手段。调查的内容包括当地的教育扶贫政策、政策执行、基层具体做法、教育发展状况、教育扶贫特殊性、当地教育扶贫的已有成就、目前教育扶贫中的突出困难，并采集了不同角色对教育扶贫的想法、期待和展望。访谈提纲围绕调查核心内容开展，并注重收集预期之外的相关内容。

对不具备条件进行深入访谈的被调查者，使用问卷进行基本信息的收集。问卷主要采集的是调查对象的感受和想法，包括对贫困现状的认知、对教育态度等。问卷问题相较于访谈内容范围更窄。问卷问题的生成基于对研究主要内容的分解，在课题前期调查研究进行修正；经过修改后的问卷通过逻辑分析法检核其有效性，以使问卷能够体现调查的核心议题。问卷不是高度数量化的，而是带有质性的特征，后期数据处理以比例、频数等呈现应答者的某些集中趋势，主要作用是为质性材料提供一种佐证。低年级学生问卷和相当一部分民族地区贫困家长不能自行填写问卷，采用他填的方式；其余调查对象采用自填的方式。

除访谈和观察中获取到的内容以外，调研中还收集了当地政府机构、学校组织等以及受访者愿意提供的文件、报告、评估材料、教师笔记等文本材料、图片材料等二手资料作为有效补充。

三、调研对象概况

调查的机构对象包括政府、教育局、扶贫办、人社局、职业教育机构、州市县乡不同级别和类型的中学、乡小学、村小、幼儿园（包括学前班）和家户，调查的对象主要是行政人员、学校管理者、教师、学生、家长、农民工、培训师、帮扶人员。总体个案 127 个，有效问卷 381 份。调查对象的人口学分布如图 8 和图 9 所示。

对调查对象的人口学特征进行如下几点说明。第一，总体调查对象中男性较多，有以下几个原因：一是家长报告人以"一家之主"的父亲为主；二是行政人员、学校管理人员中男性偏多，特别是担任公职的人员，男性远多于女性；三是在调查期间农民工培训的课程安排是以男性为主的建筑工、电工等。第二，年龄组中，最小的调查对象为 7 岁，最大的为 60 岁。7 岁以下的儿童和 60 岁以上的老年人很少在采访中直接发声，原因一方面是这两个年龄段的人群很少和外界打交道，另一方面是当地日常交流以少数民族语言为主，学习汉语的关键阶段是幼儿园和义务教育中的一二年级，因此，年龄过小的儿童和年龄很大的老人很难与调查者形成有效交流。

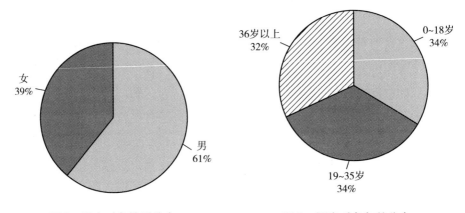

图 8 调查对象性别分布   图 9 调查对象年龄分布

注：年龄段划分目前无统一标准。此处根据教育不同阶段的特点以及《中长期青年发展规划（2016－2025 年）》对青年的定义（14～35 岁）、《中华人民共和国劳动法》对劳动力规定（年满 16 周岁至退休年龄）来划分年龄段。

第二节　分析框架：教育、贫困与劳动的时间差

　　教育反贫困领域存在三个紧密关联的状态和活动，这就是贫困、教育和劳动。它们在反贫困中形成辩证互动关系，都具有鲜明的时间特征。下文根据贫困、教育和劳动三种活动在人一生中的时间变化，分析整理三种活动的时间特征，并以三者交织的时间关系为框架分析教育反贫困功能的实现。

一、贫困的时间特征

　　贫困的时间特征表现为贫困的动态性，有长期贫困和短期贫困之分，在

本书第一章已进行过阐述。对贫困动态性的认识，揭示了反贫困的可能性。长期贫困一开始被世界银行用于描述一些经历了长期反贫困斗争仍旧处于极端贫困的人群。① 把鲍奇和霍迪诺特的动态贫困理论框架与消费水平结合，贫困被划分为始终贫困、经常贫困、波动贫困、偶尔贫困和从不贫困几种类型。② 其中，偶尔贫困和波动贫困被叫作暂时贫困，经常贫困和始终贫困属于长期贫困。反贫困关注的主要范围是始终贫困、经常贫困和波动贫困。暂时贫困覆盖面最广，但是长期贫困最难解决。暂时性贫困表现为在贫困线上下反复波动，表现为即使暂时脱贫，也存在极大的脆弱性，返贫风险高；或现在不贫困，但是可能在未来的某个时间里又陷入贫困。长期贫困是我国精准扶贫的重点，具有贫困持续时间长、代际传递、脆弱性这几个长期贫困特征③的脱贫群众也最易返贫。5 年被确定为"长期"的标准。④ 极端的长期贫困是贫困代际传递，甚至多代传递。我国收入徘徊在贫困线上的群体在数量上远大于贫困群体与长期贫困群体。⑤ 这部分人是我国稳固脱贫成果阶段的反贫困重点。特别严重的自然灾害、不利的政治社会经济因素、落后的区域文化和家庭教育都被认为是长期贫困的原因。我国历史上曾有大面积的长期贫困人群，主要是不利的政治社会经济因素造成的。改革开放之后，我国社会经济政治环境得到很大改善，40 余年来实现了 7 亿多人脱贫的成就。除少数丧失劳动力的人群以外，大部分长期贫困人群的出路，不能仅靠物资支持和福利制度简单解决。

二、劳动能力的时间特征

人的劳动能力的时间特征表现为人在一生中劳动能力随年龄的增长而衰减。从法律上来说，人的劳动权利始于自然人达到法定最低就业年龄且接受完法定年限的义务教育。在我国，这就是初中毕业之后并且年满 16 周岁。⑥

---

① 世界银行 . 1990 年世界发展报告 ［M］. 北京：中国财政经济出版社，1990：29 - 38.

② Jalan J, Ravallion M. Geographic poverty traps？A micro model of consumption growth in rural China ［J］. Journal of Applied Econometrics，2002（4）：329 - 46.

③ 王卓 . 论暂时贫困、长期贫困与代际传递 ［J］. 社会科学研究，2017（2）：98 - 105.

④ Hulme D, Shepherd A. Conceptualizing chronic poverty ［J］. World Development，2003（3）：403 - 423.

⑤ 廖君芳，霍鹏，崔海兴 . 暂时贫困人口问题研究 ［J］. 中国农学通报，2014（35）：297 - 303.

⑥ 《中华人民共和国劳动法》第三章第十五条。

法律上规定的劳动能力终止于法定退休年龄，目前我国主要执行男性60周岁、女性55周岁退休的制度。但人实际的劳动能力并不像法律所规定的这么整齐，实际上这是一种因人、因境况而变化的能力（见图10）。

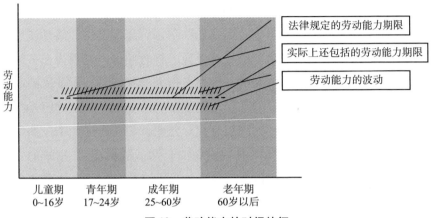

图 10　劳动能力的时间特征

注：人生阶段的划分目前无统一标准。根据心理学个体发展的相关理论，结合教育不同阶段的特点，以及《中华人民共和国劳动法》对劳动力规定（年满16周岁至退休年龄），对人生阶段进行一个模糊的划分。此处为示意图，而非精确的测量图，图中曲线未经过严格的量化，不体现函数关系。图11、图12同。

人的劳动能力受人体力和脑力的综合作用，在人的终身发展中，根据不同年龄阶段生理和心理的不同发展而变化。从一般意义上来说，人在童年时，活动能力不强，活动范围较窄；到了青壮年时期，人的经验逐渐丰富、精力充沛，其活动空间大大拓展；进入老年期之后，体力和各种活动能力减弱，人的活动范围又相对缩小。一部分人在16岁以前，已经通过一些劳动进行少量和间接的生产，这在贫困地区的少年中比较普遍，例如儿童在家庭劳作中帮助喂养家禽家畜、帮助春耕秋收等，实际上已经具备法律所规定的劳动能力且能在家庭收入中做出贡献。还有一部分人在法定年龄之后，仍旧通过各种劳动机会创造价值，这不仅在贫困的老年人中存在，在非贫困人群中也存在。贫困地区的老年人在60岁以后，依然放牛放羊，看护果林，照顾家畜，这在本书调研对象中很常见。另外，60多岁的高龄农民工，依然在建筑工地、清洁、保安等岗位上工作，也被笔者走访到。在非贫困人群中，如高级知识分子群体中，60 岁以上的劳动者也比较常见。因此，在图 10 中，实线代表了法律上规定的劳动能力时间，但实际中，16 岁以前的一段时间、60 岁以后的一段时间，都是人们具有劳动能力发挥劳动价值的时间。个体的劳动能力和身体、智力、受教育情况密切相关，因此个体劳动能力是不同的。

三、教育的时间特征

教育的时间特征，首先指人的受教育行为随着时间变化而变化。人的一生中接受的教育具有时间性。儿童期和青年期是接受教育的高峰期，进入成年期之后，大量时间接受专门教育的行为逐渐减少。人的受教育程度以成年以前接受的教育为主要表征，以学历为主要标志。学历是人们接受正规教育的经历。在当今社会，学历是衡量一个人文化知识水平的主要标志，它在一定程度上表示了人们受教育的程度、类型和专业等。图 11 表示了这种受教育的时间趋势。

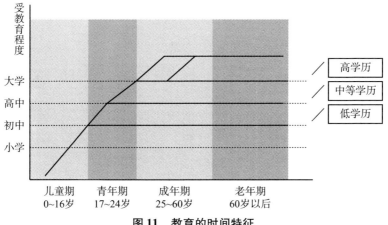

图 11　教育的时间特征

在我国现行教育体制下，几乎所有人都在 16 岁以前完成初中教育，相当大的一部分人 20 岁以前完成包含中等职业的高中阶段教育。这个年龄段是人们集中接受教育的时期。初中以后，一部分人继续受教育，一部分人进入劳动力市场。24 岁以后，大部分人停止集中接受专门的学历教育进入劳动力市场，只有少部分人继续接受教育。所有停止学历教育的人，都有可能在离开学校之后接受形式多样的教育，可能是职业技能培训，也可能是形式松散的其他成人教育。绝大部分人在成年期的中期以后，不再接受学历教育，而以职业和兴趣爱好为主导的成人教育、自我教育为主；也有相当一部分人不再接受教育。在老年人的人口学特征中，受教育状况通常指在青年时代受的教育；进入老年期以后，经济状况与早年的教育程度相关。①

　　教育的时间特征还表现为教育的投入随时间分布不同。教育需要投资，受教育程度越高，投资越多。人一生中的教育投资累积起来，总体上呈现青年期以前急剧增长，青年期以后缓慢增长或不再增长的趋势。图12显示了三种模式的教育投入。第一种是短时间、低投入的模式。这种模式下，教育集中投资阶段结束早，如初中之后就不再投入，总体教育投入低；个体早早进入劳动力市场之后，教育投入的少量增长可能由偶尔的劳动技能培训产生。低学历者能够参与的通常不是高技术含量的劳动技能培训，其培训花费较少，后期教育投入也较少。第二种模式是长时间、高投入的模式。这种模式下，学历教育时间较长；并且在学历教育不同阶段中，相比中等以下教育，高等教育费用更高、投资更多，所以中等教育之后教育投资急剧增长；选择接受

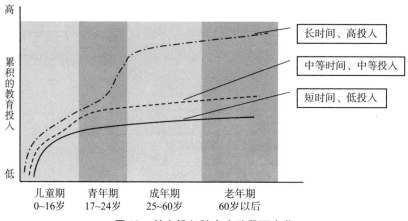

图12　教育投入随人生阶段而变化

①　Lee S Y, Chou K L. Trends in elderly poverty in Hong Kong：A decomposition analysis［J］. Social Indicators Research，2016（2）：551－564.

高等教育的人，一方面具有自我教育的习惯，另一方面他们所从事的工作面临更多挑战，在学历教育之后更大可能性继续投资教育提升自身能力，因此学历教育之后的教育投资也将持续累积增长，但幅度缓和。中等时间、中等投入的模式介于两者之间。需要说明的是，这里仅讨论了教育投资的模糊变化，是一个总括的印象，并非精确的计量。

如果考虑教育投入的主体，就会发现教育投入存在一个代际时间关系，即无论采取哪种投入模式，都是在人生早期有密集、大量的投入，但是儿童在成年以前很少甚至完全不进行生产劳动获得收益，无法为自己的教育进行投资，所以这种投入是由上一代完成的。而子代通过教育获得人力资本，在成年后的劳动中获得收益，将为他的下一代进行教育投入。这就是人类教育活动的代际时间特点。在同一代内进行的教育投入，是成年之后对自己进行技能培训、兴趣爱好、自我提升的教育投入。

教育的产出或回报，不仅仅可以通过教育提高人的劳动能力方面进行衡量，还可以满足个体求知欲，促进个体成长带来成就感，规范和引导个体行为，增加个体生活的科学知识生活技巧等。但是，基于本书探讨的核心问题，即教育的反贫困功能问题，这里仅探讨教育促进人的劳动能力提升、通过劳动生产、产生收益和回报问题。

结合劳动力的时间特征，教育产出有这样几种可能的简化模式（见图 13）。第一种是低产出模式。受教育程度低的个体虽然进入劳动力市场的时间较早，但由于文化和技能较低，劳动收入通常也较低；随着工作经验累积以及可能在工作中接受职业技能培训，劳动收入随着时间有所增加。但是，低技能劳动力在当今迅速变化的社会中，具有很大的脆弱性。技术含量低的劳动力在技术发展中最容易被淘汰，因此，低技能劳动力可能在职业生涯中某个时刻，遭遇技术变革或者生产模式变革，突然失业而陷入贫困，表现为劳动收益突然下降，教育产出不再持续，如图 13 中突然下沉的虚线所示。另一种情况是，由于低技能劳动比较容易造成机体损耗，而身体受年龄影响较大；同时，低教育水平劳动力后续自我提升的空间更有限，因此劳动收入可能会在一定年龄之后逐渐减少，在图 13 中表现为中间的下降曲线。第二种典型模式是高产出模式。这是指受过较高水平教育的个体成为高文化水平和高技能含量的劳动力，比较容易获得高收益工作，因此教育带来的劳动收益起点较高；但由于前期接受教育需要大量时间，导致教育的劳动产出开始较晚。在晚年，这种以脑力为主的高智力成分和高教育水平的人群其劳动能力更有可能持续下去，所以可能由教育带来的劳动收益更加持久。但是有关教育收益的稳定性研究指出，教育投资虽然有利可图，但教育收益的不确定性却随着教育水平的增加而增加，并且女性的不确定性高于男性。[①] 因此，用一块阴影表示这种逐渐增加的教育收益不确定性。第三种中等产出模式居于以上两种模式之间。本书更多关注低教育水平的低产出和强脆弱性模式，因为通常贫困人群是低教育水平人群。

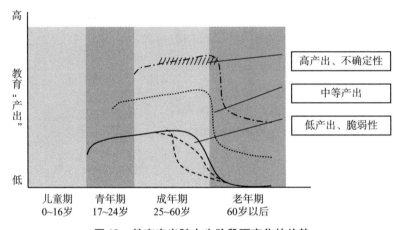

图13　教育产出随人生阶段而变化的趋势

值得注意的是，在以上三个简化模式中，均采用了工作经验随着时间而累积，对劳动报酬有正向作用的假设。但实际上并非一直如此。在有些工作中，随着年龄增长，所谓经验的累积并不会提高劳动报酬，反而会增加失业风险。也有研究极端地基于教育收益是边际递减的假设，认为在一生中，教育收益随着年龄增长而不断降低。本书采用年龄增长会促进劳动报酬增加的假设，主要从教育活动的多样性考虑：如果在劳动生产的过程中，个体对自身持续进行劳动技能和个人素质的教育投资，更有可能随着年龄的增长而提

---

① Mohapatra S, Luckert M K. Uncertain educational returns in a developing economy [J]. International Journal of Educational Development, 2012 (4): 590 – 599.

升劳动收入。如果从代际角度讨论教育产出的时间性，则同样可以看到，这个产出和收益不止用于同一代人，还将用于对下一代教支出。这与教育投入一起，形成了一个代际的时间特征。

以上对贫困、劳动、教育的时间特征的探讨，为方便呈现，采用示意图对时间这种"序列"的特点进行了刻画。但是这些简化的模型并不能展现所有情况，也并非数理模型的拟合结果，仅突出了本书要阐述的核心问题，即人一生中在贫困、劳动、教育三者的互相作用中表现出来的主要时间特征。三者之间，贫困可能带来营养不良或者无法进行智力投资，造成劳动能力低下，从而无法创造更多的财富；上一代贫困形成家庭贫困可能造成下一代的教育缺失或不足，也可能造成同一代的教育不足，教育不足使人力资本缺乏，劳动能力回报降低，进而缺乏摆脱贫困的能力。

在教育、劳动能力和贫困三者关系中，存在一个时间差，即接受教育、劳动能力提升、劳动产出、贫困改善不一定同步，存在一个甚至是代际的时间差。贫困、劳动和教育之间互相影响的辩证关系为本书后面的进一步讨论提供了基础。

第三节　教育实现反对当下贫困的功能

教育反对当下贫困，是指贫困人群因为进入特定的教育机构参与特定的教育活动，而脱离当下的贫困状态。教育机构的这种作用，是由于人们对教育发展重要作用的认可，因而赋予教育机构一定的特殊地位和权利，由一定的社会制度所支撑。在我国当前的制度和政策体系中，很多情况下，贫困人群参与教育活动便可改变当下的生活状态，即脱贫。以下以贫困地区的不同阶段教育作为典型案例进行说明。

一、义务教育实现反对当下贫困功能

贫困儿童进入义务教育体系，基本可以摆脱当下的贫困状态。这对于深度贫困地区意义重大。贫困儿童进入义务教育体系，指儿童在法律规定的年龄阶段，必须进入义务教育学校，就读小学或者初中，家庭无须为儿童支付

学费和杂费。① 根据国家相关政策，贫困家庭儿童接受义务教育，享受免除教科书费、补助寄宿生生活费，以及其他一些地方性的贫困家庭教育资助政策。贫困家庭儿童入学即可摆脱贫困状况。前文已经阐述，儿童本身不具备生产劳动能力，他们的贫困状况以家庭为单位进行衡量，取决于父母和其他抚养人的劳动能力和经济状况。儿童进入义务教育学校之后，其实际的生活状态不再完全由家庭决定，而很大程度上取决于学校提供的各类生活条件。因此，本书不用贫困线标准来衡量儿童贫困状态的改变，而以我国当前执行的"两不愁三保障"作为基准，考察贫困儿童进入学校之后的生活状态改善情况。"两不愁三保障"是指不愁吃、不愁穿，义务教育、基本医疗和住房安全有保障。② 一些地区根据地方环境特点，增加了饮水安全保障。显然，贫困儿童进入中小学接受义务教育，"三保障"中的"保障义务教育"这一条便已满足。下面讨论"两不愁、三保障"的其他方面满足情况。

首先，学校提供贫困学生的住房安全保障。学校是一种特殊的环境。在我国，很多农村学校都同时具备教学和生活的双重功能。除休息日和假期以外，很多学生在一年中的大部分时间都在校园中学习和生活。对学生而言，校园生活是他们生活的绝大部分。从物理环境来说，我国义务教育学校按照一定标准建立。《中小学设计规范》《农村普通中小学校建设标准》等规定了学校环境设计和建设标准。其中，"安全"是学校设计的第一准则："校园本质安全，师生在学校内全过程安全"，学校的安全设计包括"教学活动的安全保障、自然与人为灾害侵袭下的灾备条件、救援疏散时师生的避难条件等"。③ 农村中小学建设要以安全和功能为学校的总体规划前提。④ 在此前提下，对学校的防火、防灾、安防、通行安全、餐饮设施安全、环境安全，以及校舍面积、日照、密度、各类设施配备等都做了详细规定。这些规定使学校不仅满足教学需要，还要以人为本，保障学生在学校能够身心健康成长。

---

① 见《中华人民共和国义务教育法》第一章。

② 中共中央国务院. 关于打赢脱贫攻坚战的决定［Z/OL］.（2016 - 12 - 03）［2019 - 01 - 20］. http：//www. cpad. gov. cn/art/2016/12/3/art_46_56101. html.

③ 中华人民共和国住房和城乡建设部. 中小学校设计规范：总则（GB 50099 - 2011）［S］. 北京：中国建筑出版社，2011：1.

④ 中华人民共和国教育部，中华人民共和国住房和城乡建设部，中华人民共和国国家发展和改革委员会. 农村普通中小学校建设标准：第一章 建标 109 - 2008［S］. 北京：中国计划出版社，2008：6.

贫困地区学校建设中，这些标准可以说是被严格遵守的。贫困地区学校一度存在环境不安全、校园环境质量较差、办学条件差的情况。但是近年来随着《国家教育事业发展"十一五"规划纲要》（教育部，2007 年）、《国家中长期教育改革和发展规划纲要（2010－2020 年）》（国务院，2010 年）、《关于深入推进义务教育均衡发展的意见》（国务院，2012 年）、《全面改善贫困地区义务教育薄弱学校基本办学条件的意见》（国务院，2015 年）、《关于印发全面改善贫困地区义务教育薄弱学校基本办学条件底线要求的通知》（教育部、国家发展改革委、财政部，2015 年）等文件颁布和实施之后，农村地区特别是贫困地区的薄弱学校环境得到了迅速改善。在本书调查所涉及的深度贫困地区，学校建设得到了极大发展。即使是脱贫攻坚的硬骨头"三区三州"地区，调查对象 N 州截至 2017 年底义务教育学校总体达标率已达 95.45%。① 很多学校正在建设住宿楼、花园绿地、足球场等。其中，教室、住宿和食堂的改进最为明显（见图 14、图 15）。这说明，学校环境保障基本实现，并且越来越好。学生、家长和教师的访谈中，也可以看到他们认可这样的成就（访谈记录略）。

图 14 干净整洁的学生宿舍

资料来源：笔者拍摄于"三区三州"某乡完小。

---

① 数据来源为 N 州教育局 2017 年总结。

图 15　在极其有限的空间里见缝插针布置运动器材

资料来源：笔者拍摄于"三区三州"某乡中学。

　　可见，学生在学校生活，住房安全得到了保障。除安全的学习、生活住房条件以外，学生学习与生活的环境功能相对齐全、资源相对丰富，有利于学生身心发展和健康成长。除教学环境、住宿环境和食堂环境得到保障以外，校园环境布置和美化也有很大提升。校园环境建设方面，宣传墙、展示廊、校园美化等完成度很高，即使在运动场地暂时不能达标的学校，多样化的体育设施也在条件允许的情况下先行布置。调查中还注意到，贫困地区各中小学都按照国家规定配备了符合卫生标准的饮用水，一部分学校能够全天不间断提供开水。学习和生活环境不仅是安全的，而且有利于学生身心发展和健康成长，达到了"住房安全"这个指标的真正意义。居所安全的意义不在居所本身，而在于人的安居。学生的安居就是能够安全健康的学习、成长，可以说学校环境不仅很好地满足了"住房安全"保障，还超越了安居保障的最低要求，满足了更好发展的需求。

其次，在学校学习生活的学生不愁吃不愁穿。作为脱贫指标的"不愁吃不愁穿"，不是指衣来伸手饭来张口，而是指不需要忍饥挨饿，不需要为下一顿在哪里而经常发愁。这在贫困地区日常生活中已经基本得到满足。在本书进行的所有调查中，没有发现、听闻任何一起贫困群众忍饥挨饿的案例。村干部访谈中也都表示，"老百姓早就没有饿死冻死的情况了，饭没有、衣裳没有（这种情况）是多少年前的事了。"（干部访谈记录 FGC923）而学生在学校里，即使家庭经济情况确实差，来到学校里也能够不愁吃不愁穿。

饮食方面，主要是通过 2011 年颁布的《国务院办公厅关于实施农村义务教育学生营养改善计划的意见》得到保障。《营养改善计划》规定，"中央财政按每生每天 4 元标准（全年按 200 天计算）给予营养膳食补助""对农村义务教育阶段家庭经济困难学生，按照小学年生均 1000 元，初中 1250 元的标准给予生活费补助"。① 在随后发布的一系列相关细则中，进一步规定了营养餐的供应、管理、保障等标准，使《营养改善计划》得以进一步落实。例如，规定了供餐"必须符合有关食品安全标准和营养要求，确保食品新鲜安全。供餐食品特别是加餐应以提供肉、蛋、奶、蔬菜、水果等食物为主，不得以保健品、含乳饮料等替代"，规范"食品采购、贮存、加工、留样、配送等环节的管理"，② 使得《营养改善计划》成为一个被严格规范并严格执行的政策，迅速地改善了贫困地区儿童在学校就餐质量。《营养改善计划》颁布之后，覆盖学校共计 13.7 万所，惠及学生超过 3360 万人，产生了积极而显著的效果：营养改善计划实施地区学生上学饿肚子、吃冷饭现象已经基本消除，2015 年男生、女生各年龄段的平均身高比 2012 年高 1.2～1.4 厘米，平均体重多 0.7 千克和 0.8 千克，贫血率从 2012 年的 17.0% 降低到 2015 年

---

① 中华人民共和国国务院：《关于实施农村义务教育学生营养改善计划的意见》。

② 中华人民共和国教育部，中国共产党中央委员会宣传部，中华人民共和国国家发展和改革委员会，中华人民共和国监察部，中华人民共和国财政部，中华人民共和国农业部，中华人民共和国卫生部，中华人民共和国审计署，中华人民共和国国家工商行政管理总局，中华人民共和国国家质量监督检验检疫总局，国家食品药品监督管理局，国务院食品安全委员会办公室，中国共产主义青年团中央委员会，中华全国妇女联合会，中华全国供销合作总社．教育部等十五部门关于印发《农村义务教育学生营养改善计划实施细则》等五个配套文件的通知［Z/OL］．（2012－06－14）［2019－01－20］．http：//www. gov. cn/zwgk/2012－06/14/content_2160689. htm.

的 7.8%，① 生长迟缓率呈下降趋势。② 调查中，学生普遍表示对在学校吃饭"吃得饱""（学校的饭）好吃"，还有少量学生表示学校的饭菜"比家里的（种类）变化多""饮食吃的可以，肉天天都吃的，菜里面油渣渣很多。有的同学吃腻了，我们就是每次放假那一天煮米线。"（教师访谈记录 ALD212）所有被访谈的家长都表示对孩子在学校吃饭感到放心。

穿衣方面，目前我国尚未对校服有硬性规定。在很多贫困地区的学校不实行校服制度，这通常出于经费紧张的考虑。但是儿童缺少衣物的现象确实已基本消失。在现行的贫困生资助政策体系下，确有困难的儿童可以从多个途径解决穿衣问题。以本书的调查点之一"三区三州"某民族自治州 N 州为例。除义务教育阶段所有学生全部享受"两免一补"和营养改善计划外，全部普通高中在校生享受免学费和免教科书费，普通高中寄宿生享受免住宿费，其中建档立卡户学生享受生活补助；全部中职在校生免学费并补助生活费。除此以外，还针对不同学生的贫困情况，有人口较少民族补助、家庭经济困难生活补助、国家助学金、省优秀贫困学子奖学金、"雨露计划"、中央彩票公益金"滋惠计划"，以及各类企业和个人资助项目等。在国家倡导的大扶贫格局下，贫困学生可以利用多种资助解决生活上的困难。

最后，学校满足贫困学生基本医疗保障。一方面，贫困学生根据国家政策购买学生医疗保险。中小学生医疗保险费在政策上是由国家分担大部分，学生家庭承担小部分。目前学生医疗保险已经发展为综合险。在调查对象"三区三州"地区的 N 州，贫困学生家庭承担的综合保险费用部分，已经根据扶贫政策由学校承担。也就是说，贫困学生一旦入学，就享有包含基本医疗保险在内的综合保障。另一方面，贫困学生在学校中更易享受到医疗服务。根据国家相关政策要求，"寄宿制学校必须设立卫生室，非寄宿制学校可视学校规模设立卫生室或保健室"，并且"寄宿制学校或 600 名学生以上的非

---

① 中华人民共和国教育部. 农村义务教育学生营养改善计划实施情况［R/OL］.（2016 - 12 - 29）［2019 - 01 - 20］. http://www.moe.gov.cn/jyb_xwfb/xw_fbh/moe_2069/xwfbh_2016n/xwfb_161229/161229_sfcl/201612/t20161229_293384.html.

② 邓竹娟，茆广绪，王毓君，刘丽，陈淼. 湖南省农村义务教育学龄儿童实施"营养改善计划"后营养状况评价［J］. 中国当代儿科杂志，2016（9）：851 - 856.

寄宿制学校应配备卫生专业技术人员。卫生专业技术人员应持有卫生专业执业资格证书"。① 即使目前很多贫困地区学校还不具备这个条件，但是大部分学校正在积极争取达到这个标准。

学校有医务室但没有医生，现在学校最缺一个医生。（校长访谈记录LMZ101）

学校有医务室，目前还建设了一个专业的心理咨询治疗室，里面配备了比较专业的（矫治）设备，但是没有专业的教师会使用。目前心理咨询教师是兼职的年轻教师。（走访记录XSN204）

可见，学校的医疗条件正在迅速改善中。即使在卫生室建设还不齐备或医生配置还不齐全的学校，贫困学生也能更便利地享受到医疗服务。乡村学校，特别是小学，主要坐落在乡镇中心这样交通区位优越、经济发展水平较高、其他设施条件比较齐备的地区。② 学生寄宿在这些学校中，一旦发生紧急生病情况，相比起几十公里以外的家庭所在地，能更快地得到及时检查和救治。从这一点来说，在特别贫困的地区，学校方便了学生的医疗。

学校的医务室是一个（扶贫）项目计划建的。最缺的就是医生。有的时候学生生病了，班主任要连夜送去医院。（教师访谈记录NLM123）

调查中走访的很多学校，到乡镇卫生院距离在十几分钟或半个小时的路程之内。乡村医疗水平质量如何，不在本书探讨范围，但是在当前农村所能达到的医疗水平和可获得的医疗服务基础上，在校学生可以较为方便地获得医疗服务。

从以上分析可以看出，贫困儿童进入学校接受义务教育，便可在当下指标中实现个体脱贫。通过进入学校接受教育从而摆脱当下的贫困状况，对贫困儿童具有重大的意义，可以从以下两方面阐述。

一方面，改变了贫困儿童当下的生活。儿童在学校中生活学习，通过学校创造的物理和文化环境，经由学校这一特殊的专门机构执行政策、提供保

---

① 中华人民共和国教育部，中华人民共和国卫生部，中华人民共和国财政部. 国家学校体育卫生条件试行基本标准［S/OL］.（2008 – 06 – 09）［2019 – 01 – 21］. http：//old. moe. gov. cn/public-files/business/htmlfiles/moe/s3273/201006/xxgk_88635. html.

② 赵晨旭，邵景安，郭跃，徐新良. 山区乡村学校空间格局演变特征及发展水平［J］. 地理研究，2016（3）：455 – 470.

障、汇集社会资源，弥补了家庭无法为儿童提供的生活资料和文化资源，暂时脱离了家庭的贫困生活环境，虽然与家庭一定程度的脱离也带来了其他的一些问题，但就反贫困而言，儿童通过入学学习，已经脱离了当下贫困。贫困儿童大部分时间都在学校里度过，不仅得到了基本的安全健康的生活环境和物质生活保障，还在一定程度上转换了文化氛围，离开贫困文化的包围。贫困文化指一种在特定历史和社会空间结构中，在穷人群体中所共享的文化，这种贫困文化区别于主流文化，表达了穷人在阶层社会的底层和边缘的一种生活方式。① 贫困地区文化似乎也存在着一种自给自足的观念，表现为没有积极主动和强烈的向上流动或者脱贫致富意愿。贫困文化使穷人陷入"自我设限"，容易扼杀他们行动的欲望和潜能。② 与刘易斯观察到的现象③不同，本书的调查中很少能看到贫困人群因自己群体的文化而感到骄傲自豪的情况。但可以用刘易斯的理论解释的是，这种边缘而封闭的贫困文化具有代际传递特征，作为一种生活方式的贫困文化可以再生产贫困。儿童长期生活在贫困环境中，容易受到贫困文化的影响。学校作为一个具有相对边界的空间，能够一定程度上使儿童远离贫困文化，增加摆脱贫困文化的可能性。

另一方面，儿童贫困的改善对他们的未来发展影响深远。如果儿童的家庭是贫困甚至是深度贫困的，且短期之内无法得到有效改善，那么儿童将长期处于贫困之中。诸多研究已经表明，儿童处于特殊的身心成长关键期，贫困对儿童当下生存和未来发展影响巨大，贫困发生时间越早、持续时间越长，其负面影响越大。④ 长期贫困儿童比短期贫困儿童的发展环境和发展结果都更差。⑤ 长期贫困对人的能力和成就都有显著影响，童年期的长期贫困对认知能力发展影响更大，而青春期的长期贫困对人的成就影响更大。⑥ 这些负

---

① Lewis O. The Culture of Poverty [J]. Scientific American, 1966 (4): 19 – 25.

② 王兆萍. 贫困文化的性质和功能 [J]. 社会科学, 2005 (4): 125 – 128.

③ [美] 刘易斯 (Oscar Lewis). 桑切斯的孩子们: 一个墨西哥家庭的自传 [M]. 李雪顺, 译. 上海: 上海译文出版社, 2014: 14.

④ Chaudry A, Wimer C. Poverty is Not Just an Indicator: The Relationship between Income, Poverty and Child Well-Being [J]. Academic Pediatric, 2016 (3): S23 – S29.

⑤ Holmes J, Kiernan K. Persistent poverty and children's development in the early years of childhood [J]. Policy & Politics, 2013 (1): 19 – 42.

⑥ Guo G. The timing of the influences of cumulative poverty on children's cognitive ability and achievement [J]. Social Forces, 1998 (1): 257 – 287.

面影响可能包括学习技能和社会情感技能。[①] 这既有营养方面的因素，[②] 也有教育、环境和文化的因素。儿童阶段生活在贫困之中，会对儿童的语言、认知和社会情感发展产生负面影响。[③] 在任何文化背景下，早期经历中拥有更好的健康和教育条件的儿童在成年后拥有更高收入。[④] 贫困文化对处于其中的社会底层成员产生独有的、特殊的社会影响和心理影响，从而实现贫困的代际再生产。学校教育的目标、组织和文化形式，总体上鼓励和引导儿童形成主动、积极的生活态度，是积极向上的，学校教育对儿童对抗家庭和社区的贫困文化具有积极作用。调查中发现，很多贫困学生对未来的憧憬形成于和老师的交互中，他们对外界的诸多认识，也通过学校、学校的图书室等获得。教师是日常鼓舞他们奋发向上的人。

总的来说，贫困儿童进入学校接受义务教育，便可在当下指标中实现个体脱贫。这对贫困儿童具有重大意义，是教育反贫困功能的重要实现方式。

二、其他阶段和形式的教育实现反对当下贫困功能

贫困人口进入学校即可暂时摆脱当下贫困，在劳动力培训中也表现出来。一个典型的贫困人口劳动力培训案例如下。

一期电工和建筑工的培训即将在州政府所在地的职业教育中心展开。根据培训计划，培训对象锁定建档立卡户。培训的行政命令从州府发出，各县下发乡镇村，选拔50岁以下、16岁以上有培训意愿的农户参训。这一期的培训技能含量比较高，要求学员年轻点（也意味着9年义务教育完成得较

---

① Magnuson K A, Meyers M K, Ruhm C J, Waldfogel J. Inequality in preschool education and school readiness [J]. American Educational Research Journal, 2004 (41): 115 – 157; Thornberry T P, Freeman – Gallant A, Lovegrove P J. The impact of parental stressors on the intergenerational transmission of antisocial behavior [J]. Journal of Youth and Adolescence, 2009 (3), 312 – 322; Bernier A, Carlson S M, Whipple N. From external regulation to self – regulation: Early parenting precursors of young children's executive functioning [J]. Child Development, 2010 (1): 326 – 339.

② Maluccio J A, Hoddinott J, Behrman J R, Martorell R, Quisumbing A R, Stein A D. The impact of improving nutrition during early childhood on education among Guatemalan adults [J]. The Economic Journal, 2009 (537): 734 – 763.

③ Sharkins K A, Leger S E, Ernest J M. Examining effects of poverty, maternal depression, and children's self-regulation abilities on the development of language and cognition in early childhood: An early head start perspective [J]. Early Childhood Education Journal, 2017 (4): 493 – 498.

④ Fussell E, Gauthier A. Introduction: dimensions of children's inequality [J]. Journal of Comparative Family Studies, 2003 (3): 311 – 320.

好）。培训时间是 18 天。培训以实操为主，但是技术性的东西还要讲一点理论，但是不深。费用（路费、食宿、工服等）全免。学校提供学习用具和实训工具。除了国家划拨的经费，还有对口帮扶的国企在捐赠。（根据访谈、走访和相关课程安排材料整理。）

除了劳动技能以外，一些培训也包含着移风易俗（的目标）在里面。这期培训里面比如课程表的遵守、集体生活，包括怎么打饭、怎么收拾宿舍，都是培训，都是（现代企业的）工人需要具备的，也是改变当地陋习的举措。你们可能晓不得，当地一些老百姓，不会整理家务的，家里卫生不行，不整洁。（农民工培训班班主任访谈记录 NZJ122）

有些学员，路远呢！（从最远的县）要坐两天的车，（途中）还要歇一夜才到。他们（参训学员），来这里的点点滴滴，不管是学技术还是出行，还是吃住穿都是学习，学员来了很多人就说"从来没盖过这么白的被子"，他们都不舍得躺进去。他们家里的卫生条件是很差的。来这里吃饭条件也很好，打饭要排队，吃完要把碗放回去，这些都是在学习，他们以前都没有接触过这样的。以前他们可能就在山里，来到这里看到这里有这么大的一块平地，那也是长见识了，知道了外面是这个样子的。（农民工培训教务主管访谈记录 NMJ022）

这种形式的培训，是当前贫困地区农民工培训、劳动力转移培训的一种常见形式。其他形式还包括田间地头的技术指导等。从上面的案例可以看出，贫困人群特别是长期生活于深度贫困地区的人群，进入学校这样的专门机构之后，在吃、穿、住、学方面得到良好保障。

作为一个反例，以下是一个深度贫困地区初中毕业生，因为初中毕业不再上学，回到家庭陷入贫困的例子。

LXB 家共有六位家庭成员，分别为奶奶、父亲、母亲、长子 LXB、次子和妹妹。奶奶和 LXB 在中国生活。奶奶已经年龄很大了，但还在干农活。父母带着弟弟妹妹常年在缅甸佤邦种植甘蔗。LXB 初中毕业之后，父母不支持他读职中，原因是还要供两个小孩读书。奶奶年岁已高，基本无劳动能力。LXB"想去读职中"但是"父母让我种甘蔗"。父母亲不支持，他也不了解国家的助学政策，纵然"如果可以，我还是想读书"，但只有放弃。"如果现在生活不下去，就去打工"。（调研材料 LFD724）

原本可以依赖教育扶贫政策继续学业的少年，却已经在家务农（种甘蔗）一年，对未来的计划逐渐从读书学技术，变为"就去打工"。不再具有学生身份之后，回到贫困的家庭中进行低技能低产出的劳动，也因为失去学习机会而失去了改变未来的可能性。

三、教育实现反对当下贫困的理据分析

学校能够获得政策、汇集资源，为贫困的儿童和学员提供物质和精神环境，使贫困学生进入学校能够立即摆脱当下贫困，源于学校这个教育专门机构的特殊性。

第一，学校使贫困学生摆脱当下贫困，在于学校是一个公益性的机构。现代国家通过国家力量来发展教育，教育既是国家的责任，也是国家的权利。用行政的手段设置公立学校，以公共的渠道提供教育、服务公众，是现代公立学校的制度特征。公立学校由国家设置、由公共财政维持，其所实施的教育以满足公共利益为宗旨，教育活动必须符合国家和社会公共利益。[①] 公立学校是一种公共事业，公益性是公立学校的基本价值前提。[②] 这种公益性使得公立学校运行不由经济规律决定，而是由国家按照社会的需求有计划地决定。"消除贫困、改善民生、逐步实现共同富裕"是社会主义的本质要求，实现全民脱贫是我国当前发展的重要目标，"教育脱贫一批"是国家脱贫攻坚的重要规划，贫困地区的学校要怎么办、贫困学生怎么上学，必须满足这个本质要求和重要目标。于是，教育政策和社会资源向贫困地区和贫困学生倾斜，使得贫困人群进入学校即摆脱当下贫困具有了可能性和保障条件。

第二，学校使贫困学生摆脱当下贫困，在于学校是专门培养人的机构。国家对学校的大力投入，对贫困学生的各种政策、物资保障，不是因为学校是福利机构，而是因为学校是高度专门化的人才培养机构。学校的教育活动有明确目的、明确组织、具有特定程序，发生在特定场所中，是高效率培养社会所需人才的专门机构。学校系统具有塑造人、改变人、提升人的重要功能，才使得学校有了吸纳社会资源的独特正当性。公立性的学校机构是现代

---

① 见《中华人民共和国教育法》。
② 劳凯声. 在教育改革中坚守公立学校的公益性 [J]. 中国教育法制评论，2008（年刊）：14-28.

社会教育普及和发展的主要力量。正是由于这种面向学生发展和社会发展的基本功能，学校才拥有分配大量物质资源的权利和可能性，才使贫困学生进入学校便可享受这些资源，从而立即摆脱贫困。人们不会认为对学校的资源投入和福利机构兜底式的物资发放是一样的，因为学生进入学校是要发展的、要为未来做准备的，是要争取更多的发展空间和发展可能性的，因此国家和整个社会对学校的投入和建设，对学生的资助和物资保障，具有独特的正当性。这种正当性源自教育对人的独特作用，在于根本上激发人的发展，使得教育在诸多反贫困手段中，具有独特性。

总体来说，正是由于贫困人群进入公立的学校体系或类似机构，获得"学生"这一合法身份，叠加"贫困人口"和"学生"两种身份，才能极具正当性地享受主要由国家提供的各项优惠政策，获得经由学校这一特殊机构汇集起来的物质和精神资源，从而摆脱当下贫困。通过学校对贫困学生进行资助、优惠，不仅是一种管理上的方便，更是一种富有远见的社会系统运行方式。贫困学生在获得资源摆脱当下贫困的同时，也肩负努力学习、提升自己技能的义务和责任。提升人力资源水平，这也是个体作为社会的一员，在学校中获取和享用社会资源的同时，对社会做出贡献的责任。

第四节　教育实现反对未来贫困的功能

当前大部分关于教育反贫困的研究指向教育反对未来贫困的功能。简单而言，教育反贫困就是要让劳动者提升素质，找到工作，获取更高的劳动收益。在社会行动理论中，教育被认为是人事分配的第一步，人受教育，然后进入劳动力市场，去寻找适合他们的位置和报酬。[①] "训练—选择—职位"这个具有时间先后顺序的关系正是教育反贫困功能的基本逻辑之一。长远来看，是要通过改变贫困人群的认知，加之教育对文化传承和文化变迁的作用，促进贫困地区文化更加开放和文明，促进制度改善，促进更包容更均衡的分配

---

① ［美］杰弗里·亚历山大. 社会学二十讲——二战以来的理论发展［M］. 贾春增，董天民，译. 北京：华夏出版社，2000：41.

制度和文化制度形成，从而改善贫困、消灭贫困。相对于个体当下的教育活动而言，其反贫困功能是在未来逐渐呈现的。

一、教育的反贫困功能在短期未来的实现

下面以短期技能培训作为例子，分析教育的反贫困功能在短期未来的实现。前文已经呈现了一种劳动力转移培训的基本样态，根据国家教育扶贫政策的相关部署和资源支持，贫困地区农民工培训一般是以政府根据当前地方发展需要，并根据培训对象的特征，由扶贫部门、农业、林业相关部门和职业教育相关部门共同组织培训，其中贫困地区的职业学校发挥了重要作用。在深度贫困地区以配合产业发展的农林畜牧技术为主，比如烟草、草果、茶叶等经济作物种植，新品种蔬菜、果树、中药的栽培技术等；非农业技能培训的工种、技能一般是根据政府部门的调研以及扶贫脱贫发展规划而决定，常见的工种有摩托车修理、建筑工、电工、厨师等，技能入门门槛较低的有保洁、保安等。培训期间食宿路费一般由政府、学校或培训机构承担。培训以实操为主，培训之后进行考试，考试合格之后颁发相应的职业资格证书。持有职业资格证书的劳动力，具有离开传统农业到其他行业就业的可能性。很多时候培训机构还组织招聘，招聘单位包括本地的相关企业、对口帮扶地区和对口帮扶企业等。根据现有政策安排，大部分培训之后的劳动力都能实现就业。在调查对象 N 州，当地正在脱贫攻坚大环境中进行基础设施突击建设，异地搬迁规模较大，许多建筑工程正在实施，所以建筑工人很容易就业。像保洁、保安这样的工种，本地市场吸收能力有限，主要由对口帮扶地区（一般是发达地区县市）提供就业市场。在自然资源开发受限、当地产业发展局限的贫困地区，劳务输出常常被当作一个重要的扶贫手段，成为一种产业形式。

我们提的口号"一人务工，全家脱贫"。今年（2019 年）的脱贫标准是三千五，你在外打工一个月，一年挣三万五。四口之家收入（脱贫）绝对没问题……每家每户，有劳动力的，至少要参加一项技能培训。通过培训之后掌握一项技能，必须要获得一个证书。拿到这个证书去外面找工作还可以凭它加一点工资。（访谈记录 FGS121）

（我们乡）第一大产业是劳务输出，培训农民之后让他们去外地务工。

（访谈记录 FJM102）

劳务输出的关键是让劳动力具备市场需要的知识技能，一般在一周到三个月不等的短期培训后获得相应的技能证书，便可进入劳动力市场。这被认为是教育反贫困一个快速有效的手段。

一种培训由帮扶地区企业负责进行。对口帮扶地区一般是经济发达地区，产业较为发达，劳动力市场类型和分层都比较丰富，可提供较多的用工需求。矛盾焦点在于贫困地区定向输出的劳动力缺乏帮扶方企业工厂所需要的技能和素质。一般做法是，劳动力在贫困地区接受过一定的基础技能培训，包括基本文化知识学习、通用语学习等，有些情况下还包括一些简单的生产技能培训；到对口帮扶方的工厂企业之后，再由对方进行生活适应培训和业务技能培训。对口帮扶方可以借助职业学校开展培训，也可以由企业的人力资源部门以及师徒传帮带方式对输入劳动力进行培训，培训之后由当地企业负责安排工作，并通过多种措施巩固就业和收益。

另一种反贫困技能培训是"田间地头"的农业技能升级培训。农业技能升级培训紧密结合当前农村产业发展，培训成果直接转化到新发展的农村产业中。例如，推广烟草、新品种蔬菜、果树等经济作物替代经济价值低的玉米，鼓励贫困农户退耕还林，在林下套种草果，或者推广高效养殖技术等。该地区发展什么产业，就对参加这些产业建设的贫困农户进行相应的培训。组织贫困户培训，"由村里选人，政府出学费、管吃住"（贫困地区科技培训干部访谈记录 FDL397）。培训结束之后，贫困农户回家开始进行生产。培训之后"对种植效果有所改善，但农民就是学什么就怎么用"（贫困地区科技培训干部访谈记录 FDL397）；养殖技术学了之后，如果贫困户"自己没钱投资养殖，（没钱）买猪仔小牛，这技术也用不上"（贫困地区科技培训干部访谈记录 FDL397），培训效果相当于没有机会发挥；一些新品种或者套种技术，"林业部门直接给苗，农户就能用上"，培训效果就发挥得比较好。然而技能培训在后续生产中，要等待农作物和牲畜生长，成熟之后成为产品进入市场，才能获得收益。如果在这个较为长期的生长和成熟过程中出现了意外，那么教育培训对于贫困户的收益就具有不确定性，会挫伤生产劳动的积极性。例如，某村反馈，"上面（政府）喊种烟，种了之后管收购，结果去年又都不要，大家损失很大（怨气很大）。"（贫困村村支书采访记录 XCL995）而当调查人员继续追踪这个事件时发现，烟叶不被收购的原因是村民不能按照培训要求种出合格烟叶，即使最低质量标准也无法达到，烟草公司便无法收购，导致贫困户前期培训投入未能在后期生产中获得相应收益。如果在农业生产中能够提供持续的技能指导，一定程度上有利于提高教育产出的稳定性。

（对贫困户生产劳动进行）技术支持就是技术人员去田间地头进行现场指导，这是效果很好的方式。技术人员是乡一级根据（实际生产）需要向县一级要（具有专门技术）人，比较有针对性地派下来。这个比较有效。（贫困地区科技培训干部访谈记录 FDL397）

以上几种典型的教育反贫困案例，面向的都是具有生产劳动能力的成年人，他们通过接受短期教育培训，在较短的时间内获得新技能之后，转而投入生产，或者生产新产品，或者以新方式更高效地生产原有产品，或者以新方式经营自己的生计，或者直接将自己的新劳动技能投入市场换取工资。总之，教育培训的成果投入生产和交换中，经过或长或短的一段时间，让劳动技能产出产品、产生收益，贫困人群通过获得这些收益改善生活。在这个过程中，从接受教育到获得收益改善生活之间有一定时间差，教育的反贫困功能相对于受教育活动而言，实现于"未来"。劳动技能培训之所以被很多地方提倡，很大程度上是因为教育投入有针对性、培训所需时间较短，从教育投入到产出收益的转化时间相对较短。需要注意到，这些培训基于贫困者之前所受教育，越是复杂的技能，对贫困者之前所受教育的要求就越高。

二、教育的反贫困功能在长期未来的实现

进一步考察教育对更长未来的反贫困功能，关注焦点便指向正规学校教育形式，如基础教育、中等教育以及高等教育等。在这些形式的教育中，贫困者需要经历学校几年甚至十几年时间的教育，才能在生产劳动市场将教育成果转化为收益。大量教育反贫困相关研究都从"当下接受学校教育—未来产生劳动收益"的角度，去解释教育的反贫困作用。在操作层面上，是通过确定当前的劳动收入和过去的受教育程度之间的关系，来揭示学历教育对于减贫的作用。经典的人力资本理论认为人力资本和物质资本投资一样与个人未来收入紧密相关。教育对减少贫困有直接影响，而这种影响与教育程度有

关，受教育程度较高的人不太可能成为穷人。① 以学校教育为指标的实证研究结果指出，总体上高教育水平的个体陷入贫困的概率较低，② 相反，低教育水平的个体陷入贫困的概率较高。③"陷入贫困的概率"是指他们结束正规教育后，在日后生活中的总体状况。正规的基础教育直接影响收入水平，从而导致减贫。④ 受过初等教育的家庭摆脱贫困的可能性较高，陷入贫穷的可能性较低。⑤ 对教育的投资提高了贫困家庭的技能和生产力，从而提高了收入水平和总体生活水平，并且，发展中国家初级教育的社会回报要高得多。⑥ 在我国，农村教育对消除贫困的影响十分显著，尤其义务教育对减少绝对贫困意义重大。⑦ 贫困人群接受中等教育之后进入劳动力市场时的回报率较高；⑧ 在很多发展中国家，中等教育对减贫发挥了主要作用。⑨ 对个体和对宏观社会都是如此。新加坡、韩国和中国近些年的经济腾飞经验，都与中等教育的蓬勃发展密切相关。我国改革开放之后，通过出口、进口和外国直接投资参与世界经济，中学和高等教育的投资得到了回报，正是教育收益形成的正反馈，使我国中等教育和高等教育得到繁荣发展。⑩ 随着全球性高等教育扩张，高等教育对反贫困的作用也被很多研究关注。对贫困地区而言，高等教育不是奢侈品而是必需品。高等教育可以增加储蓄和投资，带来更多

---

① Weber B, Marre A, Fisher M, Gibbs R, Cromartie J. Education's effect on poverty: The role of migration [J]. Applied Economic Perspectives and Policy, 2007 (3): 437 –445.

② Sanz R, Peris J A, Escamez J. Higher education in the fight against poverty from the capabilities approach: The case of Spain [J]. Journal of Innovation and knowledge, 2017 (2): 53 –66.

③ Mihai M, Titan E, Manea D. Education and poverty [J]. Procedia Economics and Finance, 2015 (2): 855 –860.

④ Palmer R. Beyond the basics: Post-basic education, training and poverty reduction in Ghana [J]. Journal of Education for International Development, 2005 (1):

⑤ Nishimuko M. The role of non-governmental organisations and faith-based organisations in achieving Education for all: The case of Sierra Leone [J]. Compare A Journal of Comparative & International Education, 2009, 39 (2): 281 –295.

⑥ Awan Sarwar M, Malik N, Sarwarl H, Waqas M. Impact of education on poverty reduction [J]. International Journal of Academic Research, 2011 (1) Part II.

⑦ 蒋选, 韩林芝. 教育与消除贫困：研究动态与中国农村的实证研究 [J]. 中央财经大学学报, 2009 (3): 66 –70.

⑧ Avitabile C, Bobba M, Pariguana M. High school track choice and liquidity constraints: Evidence from urban Mexico [J]. Social Science Electronic Publishing, 2017 (5): 1 –45.

⑨ Janjua P Z, Kamla U A. The role of education and income in poverty alleviation: A cross-country analysis [J]. The Lahore Journal of Economics, 2011 (1): 143 –172.

⑩ Becker G. Growing human capital investment in China compared to falling investment in the United States [J]. Journal of Policy Modeling, 2012 (4): 517 –524.

税收，并建立一个更有企业家精神和更文明的社会。①

以上诸多研究成果，在基础教育、中等教育、高等教育的反贫困作用上，利用不同国家的数据均已证明早年接受教育和未来摆脱贫困之间的密切关系。本书无法对特定贫困人群进行持续几十年追踪，但是，调查结果的以下几个方面也可以看到接受正规学历教育和生活状况之间的相关关系。

一是贫困家庭总体受教育程度偏低。在本书的入户调查中，按照劳动力对家庭贡献程度的粗略估计，将家庭成员登记为第一成员、第二成员等，以此类推。其中，第一成员、第二成员通常是家庭的主要劳动力，在一些家庭中，还有能够劳动的第三成员，贫困家庭的收入主要由他们的劳动收益所决定。贫困家庭主要劳动力的文盲率很高（见图16），没有完成义务教育的人占比几乎超过三分之二。

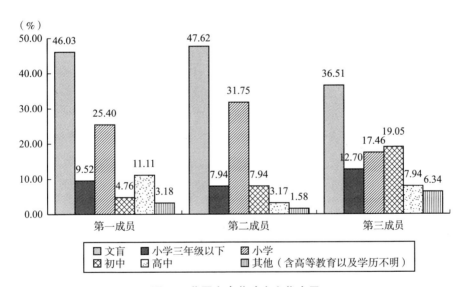

图16　贫困家庭劳动力文化水平

调查中发现，少数民族贫困家庭的主要劳动力不仅在接受基本的正规教育上很欠缺，其通用语言能力也比较弱。不但"普及九年义务教育""控辍

---

① Bloom D E, Canning D, Chan K J, Luca D L. Higher education and economic development in Africa [J]. Journal of Development Studies, 2014（1）: 509–529.

保学"是这类贫困地区教育的工作重点，而且"推广通用语言"也是一项非常重要的基础工作。

这几年我们村的改变相当大……第三个改变是，以前是普通话不会，现在么都基本上是普通话了。（少数民族贫困村村支书采访记录 NZZ332）

村里的普通话普及……在学校学了两三期了，但是接受能力差么我们也没办法，不同人的来培训了两期……培训完了能听。10% 的人根本不会讲汉话，也不会听。（少数民族贫困村村支书采访记录 LMC251）

相当一部分家长不能说流畅的普通话；一部分家长听普通话还存在一定困难，只是"多多少少会听一点"；少数年纪大一些的家长，不仅不讲普通话，当地方言也不讲，主要讲少数民族语言。家长缺乏基本的文化技能、语言技能，或许能够维持当前的生活，但是对提高生产生活技能，比如在进一步学习新的劳动技能、学习更精细技术、转换和扩大劳动场所、扩展劳动产品市场、接收市场信息等方面，都存在极大限制。例如，如果要进入服务行业，做服务员、保安，虽然没有很强的技能门槛，但如果语言交流有障碍，就很难完成这些需要较多人际沟通的工作。访谈中有贫困生家长谈到，自己"说不来汉话"，所以只能"打零工"。基础文化和基本技能缺失对个体发展和生活水平的提高产生了严重阻碍作用。

二是贫困地区家庭条件略好一些的，其家庭主要劳动力不仅获得了较为完整的正规学历教育，还通过各种方式进行了学习。例如，早早完成了初中学业，在外学会了做生意；初中学习比较扎实，可以担任村里的会计；初中毕业之后参军，在部队接受了政治、文化和技能训练；中专毕业之后，成为乡村医生、乡村教师等；初中或中专毕业在外打工，在工厂及实际工作中学习技能，能够适应打工生活并扎根下来，对家庭产生了回馈等。这些人所在的家庭在贫困地区属于经济条件相对较好、较早脱贫的家庭。而且上一代的教育累积和财富累积，对这些家庭的下一代，不仅是直系子代，包括侄女外甥等旁系子代，都产生了积极影响。以下是一个典型的例子。

1999 年出生的 CF 和爷爷、奶奶、1979 年出生的爸爸和妈妈一起生活。1985 年出生的姑姑在思茅打工，还有一个更小的姑姑嫁到了北京。两个姑姑对这个家庭有很大影响，这个家庭对外界信息非常了解。CF 现在在县里读高中，马上上高二。上次期末考试考了第二名。CF 对自己上学的各种事情非常清晰："996（块）学费，住宿费80（块），每个星期生活费150～160（块），每个月领250块补助。要考大学。"爷爷非常外向，对CF的学习成绩非常骄傲，声音非常洪亮地介绍孙子的情况。（根据调查记录TCJ991整理）

三是具有更好教育背景的贫困人口，能够获得更多机会进一步发展和获得工作。前面已经展示了一个典型的劳动力转移培训案例，其中要求，"这一期的培训技能含量比较高的，要求年轻点（意味着九年义务教育完成得较好）"（根据访谈、走访和相关课程安排材料整理）。这就说明，正规的学校教育经历对后续的技能学习打下了良好的基础。另外，"我们村60％的劳务输出……文化水平稍微高点的基本上都愿意到外面打工"（贫困村村支书采访记录NZZ332），表明工厂和企业是有文化门槛的，受过更多教育的人更容易在现代化市场中找到工作。在信息化浪潮之下，互联网也逐渐深入贫困地区，成为人们生活的一部分，"互联网＋"电商扶贫模式也推广到最贫困的山村中。在这个过程中，受过较完整基础教育的人更快从中受益。

深度贫困地区某乡的村小二①HX原本是一个家庭主妇。1989年生，初中毕业的时候原来想上职业高中学习家教专业，和幼儿教师类似，但因家庭困难没有接着上学，早早嫁人在家带孩子。后来听说了"农村淘宝"，决定试一试。通过面试之后自学相关技能。现在对电脑和手机的操作，都是跟着朋友们学会的："朋友在玩游戏嘛，看着看着就学会了"。现在管理这个农村淘宝店，需要做的工作包括：在微信朋友圈推介农村淘宝，帮乡亲充值话费，帮不会网上购物的乡亲网络代购，培训自己的客户上网淘货、普及网络支付，帮助部分顾客辨别假货，入户推广"农村淘宝"，收发快递；由于农村淘宝店还有一部分实体零售的功能，因此她还需要摸清村里的市场需求，核算成本收益，预购产品上架展示等。电商平台对村小二的支持包括技术支持、业务培训、运营支持、物流支持和宣传支持。业务培训包括操作说明、经营技巧、促销手法等。这些培训中，HX觉得关于入户的经验介绍非常有用。一开始HX的月收入是700多元。一段时间做下来，

---

①　村小二是"农村淘宝"项目农村电商服务站站长，负责运营电商在农村的基层服务站点全部业务。

业务的推广逐月增加，收入基本在 2000 多元、3000 多元。HX 对这个收入比较满意，家人也满意，对这个生意比较支持。（根据访谈、走访和村小二相关课程安排材料整理）

同乡另一个村的村小二则是护校中专毕业后，没用找到预想中的工作，转而学习电商知识，成为一个农村电商创业者。现在用到的各种技能都是走出校门、打算进入行业领域之后才开始针对性地学习而获得的。从他们的案例中可以发现，具有比较完整的正规学历背景，也是他们入行并接受行业内技能培训的条件。可以说，学校教育累积的成果在多年后通过职业培训获得技能进入市场，得到了转化，使当初受教育的结果产生了收益，实现了家庭脱贫，并进一步地在一定范围和一定程度上带动了地方发展。

三、教育实现反对未来贫困的理据分析

教育实现反对未来贫困的功能，来自教育对人的劳动能力的生产与增加。以上从不同角度证明了集中接受以基本文化知识技能和基础素养为目标的教育，对个人发展的重大作用真正体现在未来。提高贫困人群的读写能力和最基本的文化知识素养对于提高人口素质、减少贫困极其必要和重要，因为这些基础性教育为人们的未来发展做好基本准备。具备一定基础文化素养的贫困者，能够进一步学习专门化的劳动技术技能和规则，在劳动中转化这些学习结果，获得收益，提升经济水平，摆脱贫困。专门化技能的学习形式多样，针对性强、学习时间短、转化速度快，能快速获得劳动收益。而基础技能和基础文化素养的学习，主要发生在贫困者儿童少年时期，需要经历长达十几年的时间，并且以后续其他形式的学习作为中介实现手段，才能在成年后通过生产劳动逐渐转化为收益。在我国当前的义务教育制度体系中，若不主动辍学，义务教育能够保障的是初中水平的基本文化知识素养，以获得初中文凭作为完成标志。未来一段时间内将逐步普及高中阶段教育，包括普通高中和职业高中，两种高中阶段教育都有机会接受高等教育。人们集中接受正规学历教育的时间将逐渐变长，累积的知识技能也随之增加。正规学历教育累积的基本素养，包括基本知识、眼界和世界观、学习习惯和方法等，都为未来的多种发展奠定了坚实基础。

教育的当下投入和未来反贫困收益之间的时间差，也可以用于解释贫困地区教育期望低、控辍保学压力大的现状。正是由于投资教育的经济、时间和人力支出是立即的、当下的，而教育回报却在长远的未来，所以教育无论是对个体还是国家，都是一种长期的投资。并且教育的未来收益难以捉摸，充满不确定性，所以个体教育投资决策受成本和收益两方面因素影响，父母需要权衡子女进入劳动力市场所能够获得的收入（即机会成本）和更高的教育水平在未来能够带来的额外收入（即教育回报），当回报大于成本时才是划算的投资。① 这种教育投入和实现脱贫之间的时间差是贫困家庭是否选择对子女进行教育投资的一个重要客观原因。教育消费需要每个月、每学期、每年都从家庭收入中开支；但是教育回报却是未来的、不确定的。调查结果表明，贫困人群对送孩子读书的期望，"更好找工作"和"收入更高"位列前两位，选择比例分别是 63.49% 和 52.38%。"收入更高"非常明确，但什么是更好的工作、找什么样的工作就完全模糊，而好工作和高报酬更是完全不能被保障。随着社会生产力的发展，青年人要获得更好的工作、更高的报酬，初中毕业已经远远不够，这进一步提升了贫困人群接受后义务教育阶段教育的客观需求。好工作对贫困家庭子女投入教育的要求越来越高，而"好工作"的预期不仅模糊不清，还因为原来"中专生就可以捧铁饭碗"已经无法实现，更消解了"送孩子读书，然后找好工作"的信念。因此，当讨论"贫困家长的教育期望"时，这期望不是子女受多少教育、受什么样的教育本身，而是子女受教育之后能干什么、能带来什么。贫困家长对教育极其模糊的认识导致他们疏于考虑子女的教育问题，父母对子女当前和未来能够进入的劳动力市场及相应回报认知模糊甚至没有认识，致使他们无法长远地权衡投资教育的利弊以做出有利于家庭和子女的选择，使得他们对子女的教育投资行为短视而盲目。

正因为正规学历教育投入周期长并且与收益之间存在时间差，所以有学者提出，成人教育和终身教育应该能够而且必须在反贫困方面发挥重要作用。虽然正规教育有助于社会现代化和民主化，但其对减贫的影响间接、分散并

---

① Becker G. Investment in human capital：A theoretical analysis［J］. Journal of Political Economy，1962（5）：9 - 49.

且遥远，为减少贫困，必须优先考虑成人教育：贫困儿童的父母已经身处这个社会结构中，如果他们要参与社会改变，他们需要有必要的知识和能力参与其中。① 联合国教科文组织于 1997 年发布的《汉堡宣言》强调了成人教育在反贫困中所扮演的重要角色，宣言提出，包括正规继续教育和非正规教育，成人教育是对青少年教育的延续和互补，同时强调成人教育是应对经济转型的方法：在全球化、生产方式变化、日益增长的失业和安定的生活越来越难以保障的情况下，人们需要更积极的劳务政策，需要在提高参与劳务市场、开展创收活动所必需的能力方面增加投入。② 总之，相比基础教育收益的潜在性、长期性，成人教育在反贫困中的重要作用已经得到了世界的普遍认同，世界各国特别是发展中国家都把成人教育引入反贫困领域中。③ 如前所述，在人一生的时间中，儿童和老年因为没有劳动能力，是贫困的高发年龄段。由于儿童时期是学习的密集期、高峰期，奠定了未来劳动产出、人力资本累积的基础，因此贫困儿童通过政策保障进入学校能摆脱当下贫困并为未来做准备。而老年人因学习能力、劳动能力逐渐衰弱，其生命早年的学习成果随着年岁渐长其边际效应也迅速衰减。随着人口老龄化的到来，为进一步开发老年人对社会发展的作用，也提倡老年人"以适当方式"接受教育，并承认、重视以及利用他们的专门知识和能力。④ 成人教育在反贫困领域受到重视，就是为了有机地结合教育反贫困功能的当下实现和未来实现，使教育投入和产出之间联系更加紧密，也使教育形式更加灵活，以应对迅速变化的社会和劳动力市场。

综上所述，教育反贫困功能的实现，从教育投入到贫困者获得教育收益，中间有一定的滞后性，相对于教育活动本身而言，其反贫困功能的实现发生在未来的某个时间。其中，针对性强的短期技能培训能够在较短时间内产生教育收益，迅速改善贫困人口家庭生活；基础教育主要发生于贫困者的青少年儿童时期，对贫困者基础技能和基本素养的培养，需要经历长达十几年的时间才能逐渐转化为生产劳动收益；但基础教育和技能教育不应截然分开，

---

① Bhola H S. Adult and lifelong education for poverty reduction: A critical analysis of contexts and conditions [J]. Review of Education, 2006 (3-4): 231-246.

②④ 汉堡成人教育宣言 [J]. 北京成人教育，1998 (12): 12-15.

③ 顾德学. 成人教育与发展中国家的反贫困 [J]. 成人教育，2008 (3): 45-46.

在终身学习社会中，多种教育形式应更好地有机结合；在人们一生中的不同阶段，都应当有机会参与不同形式的学习。特别是对于生计脆弱性大的贫困人群，更应当以灵活方式根据社会变化获得受教育机会，以获取、提升劳动技能，对抗贫困风险。

第五章 教育反贫困实践中的问题分析

虽然教育以各种方式在不同程度上实现了不同类型的反贫困功能，但在其实现过程中也存在一些问题。这些问题的出现，直指教育规律本身、教育活动的特点，也表现了教育系统在社会大系统运行中与其他子系统的互动关系。这些因素正是教育的反贫困功能实现的影响因素。本章拟就这些典型问题进行分析。

第一节 政策依赖性强

无论是儿童在教育体系中实现的当下脱贫，还是成年人通过接受教育提升技能获得更高工资，都存在非常强烈的政策依赖性。以本书调查对象之一"三区三州"中的 N 州为例，该州是深度贫困地区，教育反贫困实践开展力度大，效果显著，但这些都以非常规的、全国罕见的教育扶贫政策为前提。政策依赖性主要表现在三个方面。

一、依赖于高度倾斜的教育扶贫政策

N 州目前具有历史上最好的教育发展政策和外部环境。一方面，获得了大量的学校建设项目。如校安工程、薄弱学校改造工程、学前教育工程、农村学校教师周转房工程、基础薄弱县民族高中建设项目、集中连片困难地区普通高中改造项目、农村初中校舍改造工程项目、义务教育标准化建设项目等，这些项目带来了大量资金，项目推进对办学条件改善起到了很大推动作用。另一方面，建立了全纳型的教育资助政策。2016 年秋季开始，N 州开始实施重大惠民政策——十四年免费教育。这个政策使全州所有的学前儿童免缴保

教费，其中建档立卡户还享受幼儿生活补助；义务教育阶段所有学生享受"两免一补"和营养改善计划；全部普通高中在校生免学费和免教科书费，普通高中寄宿生免住宿费，其中建档立卡户学生享受生活补助；全部中职在校生免学费并补助生活费。除此以外，针对不同的学生贫困情况，有人口较少民族补助、家庭经济困难生活补助、国家助学金、省优秀贫困学子奖学金、州教育及县政府资助优秀贫困大学生计划、"雨露计划"、中央彩票公益金"滋惠计划"、大学生新生入学资助、少数民族家庭经济困难大学生公益培养计划，以及各类企业资助项目、生源地贷款计划、生源地贷款代偿计划等。这些教育惠民政策的实施，将全部受教育对象纳入政策体系中，多层次、多方面地鼓励和保障贫困群众接受教育；极大地改善了当地因教致贫、因贫弃教的状况，也极大扩大了受教育机会，提升了当地青少年儿童受教育年限。除扶贫政策以外，还有各地各企业对口帮扶，涵盖校园建设、对口支教、对口培训、学生资助等各方面。这些政策调集了大量社会资源，从人力、物力、财力、渠道和环境等方面，对教育发展和贫困者受教育形成全方位支持。

二、依赖于教育扶贫政策强有力的贯彻执行

教育反贫困功能的实现有赖于组织了几乎全员式的政策执行队伍。从基层公务员到所有教育部门工作人员，再到各行各业的人，N州整体都被脱贫攻坚动员起来。在城市和乡村各处公众场所，到处可见宣传标语；组织队伍人员丰富，宣传动员、执行政策工作扎实到位。

每个自然村都设了农民讲习所，成员包括村干部、驻村队"掺起克"（"加进去"的意思），党支部书记"掺起克"。（村干部访谈记录FLM101）

我们的工作扎实有效的，火塘边也讲，路边也讲，我们带着文艺宣传队下去，用文艺的形式，老百姓就非常喜欢了，活动的形式也是多种多样的。上半年讲为主、习为辅，下半年习为主……我们组织培训的内容都是老百姓需要什么，想要什么，我们就组织什么。主要的目的就是想提升农民的素质素养、内生动力。（宣讲人员访谈记录LMN201）

国家政策是落实得相当透彻了，我们村里面么是落实那个学前点，落实那个地基，征地没有钱，这个有点困难。但是为了我们乡的教育发展，学校需要多少地，我们就落实多少地，这个跟脱贫攻坚是没有什么冲突的。（村

干部访谈记录 FGL131）

教育扶贫政策落实过程中，老百姓对教育扶贫政策比较欢迎。所有受访的家长都赞同孩子上学，69.2%的家长对孩子在学校生活和学习感到放心，83.9%的家长认为学校能把自己的孩子教好。86.3%的家长认为教育扶贫确实对孩子上学很有帮助。

必须要宣传政策，全部需要动员改善卫生条件、要送孩子去上学……（动员之后）村里没有不愿意让孩子上学的……我们村45岁以上不会写字的实在是太多了，现在是教育娃娃，哎哟，我们以前没有学，你们现在要好好学呢。（村干部访谈记录 FGL181）

动员社会全体成员、国家出台政策、安排其他地区对口帮扶、融合当地各种基层力量全部投入扶贫脱贫的事业，给物资、出人力，不计成本地进行资助，支教、接收劳动力、安排工作等，已经超越了常规教育援助、教育倾斜和教育福利，甚至不是常规意义上的教育反贫困活动。这并非常态的政策运行状态，而是一种非常时期的特殊状态。在这样的情形下所观察到的教育反贫困功能的实现，很难完全推演到其他情形中，毕竟这样的政策倾斜和政策动员很难长期持续进行。

三、依赖于贫困地区整体发展的全方位扶贫政策背景

教育反贫困的政策依赖性以贫困地区整体发展的政策依赖性为背景。我国的贫困地区特别是深度贫困地区，整体发展深深依赖于国家政策。调研对象 N 州作为脱贫攻坚的硬骨头"三区三州"之一，本身发展长期依赖于国家全方位的扶贫政策。N 州所在省经济发展总量在全国范围内处于中等偏下水平，近5年来在全国各省 GDP 总量排名在20名左右，但增速很快，近10年来保持持续增长势头。N 州 GDP 长期以来在全省各地州中处在垫底水平，GDP 绝对总量也很低，总体财政实力较弱。

低保户发生率基本是60%以上，占全县人口的60%。在这里一个村有一半以上（是低保户），甚至有的小组全部享受低保。（访谈记录 NFP104）

在这样的总体经济状况下，长期以来，当地对教育的投入极其有限。近年来教育投入大幅增长，主要来源于中央和省政府（见图17）。近年来 N 州全境，特别是乡村学校的校舍改造、场地扩建、设备购置等方面成效显著，

也主要有赖于在国家政策大力倾斜，国家和省级大力度进行教育投入。同时，在非常规政策的推动下，N 州开展了大量的教师培训计划、对口帮扶计划、支教计划等，都源于国家政策支持。

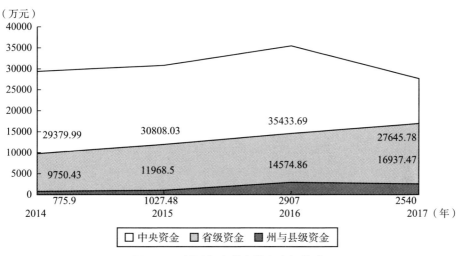

图 17　N 州近年来教育投入来源构成

注：数据来源为 N 州教育局近年工作总结。

在其他地区，也存在贫困地区发展的强烈政策依赖性。大部分民族地区整体发展状况都呈现出政策依赖性。我国民族地区的建设，国家层面"大力帮助少数民族加速发展经济和文化建设"，目的是"逐步消除历史遗留下来的事实上的不平等，使各少数民族能够赶上或接近汉族的发展水平"，[①] 但是，尽管做了很多努力，由于起点较低，少数民族地区经济发展仍非常落后。不仅宏观上，在微观层面也是如此。扶贫政策依赖性较强的贫困户自身的反贫困能力较弱；而且，越穷的农户其政策依赖性越强，表现在依赖行为、依赖心理两个方面。[②] 我国少数民族教育本身已有政策性依赖。长久以来，通过民族地区教育发展的优惠政策、优化少数民族地区教育资源、提升少数民

---

① 国家民族事务委员会，中共中央文献研究室. 新时期民族工作文献选编 ［M］. 北京：中央文献出版社，1990：5 - 6.

② 李波，刘丽娜，李俊杰. 高寒藏区农村反贫困政策依赖性研究：基于分位数回归模型的经验分析 ［J］. 中央民族大学学报（哲学社会科学版），2017（5）：69 - 78.

族学生学习机会三个部分构成的少数民族教育优先发展政策，造成了少数民族读书、升学、就业的全环节依赖。[①] 在 N 州，地区经济发展和教育发展的双重政策依赖性的背景叠加了教育脱贫攻坚的强力政策。目前来看，这些强力政策在迅速改变 N 州教育面貌、学生受教育机会方面，具有强烈的刺激和提升作用。但是，非常规政策是否能够在符合市场规律和社会发展规律的逻辑下帮助当地教育发展走向正轨，使教育在帮助当地经济发展、老百姓脱贫致富的过程中发挥作用，形成"教育—人才—发展"的良性循环，还需要进一步探讨。

第二节　民众对教育反贫困存在观念偏差

笔者在调查中发现，在贫困地区的群众中存在教育和贫困之间的认知偏差。这种认知偏差表现在两个方面，一是舆论宣传中对教育的反贫困功能有扩大化倾向，将教育与脱贫直接挂钩；二是民众对教育作用认识有扁平化倾向，将教育与经济收益直接挂钩。这些认识问题的原因和作用，需要辩证看待。

一、民众观念偏差的表现

一是宣传中夸大教育的反贫困功能。教育反贫困功能的发掘和突显，不是对教育功能的夸大和扩大，更不应该以夸大、扩大和泛化的眼光看待教育的反贫困功能。但是，当前实践中，存在一些过度、片面宣扬教育在民众脱贫中作用的现象。图18展示了一个典型的例子。这样的宣传在贫困地区随处可见。贫困成因多样且复杂，摆脱贫困的途径也是多维而立体的。教育缺失是造成贫困的重要原因，但并非唯一原因，将教育简单化地等同于致贫原因，容易造成教育与反贫困之间的关系简单化。在诸多反贫困途径中，教育固然具有十分重要的作用，但这个作用并非唯一、决定性的，并不是贫困群众只要受了教育，就必然脱贫。

---

① 周大众. 民族地区教育优先发展制度性依赖的困境及出路 [J]. 前沿, 2018 (5)：65 – 70.

图18　教育反贫困宣传标语

资料来源：笔者拍摄于调研点某城乡接合部小区外墙。

二是贫困群众对教育功能的认识片面化。在调查中，老百姓对送孩子读书的期望中，"更好找工作"和"收入更高"位列前两位，已将受教育和脱贫致富泛化、简单地等同起来（见表2）。这是一种对教育功能认识的单一化、扁平化。这种对教育与反贫困之间关系的过度和泛化理解，也造成了贫困学生对受教育结果的单一期待，不少学生在调查中表示，"好好学习（为了）以后赚钱"。这种单一和功利的教育价值观，不利于教育体系和贫困地区长远发展。

表2　　　　　　　贫困户对孩子受教育的理解（多选）

选项	比例（%）
1. 更好找工作	63.49
2. 收入更高	52.38
3. 知道怎么保障家人的营养和健康	26.98
4. 更遵纪守法	19.05
5. 能为孩子提供更好的家庭环境	22.22

续表

选项	比例（%）	
6. 会更积极地培养孩子读书		12.7
7. 更有伦理道德		9.52
8. 社交效率更高，有更多朋友资源		9.52
9. 知道从社会资源中寻找发展机会		14.29
10. 知道为以后打算		9.52
11. 有考虑娱乐、爱好的可能		1.59
12. 家庭发展更值得期待		11.11
其他		17.46

三是贫困群众实际上缺乏真正的教育观念。调查结果显示，基层干部都认为群众缺乏教育意识是当地教育扶贫最重要的障碍（见表3），"贫困户教育意识薄弱"以最高得分位列第一。

表3　　　　　　扶贫干部对教育反贫困中存在的问题评估结果

选项	平均综合得分
贫困户教育意识薄弱	5.79
当地师资不足	4.12
农民缺乏生产技能培训	2.98
非农劳动力转移就业缺乏技能培训	2.85
学校办学条件落后	1.88
扶贫干部、社区扶贫精英缺乏培训与培育	1.73
上学成本高，农户难以承担	0.98
教育资助政策不全面	0.83

这在访谈中得到了印证，很多贫困家长在谈到孩子的教育时没有明确观念。

她（孩子）在学校就是按照学校的时间表上学，回来就是休息。具体（在学校）干什么不清楚。（家长访谈记录 NFL112）

娃娃读书各方面，那种（做得不好）么，老师管，（她）一天天做什么我晓不得。（家长访谈记录 NFL301）

教育意识淡薄与对教育的"赚钱"期待并存，是影响贫困群众子女教育行为的重要原因，揭示出改变贫困群众教育观念的复杂性。

二、教育的反贫困功能观念偏差的思想原因

将教育功能夸大、泛化，并非反贫困领域所独有。在中外教育史上，夸大教育功能和价值的现象和论断长期存在，被总结为"教育万能论"。"白板说"就认为，人的心灵开始时可"看成一张白纸或一块蜡，是可以随心所欲地做成什么式样的"；① 观点和知识都来自后天的教育和经验：一个人"在理性和知识方面所有的一切材料……都是从'经验'来的，我们的一切知识都是建立在经验上的，而且最后是导源于经验的"。② 爱尔维修认为，教育是最重要的改造社会的手段，教育对人的成长起决定性作用。爱尔维修"所理解的教育不仅是通常所谓的教育，而且是个人的一切生活条件的总和。"③ 他的错误在于将教育的内涵和外延扩大化了。

"教育救国论"可视为一种典型的扩大教育功能的言论。胡适认为，贫弱中国的发展"根本之计奈何？兴吾教育，开吾地藏，进吾文明，治吾内政，此对内之道也。"④ 认为相比起政治、经济途径，教育是最有效的，甚至认为教育是救国的"唯一途径"。

可以看出，"教育万能论"的偏颇在于过分夸大教育对社会和个人发展的作用，尤其是正面作用，放大了教育功能，把教育讲得无处不"功"，无所不"能"。⑤ "教育万能论"的历史价值和局限性已经被人们认识。其价值主要体现在对教育重要性的强调上，这对提升人们对教育的认识、推动教育观念深入人心具有很强的呼号作用。同时，其局限性主要体现在，模糊了教育实际功能和期望价值之间的关系，未能正确认识教育功能的有限性，易造

133

---

① ［英］洛克. 教育漫话［M］. 傅任敢，译. 北京：教育科学出版社，1999：185.
② ［英］洛克. 人类理解论［M］. 谭善明，徐文秀，编译. 西安：陕西人民出版社，2007：68.
③ 马克思，恩格斯. 神圣家族，或对批判的批判所做的批判［M］. 中共中央马克思恩格斯列宁斯大林著作编译局，译. 北京：人民出版社，1962：158.
④ 胡适. 胡适留学日记［M］. 北京：同心出版社，2012：287.
⑤ 燕国材. "教育功能泛化"刍议［J］. 探索与争鸣，2003（6）：43－44.

成错误的民众期待，对教育进行不正确或者过量的投入；当教育不能实现如此广泛和强烈的功能时，就会使人们产生失望情绪；同时，对教育功能过分夸大的认识，容易在寻找社会变革路径时陷入局限：既然教育如此万能，那么只需要改进教育、促进教育发展，即可解决广泛的社会问题，而这显然将社会问题简单化了，是不能达成目标的。在历史中形成的对教育万能论的批判性审视，对树立教育反贫困的正确观念，具有警示和指导意义。

三、辩证看待教育的反贫困功能宣传

基于我国现阶段教育反贫困中存在的现实问题，应当辩证地看待教育反贫困宣传的作用。

一方面，宣传在教育反贫困中具有正面作用。这个作用在一段时期内非常重要，其重要性体现在以下两个方面。首先，提升受教育主体的教育意识。我国的贫困地区通常也是教育薄弱地区，教育投入长期不足，办学条件差，贫困群众教育观念淡薄、受教育行为消极、教育期待低。造成这个状况的，有自然环境、历史文化、社会发展状态等原因，而对教育不够重视也是重要原因。不仅如此，调查中发现，贫困人群对教育扶贫及其相关政策几乎一无所知，家中有子女在读义务教育的家长，也没有意识到"两免一补"是教育扶贫政策。近70%的家长并不清楚孩子受到了教育扶贫资助，有一半以上的家长不能明确陈述资助的来源。在这种情况下，宣扬教育反贫困，引发贫困群众的警醒，有利于提升贫困群众对教育的重视。

其次，有助于提升扶贫主体的认识。本书调查中，扶贫干部对教育扶贫认识不足，重视不够。除了教育局的人员，其他政府部门的人员表示对教育扶贫政策并不是非常了解。

（由于）我主管的工作与教育扶贫无关，所以对教育扶贫的具体政策并不了解。（基层工作人员访谈记录 LFM178）

我各方面的工作都要做一点，对教育扶贫不是很清楚。（基层工作人员访谈记录 LFC181）

除此以外，在反贫困资金的分配中，教育也不占优势。一名深度贫困地区的扶贫办干部在访谈中认为。

目前教育扶贫不是主要的手段。当前我县扶贫的主要手段是基础设施和

产业发展。因为这两个更加迫切……我县整体由 SH（对口帮扶方）挂钩，一般来了之后按照需求投入，基础设施占比最大，产业不硬性安排，基本不投教育，除非对口帮扶方的联络员具备能力和资源获取额外的资金，才投到教育上。（扶贫工作人员访谈记录 FDM021）

扶贫干部是反贫困一线的工作人员，是直接参与分配国家反贫困资源的主体，通过放大教育功能在反贫困领域的影响，提升扶贫干部对教育的重视程度，有助于教育在反贫困整体体系中获得更多投入和更优质资源，保证教育发展获得更充分的外部条件。

另一方面，教育功能扩大化和片面化的观念在教育反贫困中具有负面作用。首先是造成民众的期待落差。将对教育反贫困的巨大期待混同于教育实际发挥的作用，将教育的基础性、内隐性作用泛化为教育直接带来经济利益的作用，容易造成期待落差。一旦接受教育之后未能实现所期待的经济效益，可能导致"读书无用论"，产生对整体教育的指责和失望，从而否定教育、放弃教育。此外，这种对教育的负面看法具有传染性，会对周围的人造成影响。其次是忽视了脱贫主体的多维主体性。个体在接受教育、接受培训时，作为学生具有主体性，学习效果的达成很大程度上取决于主体性的发挥。在个体投入生产劳动，产生劳动价值获取经济利益时，个体作为劳动者，对劳动机会、劳动付出、劳动成效也具有主观能动性。过分夸大教育反贫困功能的程度，潜藏着一个前提认识，即把通过受教育摆脱贫困看作一种必然，能不能实现主要在于有没有进入教育系统，而忽视了脱贫主体的地位与责任，不利于个体自主性和主体性的发挥。再次是造成对教育反贫困的误读，使教育偏离其核心目标。片面夸大教育的反贫困功能，过分强调教育的经济功能，忽视教育功能的整体性，容易导致不正确、不合时宜的教育投入，进行短视的教育改革，导致教育向功利方向发展，而这种功利性却不可持续。最后是对学校功能的夸大。教育反贫困功能的夸大与民众对"教育"的窄化理解相结合，即很多贫困群众普遍将"接受教育"简单理解为"接受学校教育""送孩子去学校读书"，使得贫困群众对学校功能的理解更加泛化，一些贫困群众认为将孩子送到学校便是万全之策，认为教育由学校完成，父母却很少对孩子施予正确、充分的家庭教育。家庭教育的缺位、薄弱，不利于孩子的健康成长，还会削弱学校教育的成效。

以上分析可以看出，教育自身不能实现全部的反贫困功能，不能在所有类型的反贫困中发挥主导作用。教育反贫困功能的发挥具有微观和宏观的限制性，也是个体与社会、教育系统和其他社会系统发生复杂互动的过程。并不存在一旦接受教育，就必然脱贫这样的简单线性关系，其间还有很多复杂的变量和局限。

第三节　地方教育体系羸弱要素乏力

前文已经阐述，教育同时具有反贫困的目标和手段双重身份。作为反贫困的目标，教育体系自身的大力提升，便是反贫困功能的实现；作为反贫困的手段，教育体系质量如何，能够以什么方式培养什么人，是反贫困功能实现的关键问题。

一、贫困地区教育体系羸弱的表现

贫困地区的教育体系通常比较羸弱，N州的情况极具代表性。该州长期教育投入不足，教育体系发展缓慢，主要表现在以下几个方面。

一是教育体系结构不完整。N州至今没有高等教育机构，学前教育力量很弱，在2015年前后，该州的幼儿园数量只有62所。[1] 执行教育脱贫攻坚政策之后，得到了突飞猛进的发展，很多地方特别是农村地区幼儿园实现了从无到有的突破。2017年发展到218所，[2] 涨幅接近3倍。但是，很多地方只能做到一年学前班、两年幼儿园的办学规模，三年入园率只有64%，[3] 幼儿园功能还不完善，实际办学结构仍待补充完整。私人教育体系仅处于零星发展阶段，私立学校很少，私立幼儿园有少量几个，私立中学有1所。这说明当地的教育需求分层分类还处于萌芽阶段，有能力有意愿以更多花费获得额外教育资源的家庭还比较少。

二是学校建设长期欠账。首先，学校建设经费依旧不足。虽然国家教育扶贫在学校建设方面有专项经费，但大部分学校原有占地面积不足，需要额

---

[1][2][3]　资料来源为N州教育局统计数据。

外土地来建新的校舍、宿舍和操场，需要征地，这个工作一般由当地政府完成。由于本就属于深度贫困地区，当地政府财力较弱；加之当地自然地形限制，本身可供利用的土地资源非常紧张，征地、搬迁成本巨大，征地实际推进比较困难。其次，校园环境功能类型不够全面。在教育扶贫中，学校教室、住宿和食堂的改进最为明显，校园环境布置和美化也有很大提升。但是，运动场地的建设较为滞后，这与运动场地类型多、占据空间多有关，也和当地体育课程观念仍较落后有关。校园环境建设方面，宣传墙、展示廊、校园美化等完成度较高，但学生交互性更强的活动场地建设较滞后，如学生可以进入的小花园、儿童可以开展多种游戏的功能角等，仍需加强。

三是师资队伍亟待提升。师资是当前贫困地区教育发展的瓶颈问题。在学校教育方面，贫困地区学前教育在强有力的教育扶贫政策下得到了飞速发展，在政策保障下，师资队伍建设有很大进展，通过特岗计划、志愿者计划[①]等，所有迅速建设的幼儿园（班）都已经开始招生。但是，整体教育体系的师资特别是幼儿园师资仍旧非常缺乏。以 2017 年为例，当年 N 州共有 218 所幼儿园，学前教育教职工 740 人，其中专任教师 598 人。[②] 这意味着，平均每所幼儿园仅有教师 3.39 人，其中专任教师 2.74 人。城区幼儿园的教师数远高于平均水平。这意味着很多乡村幼儿园是一师一园，基本的"保育员＋教师"配置无法满足，教师的专业性更难以保证。

义务教育方面，由于政策原因，近年来教师队伍的流失不再是严重问题，当前的主要问题是教师队伍整体质量提升。偏远地区的过渡性政策使得志愿者在一定程度上暂时缓解了师资队伍紧缺的问题，但志愿者大部分没有接受过专业的教师训练，并非高质量专职教师。有研究指出，制约"三区三州"农村教育的主要因素是教师收入低，晋升难。[③] 但这种状况正在改变。国家近年来发布了一些农村地区、偏远地区、高寒山区的教师工资倾斜政策，贫困地区教师的工资已经通过教育扶贫政策得到了很大提高。职称政策也已松

---

① 志愿者计划是当地的一种政策，在人员奇缺又不具备那么多编制的情况下，通过一定的门槛招揽一些人员暂时在这些岗位上工作，拿较低的工资。成为志愿者的门槛比成为真正的教师要低，但志愿者在考事业单位的时候具有一定的优先权。

② 资料来源为 N 州教育局 2017 年工作总结。

③ 郑长德．"三区""三州"深度贫困地区脱贫奔康与可持续发展研究 [J]．民族学刊，2017（6）：1－8，95－97．

绑。对在编教师队伍而言，编制限制和具体工作需要之间的矛盾比较尖锐。编制按照几十年前的标准制定，但是当前的教学需要已经发生了重大改变，不能满足日益增长的教学质量要求，甚至与当前教育扶贫中的大量教师培训产生了矛盾。

（我们的教师队伍中）在这个编制里面 3 人是工人，教师人数还是不够的。像这三个工人其实教师资格证都没有，不能上讲台。（访谈记录 LSZ084）

H 老师是班主任，还担任语文、品德课老师，除了课程教学以外，H 老师还有行政岗，担任教学处主任，H 老师的课往往都是让孩子自学，总的来说还是教师不够，但编制是原来的编制体系，编制名额是满的，所以学校招了代课老师，还有一些合同制的志愿者，合同期是两年。 （访谈记录 ALH805）

让教师出去培训的机会多，但是目前这里有个最大的弊病就是教师的编制不足，编制不足教师的培训就很难搞。现在教师相当紧张，一个钉子一个眼，这一个人出去培训了，后面的课就停掉了。我们是寄宿制，老师本来就是从早上七点管到晚上十点半，一个班级有一个老师出去培训了，另一个老师要从早到晚一个人管了。（访谈记录 LWX103）

教师队伍需要提升，主要反映在教学观念、教学技能方面。总体而言，贫困地区教学风格比较粗放。有的教师教学技能提升甚至还停留在"普通话更熟练"这样非常初级的阶段。原本 N 州有很多一师一校教学点，经过大规模撤点并校之后，学生和教师都集中到完小，一部分从教学点合并过来的老师，还感觉教学上不习惯、压力大，因为监督增强了，对教学质量的要求高了，原本的教学习惯跟不上了。

有的老师可能刚刚加入教育行业就比较生涩，也比较紧张，教的久了会摸索出自己的那一套方式方法，（老教师）现在相比以前的工作就轻松很多了。但是我们这个地方的人，普通话可能不太溜，音不是很准，这方面还需要提高。（新教师访谈记录 MZX805）

之前的一师一校教学水平很低，（并校后）在学校里面老师需要什么我们就要培训什么，像课堂教学的一些常规他们都很熟悉，教学目标、重难点、教学过程怎么走这些我们都大力开展培训，比较正规，有了很大提升。（访谈记录 LWX151）

这边老师呢上课还有很多错误，教学教法先不说，普通话都有很多错误，按理说语文课不应该有语言错误，但是语言错误太普遍了。（访谈记录LSL245）

老师打孩子他们（当地家长）是认的，在家里父母也是要打的，被老师打也是一样的。但是（帮扶的老师来了之后）发现竟然还能有不打学生的老师！帮扶的老师不打学生，也并没有觉得这些孩子更难管教。（访谈记录LSL230）

教师队伍的观念比较落后。一部分教师持比较老旧的教学观念，教学比较死板，教学效率不高，不愿意使用新设备。

一条粉笔也是上，各种设备各种实验也是上。（教师访谈记录 NLL801）

以前没有条件不用信息技术，现在有条件但是学的时候也"这样忙那样忙"，学起来困难。（教师访谈记录 NLC171）

不愿意尝试新的教学方法，或不愿意钻研新的教学方法如何使用：

我们也到外面学习了，上次学习了"参与式教学"，但不适用我们这边。我们这边学生能力跟大城市没法比。（教师访谈记录 FLM405）

可见，贫困地区师资队伍质量不佳，主要原因是能对教学发生实质性影响的教学观念、方法、手段和管理方式仍比较滞后。教师作为教育系统最具生产性的因素，是贫困地区教育体系羸弱最根本的原因。

二、贫困地区教育体系羸弱的后果

贫困地区教育体系比较弱，最直接的结果就是教育质量得不到保障。从各深度贫困地区调研对象看，教学质量的历史欠账都很严重。例如，在属于集中连片贫困地区的 L 县进行的贫困户调查中发现，户口上登记的文化水平常常无法反映真实的文化水平。登记为"小学"文化水平的人群中，有不少仅上到小学三年级、四年级，以中年人为主。而这些具有小学文化的人，其实际能力和文化水平又不相符。研究者对家庭中的主要劳动力进行了测试。由于各家户的人口数量不同，选择家庭中第一成员和第二成员的文化水平和读写算能力自我评估数据进行对比。在调查中按照家庭劳动力构成，将劳动收入最高的家庭成员定义为第一成员，劳动收入次高的家庭成员定义为第二成员。图 19 显示，贫困家庭的主要劳动力成员自认为能识字、能写字、能算账的人员比例均低于他们受过的教育水平。基本的读写算能力是当今小学的基本教学目标，而调查结果显示学校教育的成果没有实际上达成。这从侧面反映出贫困地区学校教育系统本身在教学目标达成度上的严重不足。读写算是人的基本技能，也是学习更精细技能的基础。基础技能丢失严重，或许对当前的生活尚可应付，但很难支持提高生产生活技能、自我学习、接受外界信息等发展性行为。在生产力迅速发展的当今社会，科学技术日新月异，缺失基本技能对个体发展和生活水平的提高产生了严重阻碍作用。

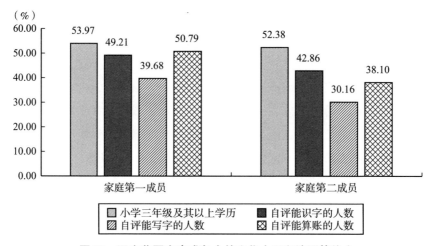

图19 深度贫困家庭成年人的文化水平和读写算能力

即使得到了大量政策支持，教育系统得到很大改善之后，教育质量仍旧不高。以 N 州为例，N 州当前总体教育质量不高。一方面，以升学率考察。升学率虽然不是一个完美的指标，但是作为一个量化程度很好的指标，能够形成清晰的比较。2017 年，N 州共有 2593 名考生参加高考，一本上线人数仅 160 人，上线率仅为 6.3%，相比之下，同年全省的一本上线率为13.66%；N 州二本上线 761 人，二本上线率为29.3%。① 由于同一个省内的高考试卷和阅卷方式相同，学业水平考试统一，所以以上这些指标说明 N 州整体教育质量不容乐观。另一方面，从访谈和调研资料中可以看到，提升教

---

① 资料来源：N 州教育局 2017 年工作总结。

学质量是大家非常关注的问题。

上个月（2018 年 9 月）开了全州教育质量分析会，（中考）300 分以下占比很大，今年的人数比去年增加了一千多人。（访谈记录 LKM101）

控辍保学数据完成率上升之后，总体教学质量在下滑，即：在册的人都入学了，但是很多控辍保学劝回来的学生自己并不想学习，或者因为曾经辍学，基础太差，所以考试时候分很低，甚至直接交白卷。在计算平均分的时候分母大了，均值就下降了，（这就表现为）全州总体教学质量在下滑。"我们阅卷组的老师也想了办法，甚至曾经约定作文只要抄了题目，都给一点分，（但这些学生）连题目都不抄。这样的学生在全州有几百个。"（访谈记录 LSJ189）

职业技术培训方面也存在不少问题。职业技术培训是教育反贫困的重要手段。在 L 县脱贫攻坚计划中指明：县脱贫攻坚总体目标是到 2020 年确保每户贫困户有 1 间抗震安居房，参与 1 个增收项目、学会和掌握 1 门致富实用技术。[①] 其中致富实用技术通过职业技术培训来完成。L 县教育局干部在谈到 L 县的职业技术教育时，这样说道：

当前职业中学有和中科院合作开展林下三七种植项目和新品种土豆种植项目（2016 年试种，2017 年推广），主要面对农民。但是，以上措施力度不够，不能完全解决当地的问题。职中的就业率是非常好的。（访谈材料 LFD703）

组织农民培训，由村里选人，政府出学费、管吃住，这样的培训基本愿意来，"没有吃住（他们）不来的"。但培训作用不太大，对种植效果有所改善，但农民就是学什么就怎么用，不能根据情况进行创新。养殖技术学了之后，因为农户自己没钱投资养殖，买猪仔小牛什么的，这技术也用不上，培训的效果相当于没有机会发挥；种植技术能用上，一些新的品种或者套种技术，林业部门直接给苗，农户就能用上，培训效果就发挥得比较好。（科技人员访谈材料 LCX722）

可见，农民工培训虽然很受欢迎，但是由于执行中存在的种种问题，可能导致覆盖面窄、技术与当地或个体需求不对接以及技术用不上等。

从功能论的角度来说，系统结构决定其功能；同时，系统结构并非固定

---

① L 县脱贫攻坚工作计划。

不变，人的行动能够改变系统。教育系统要发挥适当的功能，就要具备相应的结构。教育系统是社会系统的一个部分，教育系统内部又有多个子系统。无论是三要素说还是四要素说，都承认教育系统中教师、学生和教育手段的重要性。教育功能的形成和实现，既有赖于教育系统的外部环境，更和教育系统内部运行息息相关。本节主要阐明的是，教育反贫困功能的发挥，首先有赖于教育系统本身具有足够的使人摆脱贫困的能力。教育系统的功能是教育系统内部各种子系统互相作用而构成的固有能力的外部表现，它归根结底由教育系统的构成要素及其结构决定。这是教育系统和外界发生作用的内在依据。教育反贫困功能的形成和实现，对教育系统内部结构来说，有赖于行之有效的教学方法、与社会变化接轨的教学观念、对学生生活和成长有帮助的教学内容，更重要的是，教育的环境、过程和结果，能够使学生形成有利于融入社会并与社会发展相适应的观念和基础能力，能够为学生在未来的生活中争取更多机会和更大发展空间而做准备。这是教育个体社会化基本功能的体现。

长期贫困和当地的教育发展水平高度相关，不仅存在教育缺失的贫困陷阱，还存在教育发展不足与农村地区长期贫困之间的恶性循环。[1] 贫困地区和贫困人群在社会整体中处于一种边缘、区隔和弱势的地位。要让贫困人群经由教育这一手段实现脱贫，教育系统本身也应具有相当的实力与能力。从森的能力贫困观点出发，贫困是对人基本可行能力的剥夺，而教育是提高人的基本能力的重要手段，受教育是人的一种权利。处于贫困中的人群，如果接受的教育是低质量、不充足、不适当的，这本身就是对人的基本权利的一种剥夺。地方教育体系羸弱就是教育发展长期不足的结果和表现，贫困地区教育水平低下，可能导致贫困人群在接受教育之后仍旧无法获得适应社会的基础能力和基本技能，使教育的反贫困功能无法充分发挥。但是，教育系统质量提升，就教育系统内部要素来说，其根本不在于物质环境、资源的提升，而在于与人有关的教学能力、教学水平、学习氛围、教育期待等因素的提升与改善，而这些教育要素的改变并非一朝一夕可实现，而需要较长时间在教育系统和社会、家庭等其他系统的复杂互动中逐渐改变。

---

① 陈全功，程蹊. 长期贫困为什么难以消除？——来自扶贫重点县教育发展的证据 [J]. 西北人口，2006（3）：39－42，46－47.

第四节　教育与其他活动存在行动逻辑矛盾

一、教育反贫困功能实现的长期性

教育功能的发挥，整体呈滞后性、长期性和潜在性。教育的根本目的是培养人，促进人的全面发展，而人的发展是一种长期持续变化的过程，人在受教育的过程中发生的改变，是逐渐累积和逐渐呈现的，要经历一定的时间才能体现出来。技能学习需要经历观察、模仿、熟练、运用的过程；知识学习要经历接触、记忆、理解、运用、创造的过程；观念、态度等学习更是需要较长的注意、整合、外显化过程。总之人的成长是在一个较长时间内逐渐发生的过程，这是教育的基本规律。

教育反贫困应遵从教育功能的滞后、长期和潜在性规律。人的生产能力和劳动能力并非一朝一夕就能提高，人成长为一个劳动者、一个高效的劳动者，都需要经历一定时间。在这个过程中，教育发挥作用，还遵循教育本身的规律：教学规律、学校组织规律、师生交往规律、课程组织规律等。而人成为劳动者之后，还需要投入生产，在社会分工中从事一定的生产劳动活动，从而获得相应资源，以此为基础展开生产生活的其他活动。这个转化过程，有时候是几十天，但更多的时候是几年甚至十几年。在现代社会中，学校教育反贫困功能实现的滞后性、长期性非常明显，特别是基础教育的反贫困功能实现周期更长、更具隐蔽性。在教育反贫困实践中，教育规律和教育逻辑不一定和行政的、生活的逻辑完全契合，于是出现了教育功能长效性与其他行为效益短期性之间的矛盾。

二、行政部门政绩行为更追求短期成效

行政部门具有政绩考核压力，具有追求短期成效的倾向。行政中存在教育功能长期显现和政绩追求短期效益之间的矛盾。虽然贫困地区存在非常严重的基础设施、公路交通、住房等问题，但是，教育在资源分配上不占优势甚至在某些方面处于劣势地位。在有的地方，扶贫的主要任务是"安居建

设、产业发展",① 教育扶贫"不是主要手段"。

目前教育扶贫不是主要的手段。当前我县扶贫的主要手段是基础设施和产业发展。因为这两个更加迫切。比如在 100 万的扶贫款中，不可能用 50 万做教育，用 5 万都做不到，能有几千就不错了。(访谈记录 LCF720)

在现有政策框架下，除上面这种整体资金按照地方需要自行分配的情况，也有教育扶贫资金必须专款专用的情况。专款专用时，资金比较容易投入到能快速获得可见收益的项目上，比如校舍改扩建、场馆整修、设备购买、教师培训、学生资助等方面。这些方面的成效是物化的，较易彰显。笔者调研发现，立竿见影的项目最容易获得投资，也最容易被写入报告中作为工作成绩。像校安工程、薄弱学校改造工程、学前教育工程、农村学校教师周转房工程、基础薄弱县民族高中建设项目、集中连片困难地区普通高中改造项目、农村初中校舍改造工程项目、义务教育标准化建设项目这类项目，推进都比较快，成效显著，办学条件得到明显改善。但是对于教育的内部改善、系统性的教育质量提升，就很少有人能谈及具体做法和成效。学生和家长的感知也易集中在外部环境变化上。调研中，所有谈到孩子学校变化的家长，都以教学楼、宿舍楼、花园这样的建设成果作为例子来说明"孩子的学校有很大变化"。但是对于更加长远、内隐的教学质量、教学活动、孩子的学习收获等，感知甚少。

政府工作人员、扶贫干部并非不认可教育对当地的重要性。问卷调查中"教育扶贫"的重要性被放置在第一位（见表 4）。教育的重要作用被不断确认和强调，但实际操作中却还是以短期可见成效的工作为优先选择。

表 4　　　　　　　　　　扶贫干部对各项扶贫措施的重要性评分

扶贫措施	平均综合得分
教育扶贫	5.45
产业发展	5.15
农村基础设施建设	4.11

---

① 某深度贫困县脱贫攻坚规划（内部材料）。

扶贫措施	平均综合得分
扶贫培训	2.9
社会保障	2.22
金融扶贫	2.2
生态补偿	1.43
异地搬迁	1.13

即使是教育行业的专业人员，对教育反贫困的作用，也停留在给钱给物的层面。

教育扶贫是有效的。方式是：第一，两免一补；第二，高中的补助，根据成绩和家庭条件来评选，政府将名额分配到各中学，由了解情况的学校掌握具体评选情况；第三，职中针对农民与中科院展开的技术培训。非农技术教育主要针对在校生。这些我们日常也在做。（教育局工作人员访谈记录LCT721）

教师以当下的现象来描述学校在教育扶贫中的改善，至于长远一些也更困难的教育质量、教育长远发展则语焉不详。

学习的条件是越来越好了，跟其他地方比的话，伙食这些方面是一样的，但是教学这些有差距。（教师访谈记录LMT101）

教育功能的长效性和短期行政行为之间的矛盾，源自教育逻辑和管理逻辑之间的矛盾。教育以人的发展为根本目的，人的发展就是教育的基本逻辑，可以说教育的逻辑是以人为本。但是管理的逻辑不是以人为本，而是效率，管理是以提高个人、组织以及总体的劳动效率为逻辑的。[1] 管理虽然也是一种人与人的关系，但却是通过人际关系之间的协调实现计划、组织、领导和控制。无论行政管理还是学校管理，都需要将资源分配、人员产出具体化、量化，使之可操作和可观察，使资源在组织间合理、高效地分配，这是行政部门、各级学校管理和被管理的基本特征。即便是以人本管理为标志的巴纳

---

① 丁雪峰，杨河清. 管理的三个逻辑起点 [J]. 重庆理工大学学报（社会科学），2013（10）：53 - 58.

德（Chester I. Barnard，1886～1961）管理理论，强调在管理中尊重人性、注重合作意愿，也强调个人意愿的有限性，强调组织的共同目标,[①] 强调组织是由人组成的，并非以人本身为目标。即使是被认为将人的价值看得最为重要的战略性人力资源管理，其目的也是提高组织的效率和适应度。[②] 在当前社会发展条件下，特别是在各方面发展都还比较滞后的贫困地区，行政管理和学校管理水平还相较较低，尚不能达到追求更灵活更关照个体的管理水平。在贫困地区学校制度、教育行政体制以及整体社会发展水平大背景下，教育逻辑和管理逻辑在资源配置、组织目标、主体关系、情理关系和评价等方面产生了背离,[③] 在教育相关者各自的利益追求中，教育反贫困功能的实现产生了一些困难。

三、贫困者教育行为优先满足短期效益

贫困民众的教育行为选择也倾向于先满足短期效益。一方面，基于入户访谈进行的统计表明，家长对孩子读书很看重，所有家长都表示支持孩子读书。贫困家长也认为读书是获得好工作的途径：63.5% 的贫困家长认为教育能为受过教育的人带来的好处是"更好找工作"；52.4% 的贫困家长认为接受教育能带来更高的收入。另一方面，在实际教育行动上，却又表现出消极的行为方式。一些家长对孩子上不上学"主要看他（指小孩自己），他想上就上。"这种家长经常是隐性辍学的学生家长，孩子也很有可能是控辍保学的主要对象。如果孩子不去上学，他们很少进行有效管理。有的家长认为孩子上学还是好的，但是不会具体的教育方法。

因为我么是文盲嘎，娃娃（读书）必须要支持。因为我文盲，娃娃比我还晓得，现在什么都她懂得。小孩在学校里每天做什么，那些不晓得，自己学校里面整起（学习生活），我一天一天没有在（娃娃身边）么。娃娃读书各方面，那种（做得不好）么，到处跑（的话），老师管，（她）一天天做什

---

① ［美］巴纳德. 经理人员的职能［M］. 王永贵，译. 北京：机械工业出版社，2007：11，61.

② Dvanna M A, Fombrun C, Tichy N. Human-resources management：A strategic perspective ［J］. Organizational dynamics，1981（3）：51–67.

③ 张学敏，陈星. 教育逻辑和管理逻辑的背离与契合——兼论教育饱受诟病的缘由［J］. 东北师大学报（哲学社会科学版），2018（1）：138–148.

么我晓不得。（家长访谈记录 NFL301）

部分贫困家长所"表达的"教育重视程度，和他们实际教育行为选择之间的偏差，造成的最直接结果，就是"控辍保学"依然是贫困地区教育工作的重点。

控辍保学的困难很大。如果学生不愿来上学，那就由乡政府去做父母的工作，"逼迫"他们来上学。如果乡政府工作力度跟不上就会影响义务教育均衡的过关率，其中小学的控辍率高，而初中问题很严重，初中控辍率还没达到国家控辍率线。（访谈记录 NFG1001）

整个乡现在进行了学校扩建，控辍保学现在仍然是一个问题，很多父母并没有意识到孩子接受教育是一个义务，认为政府让去学校读书那就去读书嘛……但是控辍保学也能在指标内完成，如果学生辍学，政府、学校、班主任会进行动员，让他们回到学校，如果他们不来上学，会对其家庭处以 200～300 元的罚款，但这造成一个问题，那就是有些家长认为只要交两三百的罚金就可以孩子留在家里了。（访谈记录 NFL1102）

虽然在政府的高度重视和强力执行下，控辍保学可做到基本达标，但是教师和基层政府工作人员表示这是在极大压力与极大阻力之下努力完成的。小学不是控辍保学的重点阶段，初中才是控辍保学的重点阶段。儿童成长到初中，具有了一定的劳动能力，身体方面也逐渐成熟，可以回家劳动，可以结婚，[①] 相比要继续投入学习，家长和逐渐成熟的少年可能会在各种观念和压力下选择优先考虑眼前的收益。

家长选择的教育行为和表达的教育认同之间的矛盾，是生活生计逻辑与教育逻辑之间矛盾的具体体现。对贫困人口的生计研究表明，辍学是贫困人口抵御经济风险的方法之一。[②] 当面临经济风险时，贫困人口必须增加收入、减少开支，度过眼前的生活，这就是贫困人口的生计逻辑。面临生计风险时，贫困家庭可以通过借钱、减少开支、打工、卖牲畜、依靠集体、卖财产、等

---

① 在很多贫困地区都有早婚的习俗，这种习俗在调研的贫困地区仍然有较大的影响。

② 陈传波，丁士军. 中国小农户的风险及管理研究［M］. 北京：中国财政经济出版社，2005：147－158.

待救济等方式，来增加当前的经济收入。[①] 还可以让子女辍学并将他们作为劳动力投入生产获得收益。由于教育开支是当下立即支出的，而教育的收益却是未来才可能获得，因此辍学这个手段，具有一种双重的当下收益：缩减子女读书的花费——即使接受教育并不需要贫困家庭承担多少费用；同时孩子辍学投入生产劳动的收益却是当下就可以获取的，可以短期内为家庭带来收入增长。仅从"花销"的角度考虑（而不是多维贫困的其他角度），如果没有特殊的教育扶贫政策支持，家庭需要为子女上学支付包括路费、零花钱等一些其他的成本，特别是后义务教育阶段的私人教育费用急剧增长。在本书调查中，家长认为供孩子上学的费用在家庭支出中占据比较大的比重（见图20）。

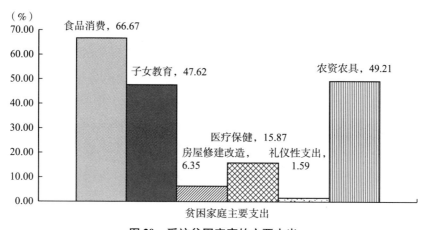

图20　受访贫困家庭的主要支出

注：受访家庭的子女就读阶段包含学前教育到大专，家长在计算费用时将路费、零花钱等均计算在内。

前文已经讨论过，教育的投入和收益之间有一个时间差。教育消费立竿见影，而教育的经济回报却是未来的、不确定的。这种收益的不确定性，对贫困家庭而言是一种风险。贫困家庭大多数倾向于选择比较保险的低风险生计策略，尽量避免高风险行为，这被称为"风险厌恶"，这种风险厌恶特征

———————————

① 陈传波，丁士军. 中国小农户的风险及管理研究［M］. 北京：中国财政经济出版社，2005：248－253.

似乎可以使他们免受破产危险，但同时也使他们失去了很多提高收入的机会。[①]"新读书无用论"也是贫困家庭生计逻辑和教育长效逻辑之间矛盾的表现。贫困家庭需面对孩子"不上学等着穷"但"一上学马上穷"的选择困境，甚至还需承担找不到好工作的情况下永远穷的后果。[②] 在生计逻辑之下，"新读书无用论"就具有了一种奇特的合理性。或许贫困人群并没有清晰地认识到这一点，但是"新读书无用论"体现的是教育高投资与低收益矛盾的经济根源、资本占有与社会流动差异的社会根源、教育质量供给与社会需求矛盾的教育根源，[③] 是教育本身的逻辑、市场的逻辑和贫困人群生计逻辑之间的矛盾。

综上所述，教育反贫困功能的发挥在行政逻辑、教育逻辑和贫困家庭的生计逻辑之间存在着矛盾，行政和学校管理行为注重短期和更易量化和物化的业绩表现，而部分贫困家庭更倾向于选择获取当下利益的教育行为，从而给教育长期的反贫困功能实现造成了阻碍。

---

① Mosley P，Verschoor A. Risk attitudes and the vicious circle of poverty ［J］. European Journal of Development Research，2005（1）：59 – 88.

② 郝文武. 新读书无用论的根源及其消除［J］. 中国教育学刊，2009（9）：34 – 36.

③ 侯勇，徐海楠. 教育效用僭越与价值复归："新读书无用论"的社会学分析［J］. 中国青年研究，2014（6）：77 – 81.

第六章　教育反贫困功能的
　　　　　实现条件

　　教育具有反贫困功能，这个功能非常重要，但其实现是有条件的，其实现条件体现了教育反贫困功能的有限性。教育反贫困功能的发挥受多种因素影响，既有社会大系统结构性因素的影响，也有教育系统内部因素的影响。教育系统是人的行动和建构的结果。人是环境和教育的产物，教育亦同时是人的产物，教育系统既有稳定性又有变革性。下文从微观到宏观不同层面分析教育反贫困功能的实现条件。

　　首先，个体是教育活动和反贫困活动的主体。教育先对个体发挥作用，然后对中观和社会产生外溢作用，从而形成对整体社会的改造。个体在教育和反贫困两种行动中都具有鲜明的主体性。个体的主体性是整个社会得以存在和运行的根本动力。教育反贫困功能实现的过程中，主体性条件是首要条件。

　　其次，教育反贫困功能的发挥，与教育系统自身的结构有关，但也非教育系统内部即可完成，而是需要其他社会系统共同发挥作用。这体现了教育系统和其他系统的互动关系，本书将这些阐述为结构性条件。

　　最后，从社会系统宏观层面来看，从功能论角度出发，教育只是反贫困的一种途径。除了教育子系统以外，其他的社会子系统也具有反贫困功能，如再分配系统、福利系统等。但教育系统的反贫困功能是独特的，这个独特性是由于教育系统自身的结构所造成的。因此，本书将教育系统和其他社会子系统并列置于反贫困的整体视野下，讨论教育系统反贫困功能的独特性。教育反贫困功能和其他社会子系统的反贫困功能之所以不同，就在于它们指向的贫困类型不同，这是教育反贫困功能实现的指向性条件。

第一节　主体性条件

　　人是一种对象性活动的存在物，人通过自身对象的自我生成来确证其本质力量，人的主体性的确证也就是对人自身本质力量的肯定，这表现为人在自己的有意识的生命活动中遭遇对象而又必然与之共为一体的发展过程。[①] 教育是一种培养人的社会实践活动，是人"直接以塑造和建构主体自身为对象的实践领域"。[②] 教育既发挥个体的主体性，又培养个体的主体性。明确并尊重教育者和受教育者的主体地位是教育的前提，在教育者主体和受教育者主体交互作用的过程中，教育者和受教育者的主体性得到发展。教育的这种主体性体现为受教育主体和教育者主体在教育实践活动中遭遇对象，并与对象共同发展的过程。

　　教育反贫困功能的发挥，是由人接受教育而产生的。因此，在教育反贫困功能的实现过程中，基本的实践活动便是人接受教育。这就使教育反贫困功能的实现具有了对象性条件。从这个角度上讲，有将个体看成教育反贫困活动的"客体"的倾向，但这绝不是忽视人在受教育和反贫困中主体性的意思。对象与客体有区别。一般而言，人们使用"主体"与"客体"这一对概念时，主要是在认识论中进行讨论：主体认识客体、客体被主体所认识；而我们采用"对象"对教育反贫困进行讨论，是基于教育和反贫困中强烈的互动性：主体与对象的关系囊括了人类的全部生活，二者之间具有互动的可能。[③] 在教育活动中，受教育者和教师、学习内容、学习资源和学习环境强烈复杂互动；在反贫困实践中，贫困者更是进行一系列复杂的生产实践活动，和多主体和多客体产生复杂互动。

　　对象是主体行动或思考时作为目标的事物。[④] "对象如何对他来说成为他

151

---

① 詹艾斌. 论人的主体性——一种马克思哲学视点的考察 [J]. 社会科学研究，2007（2）：114－119.

② 桑新民：呼唤新世纪的教育哲学——人类自身生产探秘 [M]. 北京：教育科学出版社，1993：4.

③ 马拥军. 哲学史上的主体与对象关系 [J]. 华侨大学学报（人文社科版），2001（4）：1－9.

④ 罗竹风. 汉语大辞典 [M]. 上海：汉语大辞典出版社，1998：1081.

的对象，这取决于对象的性质以及与之相适应的本质力量的性质"，① "我的对象只能是我的本质力量的确证，也就是说，它只能像我的本质力量作为一种主体能力自为地存在着那样对我存在，因为任何一个对象对我的意义（它只是对那个与它相适应的感觉说来才有意义）都以我的感觉所及的程度为限"。② 这意味着，教育的对象一方面决定于教育本身的基本属性，另一方面决定于受教育对象，也就是"人"的基本属性。在教育反贫困实践中，教育活动、反贫困活动和受教育对象的"人"，三者的基本属性都产生影响。因此，可以说，个体作为受教育者时，学习者是教育活动的对象；个体进行学习时，个体是主体，学习内容、学习材料、学习资源是学习活动的对象；个体进行劳动生产建设生活时，个体是主体，生产资料所在的外部世界，包含外部世界中的其他人，是个体生产生活的对象。

教育反贫困中的个体，既是教育活动的对象，又是反贫困活动的对象，主体性体现于对象性之中。准确把握教育反贫困的对象性特征，是教育反贫困实践展开的必要前提，这也是我国精准扶贫阶段强调"对象精准"的体现。只有这样，才能避免进行无效盲目的教育反贫困实践，获得真正的效果。教育反贫困的主体性既体现为主体的群体特征，也表现为主体的主观能动性作用，具体从以下几个方面进行阐述。

一、作为基本权利的教育全纳性

在最基本层面上，教育反贫困主体范围是全纳性的，这源于教育是一项基本人权。所有社会成员以接受教育为生存和发展的起点。所有人都有受基本教育的权利，在此基础上谈论教育反贫困功能的实现。受教育权具有法理上的正当性，但受教育权的实现却根据实际情况有所不同。当前全世界范围内的所有国家，根据国家实力、社会发展程度和教育制度的不同，大部分国家只保障公民在基础教育层面全纳地实现受教育权。除此以外的绝大部分类型和层次的教育都不是全纳的。一方面，教育是一项基本权利，所有人都享有受教育权。我国法律规定："公民不分民族、种族、性别、职业、财产状

---

①② 马克思，恩格斯. 马克思恩格斯全集（第42卷）[M]. 中共中央马克思恩格斯列宁斯大林著作编译局，编译. 北京：人民出版社，1979：125，126.

况、宗教信仰等，依法享有平等的受教育机会"。① 如前所述，多维贫困认定中，教育是一种必需的生活品，教育缺乏是贫困的一个结果，这是全球共识。教育作为贫困的一个维度，应为所有人提供基本的教育，否则就是在教育这个维度上的短缺，是为贫困的一种类型。另一方面，需要强调的是，虽然教育短缺是贫困的一个维度，但并非所有教育都应为所有人提供。在当前社会阶段，有些阶段和有些类型的教育并非基本，而是带有明显的阶层性质，并需要高昂的经济投入，这是阶层社会不可回避的问题。某些高等教育、学术顶端的教育、某些类型的艺术教育等其他一些形式，具有强烈精英性、消费性或娱乐性，不一定是贫困者必须享有的教育。另外，从教育反贫困功能的基本性出发，不应让经济条件成为接受基本教育的门槛，应保证贫困人群享有无门槛的基本教育，在我国当前的社会情境下，这主要指九年义务教育。学前教育和高中阶段教育的门槛也正在变得越来越低，同时，一部分技能学习向贫困人群无门槛开放。因此，我国的贫困人口能够享有的教育，正在从基础教育往其他类型和更高层次教育扩展，实现受教育权的更大范围行使，实现范围更广的教育反贫困。

153

二、受教育主体具有学习可接受性

根据教育活动的基本规律，受教育主体对学习必须具有可接受性。人是教育的对象，"人"是一种总体称谓，教育对象是具体的"个人"，个体具有差异性。

一方面，教育这种特殊活动能否真正发生，与受教育者的个体特征紧密相关。如果具体的个人对教育不具有可接受性，即"对于没有音乐感的耳朵说来，最美的音乐也是毫无意义"。② 孔子也认为有些个体是不可教的。孔子将个体分为四种"等级"："生而知之者，上也；学而知之者，次也；困而学之，又其次也；困而不学，民斯为下矣"。③ 也就是说，就学习这件事情来说，个体差异主要表现在"什么时候学习"。"生而知之者"现在看来并不存

① 见《中华人民共和国教育法》。
② 马克思，恩格斯. 马克思恩格斯全集（第42卷）[M]. 中共中央马克思恩格斯列宁斯大林著作编译局，编译. 北京：人民出版社，1979：125–126.
③ 朱振家. 论语全解 [M]. 上海：上海古籍出版社，2014：264.

在；主动学习的人是比较好的；如果碰到困难才去学习，虽然比较被动，但仍是"可教"的；如果碰到困难都不去学习，就很糟糕了。要发挥教育反贫困作用，需使教育效果达到一定的程度，能让个体在观念、态度、知识和技能等方面发生足够的变化，从而能够将这些学习成果转化为生产力，需要受教育者具有基本的生理条件（如听力、视力、信息表达能力等）、智力条件和情感条件等，对不具备这些条件或条件达不到基本程度的学习者，即使具备享有教育的基本权利，要实现通过教育反贫困，也是存在一定困难的。教育所能改变的主要是后天问题，只能是在先天条件基础上发掘人的潜能，拓展人的发展可能性，而不能无视先天条件完全从零开始创造、塑造人。

另一方面，前文已述，人一生的历程中对教育的可接受性随时间而变化。一般而言，人在儿童期、少年期、青年期，是接受教育的高峰时期；成年期是劳动生产的高峰时期；而老年期随着身体机能衰退，学习的可接受性减弱，学习成效下降，同时劳动能力也在下降。因此，教育反贫困的接受性，不仅从受教育的角度出发，还要从接受教育之后进行生产劳动的角度出发。这一点在技能培训中体现较为明显。

培训的行政命令从州府发出，各县下发乡镇村，选拔 50 岁以下、16 岁以上有培训意愿的农户。……被培训的农户文化水平比较低，初中、小学和部分文盲（年纪比较大）。其中，年纪比较大、文化程度比较低的，培训技术含量比较低的技能，比如保洁、保安、建筑工（砌墙）等；如果是技能含量比较高的，就要求年轻点（也意味着 9 年义务教育完成），比如驾驶汽车、开挖掘机、修理摩托车，要求 35 岁以下。（农民讲习所讲习员访谈记录 NLK071）

从这个例子中可以看出，在对贫困者分配教育资源时，充分考虑到了技能培训的可接受性。除学习者自身条件以外，前序知识和前序技能也是一种重要的考虑因素。

三、教育反贫困主体具有意愿性

教育反贫困的主体应具有意愿性，意愿是受教育主体和反贫困主体主观能动性的体现。意愿表达了个体对实践活动的需要，个体的活动便是力求满足需要的过程。个体没有想要满足的需要，就没有活动的意愿和动力，个体活动的主动性和能动性就会降低。如果个体在活动过程中满足了一定的需要，进一步通过新的活动来满足新的需要，于是推动自身不断发展。行为科学认为，行为意愿是个体行为发生的决定因素，是行为态度、主观规范和行为自控等更深层心理变量共同影响的结果。[1] 就学习而言，"知之者不如好之者，好之者不如乐之者"，[2] 也揭示了主体意愿的重要性。

在教育反贫困中，主体意愿性体现在两个方面，一是学习的意愿性，二是劳动致富的意愿性。其中，学习的意愿性是指贫困个体是否愿意学习知识文化技能；劳动致富的意愿性，是舆论中经常谈到的"脱贫意愿缺乏"，即"扶贫先扶志"中的"志"，是要通过教育进行内生性改变的个体意志。贫困地区的儿童缺乏学习意愿，是造成学生隐性辍学的原因。"控辍保学"仍是很多贫困地区义务教育阶段的重要工作，也体现出部分学生学习意愿不强的事实。

一部分通过强硬手段、宣传手段劝回学校的学生，到了学校也不学习，或者"来学校上几天，过几天又逃学""今天有的找借口说老师我肚子痛，然后回去三天。其他的就是今天我来一两天，然后又回去……我们一联系，他又回来两天，然后过两天又跑回去，（这）就是短期流失"。很多贫困地区的控辍保学工作都做得非常辛苦，虽然在统计数字上能够控制在国家要求的比例之内，但是实际上学生学习效果不尽如人意。本书第四章已经对贫困地区教学质量水平欠佳的问题进行了讨论，其中有多种因素的影响，但学习主体的意愿欠缺就是其中的重要原因。

在教育反贫困中，学习意愿性和生产劳动意愿性实际上是结合在一起的，共同对教育反贫困功能发挥作用。这在成年人的教育反贫困中尤其明显。下面这段深度贫困地区的入户访谈案例，说明了两种意愿都缺乏的情况。

一"建档立卡户"全家共 4 口人，由 58 岁的父亲、一对"90 后"兄弟和弟弟的妻子组成。房屋是陈旧破损土木房。虽然家里 4 口人都是劳动力，但是主要赚钱养家的只有两兄弟中的哥哥一人。弟弟主要负责养牛，弟媳做家务。虽然哥哥对家庭收入不太满意，但是他不认为自己贫困，没想过脱贫，"没想到办法"提高收入，也"不想打工，因为没有文化"。哥哥干农活的时

---

① Ajzen I. The theory of planned behavior [J]. Organizational Behavior and Human Decision Processes, 1991 (2): 179 - 211.

② 朱振家. 论语全解 [M]. 上海：上海古籍出版社，2014：82.

候是看别人家怎么弄就怎么弄。如果要提高收入，"个人多苦一点，多帮工，提沙灰""培训愿意参加（点头）"，态度比较消极。（根据调查走访记录LCC081整理）

贫困者同时缺乏学习意愿和通过劳动能力提升来改善生活的意愿，必定影响教育反贫困效果。在基层劳动力培训中，意愿性处于一种矛盾的考量之中：有时通过强制的方式，通过基层干部进行动员工作、借助政策捆绑贫困户，有时以自愿为前提。下面这段访谈说明了基层工作中对劳动力培训的意愿性的这种矛盾或妥协的做法：既考虑到被培训者的意愿，又根据实际需要来强行调配。

……（我们帮助组织）自愿培训：异地搬迁的妇女要教炒菜，她们不会炒菜，还申请（培训）打扫卫生和整理，这个是一种；自愿培训里还有钢筋工、建筑工……在自愿报名的基础上，我们进一步核实（名额和意愿）。核实（之后意愿）被调整他们是没有意见的。（村干部访谈记录NLM210）

意愿性条件对教育反贫困功能实现的影响还体现在意愿错位上。即拥有通过学习技能从而劳动致富意愿的人，想要的受教育方向、技能类型却不是可以获得的教育资源，可获得的教育资源和需求之间产生了错位，一定程度上挫伤了意愿性，更是教育资源的一种浪费。下面两段案例典型地说明了这个问题。

建档立卡户Z家有两个孩子在上职业高中。弟弟上职高的时候是根据老师的指导报的农林专业，但是自己不喜欢，刚开始上的时候感到厌倦。学了之后慢慢有所改观，但对以后能做什么，仍然感到比较迷茫。（调研材料LCZ277）

一位符合各种学员选拔要求的建筑技能培训班学员，在学员调查表中写道：我有美发的手艺，我的目标是开自己的美发店，想要进一步学习美容美发的相关知识。（但目前学习的是建筑初级工技能。）（调研材料ZJZ244）

当意愿性充足并获得适当满足时，教育对穷人的作用可以被放大，贫困者能力得到有效开发，教育反贫困功能的发挥才具备了可能性。从能够享有受教育机会到充分利用受教育权进而实现教育功能实现之间，主观能动性发挥着重要的中介作用。即学习和产生学习成果之间、接受教育和提高劳动生产技能之间、接受教育和增加劳动收益之间并不存在必然的因果联系。"教育活动的要素、流程与其效果之间的相关关系是概率论的，而不是决定论的"。① 由于主观能动性的存在，教育反贫困功能的实现具有一定的不确定性和程度上的差别。

四、教育脱贫主体具有生产劳动可产出性

教育反贫困的对象应具有生产劳动的可产出性。具有劳动能力并且劳动能力具有提升空间的人，是教育反贫困的对象。意愿性是指个体在生产劳动中主观能动性的发挥，而可产出性则指向劳动能力的客观现实条件。前文已述，教育能够生产和提升劳动能力，能够改变劳动力的形态和性质，使劳动价值增加，这是教育反贫困功能的基础。如果反贫困主体由于疾病、年龄或者身体残疾、智力障碍等原因，不具备劳动能力，或者劳动能力不具有发展空间，也不适合通过教育摆脱贫困，适合这类人群的脱贫途径可能是医疗保障、最低生活保障等其他福利措施。身体部分残疾但智力正常的人，即使无法参加体力劳动，却尤其适合通过接受教育，提升知识智能水平，从而有更多机会参与复杂脑力劳动。对他们而言，教育是一种更加适合的反贫困途径。

五、教育反贫困主体的经济限定性

教育固然对每个人的发展都是必需的，但却不是每个人都有教育短缺的风险，更不是每个人都寄希望于通过接受教育来摆脱贫困。只有当物质进一步丰富、人类精神得到提升之后，人们对教育的需要才逐渐转化为精神的完善、满足和享受，才不仅追求教育的有用，而更追求教育的"自由和高贵"。② 也就是说，对这个社会上的一部分人而言，受教育是一种提升生活品质甚至是充分享受生活的选择，而不是抵御贫困的依仗。从该意义上说，处于贫困之中和处于较大贫困风险之中的人群，是教育反贫困功能的对象。对不贫困的人群而言，不存在教育实现反贫困功能的说法。

---

① 项贤明. 泛教育论——广义教育学的初步探索 [M]. 太原：山西教育出版社，2000：501.
② 华东师范大学教育系，杭州大学教育系. 西方古代教育论著选 [M]. 北京：人民教育出版社，1985：109.

第二节 结构性条件

"一种社会现象对于一个它所属的更为广大的体系来说所具有的被断定的客观结果"① 就是社会组织的功能，教育反贫困功能是置于整体社会系统中来考察的。在系统论中，系统是多层次的。系统的内部组织形式是系统的结构，系统和环境之间的交互活动表现形式是功能。② 系统产生了什么样的功能，是系统自身结构和要素所产生的结果，也是系统和环境之间相互作用的结果，而所谓的环境则由在社会大系统中的其他子系统构成。因此，从两个方面阐述教育反贫困功能实现的结构性条件：一是教育系统自身的结构和要素的影响，二是其他社会子系统对教育反贫困功能实现的影响。

一、教育系统自身的结构性条件

教育系统要发挥反贫困功能，首先要具备适当的系统结构。教育是一个复杂系统，具有相对稳定的基本结构。这个基本结构可以被描述为体制、教育层次、教育类型、形式、区域、目标体系、教学、管理和观念等的组合，每个部分又包含具有下层子系统的多层次结构。对社会大系统来讲，教育是其子系统；在教育系统内部，各组成部分是其子系统，并且各部分的要素又是子系统的子系统，这是一个多层次的结构。从另一个角度来说，教育系统又可以描述为经验的传授者及其传授活动、经验的接受者及其接受活动、经验及其媒体三个子系统，③ 以上所说的体制、教育层次、教育类型、教育形式等，都是这三大子系统的不同特征的表现。例如，教育层次所涉及的学前、小学、中学、大学等，是不同年龄的受教育者、不同深度和类型的经验及其传递方式所构成的子系统。因此，教育系统的内部结构要素可以从不同的角度进行划分，其内部子系统是复杂、交叉的。总体上，教育基本结构相对稳

① ［英］米切尔. 新社会学词典［M］. 蔡振扬 等，译. 上海：上海译文出版社，1987：144.

② 廖盖隆，孙连成，陈有进，郭继严，康绍邦. 马克思主义百科要览［M］. 北京：人民日报出版社，1993：220.

③ 冯忠良. 教育的系统论观点及经验传递说［J］. 北京师范大学学报，1989（5）：66−74.

定，但是各结构要素的发展程度不尽相同。从区域视角来看，这些基本的系统结构要素以极其多样的方式进行组合和互动，形成不同区域教育系统的特点，它们在教育系统结构各要素的组合特征上参差不齐，使得教育系统在与社会大系统交互的过程中功能实现结果千差万别。

从系统论的角度来说，子系统在社会环境中与社会进行物质、能量和信息交换时，产生从量变到质变的演化；开放性和动态性是系统演化的基本特征。演化过程和开放性、动态性密切相关。一般而言，开放渠道单一、开放程度低的子系统，其结构要素活力较弱，动态性较差，系统演化过程较为缓慢，系统惰性强；开放渠道多样性强、开放程度高的子系统，其结构要素更为活跃，要素之间、要素与外界碰撞机会较多，动态性强，更能够快速进行内部调整以适应外部大系统的急剧变化。因此，演化慢的子系统其正功能较弱，促进社会发展作用低；而演化快的子系统更能在适应外界的过程中推动社会发展，甚至引领社会发展。

贫困地区的教育系统处于一种开放性差、动态性差、演化较慢的状态，教育系统发育水平整体落后于当前总体水平。从本书调研来看，贫困地区教育系统对贫困人群的能力发展、对贫困地区的经济发展作用比较有限。

首先，贫困地区教育系统的开放性较低，处于比较封闭的状态。这和当地封闭的整体环境有关，一般情况下，贫困地区的社会总体都具有比较强的封闭性。以调查样本中的 N 州为例，该地区位于云南滇西北横断山脉纵谷地带，属于"三江并流"区最西部，境内地势主要由两座高山和两条大江构成，整体地势山脉巍峨高耸，坡度很大，江河深邃湍急。全境除江边谷底有少量冲积区，其余大部分为高山陡坡之地。当地顺口溜"看天一条缝，看地一条沟，出门过溜索，种地像攀岩"便是该州自然环境的真实写照。由于地处偏远，长期以来都只有一条路况时好时坏的公路通往外界，跟外界的交流较少。在此环境中的当地教育系统，开放性也比较差。教师方面，在贫困乡村学校工作，周围环境简单、封闭；外出培训交通不便，乡村教师外出培训的交通成本和时间成本很高。如果到外省参加培训，一个村小教师辗转从村到乡镇、到县城、到省城、再到培训地，单程至少 3 天是很常见的情况。如果参加为期一周的培训，教师总共基本上需要半个月的时间才能完成。而外地人员送教到县、送教到乡，同样面临山高路远的问题。在很多地区，暑假是教师集中培训、外出交流的高峰时段，但是山区因为雨季造成泥石流等面临交通阻断等问题，出入不便，且存在较大安全隐患。很多贫困学生家长，终其一生在乡村务农，很少走出狭小的生活圈，对外界的变化发展了解不多，对子女教育缺乏清晰认识，教育期望低且模糊。由于家庭环境如此，贫困学生跟外界的交流通道也很少。可见，贫困地区环境的封闭，教育系统与外界的人员和信息交流渠道少、频率少，使教育系统也成为相对封闭的系统。

其次，贫困地区教育系统的动态性比较差，仍然保留着一些比较传统的教育要素特征。其中最明显的就是教育观念、教学方式跟不上时代变革。思想观念滞后，对于地区发展，特别是对于发展教育这个需要长远眼光的事业，具有负面影响。教育观念更新缓慢，和时代发展脱节，教师队伍的观念比较落后。一部分教师持老旧教学观念，教学方式比较死板，教学效率不高，不愿意使用新技术，不理解、不学习新的教学理念等。调研中，笔者就一些教学方式对贫困地区教师进行了访谈，发现在城市已经应用普遍、推广已久的"参与式教学"，在贫困地区教师看来，就是"新的教学方法"，并且对这种教学方式在当地的使用，还处于探索、怀疑阶段，未进入本地化吸纳阶段。又比如，农村远程教育推进之后，贫困地区很多学校很多教室都安装了多媒体设备，但是使用情况不佳，日常的表现就是教师们对这些教学中的"新设备"敬而远之，难以调试自己固有的教学习惯去接纳新的要素，更无法利用新的要素去调整教学。一部分教师从原教学点集中到合并之后的乡镇小学教书，对于明确的课程表、清晰的教学质量管理这些一般中小学的基本制度感到难以适应，不能快速从原来教学点中懒散的教学习惯中转换过来。家长教育观念比较保守，遵循当地传统让孩子早早结婚；而支持孩子读书的家长中，受到传统观念影响，让孩子读中专所选择的专业也很有限，对新专业不了解。社会整体就业观念也比较保守，就业的优选顺序是"公务员、事业单位、当兵"，除此之外的职业都不算是"正经"就业，充其量算是"打工"，而"打工"是被轻视的。学生对自己的教育期待也偏向保守。很多同学（而且是成绩较好的同学）的目标仅仅是考上高中。访谈中唯一一名提出要到外地去读高中的贫困学生，却自认为这个想法"有点大"，即已经超出人们的正常期待范围了。不仅在个人方面，在制度方面也存在动态性差的问题。比如，教育主管部门依旧采用二十多年前的制度管理教师编制，但是实际的教学规模已经从分散的小规模教学大幅度向集中寄宿制学校改变，当前学校的管理和工作方式已经与几十年前完全不同，陈旧的编制制度使大部分学校特别是贫困乡村专任教师处于紧张状态。这些都表现了贫困地区教育系统自身的动态性较差，在内部调试适应外界变化的过程中行动缓慢，尤其是思想观念、体制做法这些人为结构要素比较滞后，对教育系统功能发挥影响很大。

上面对贫困地区教育系统开放性、动态性较差的分析，主要立足于思想观念、教学手段、教育传统等这些内在的、人为的结构要素特征进行分析。这是因为，在我国当前强有力的教育扶贫政策下，贫困地区教育系统的某些部分，实际上处于迅速改变中。总结我国近年来教育扶贫政策及其执行情况，可以发现大量物资、经济、人员正在向贫困地区教育系统输入；同时，通过各种培训项目、入学机会倾斜等项目，将贫困地区教育相关人员从当地拉到外界，从而增强教育系统乃至整个贫困地区和外界的交流。我国的教育扶贫措施可以理解为借助外力增加教育系统开放性和动态性。有学者将教育系统的结构分为表层结构和深层结构，表层结构从宏观上、规模上、速度上、比例上表现其形式和量的特性；深层结构则从培养人才的规格上、素质上、教学实施过程、手段、内容以及管理方式上反映其内容和质量特点；而教育变革，即教育系统表层结构与深层结构的协调程度，决定教育功能的力度和维度。①

我国全方位强力执行的教育扶贫政策结果，在教育系统物理环境方面表现为贫困地区学校建设取得突飞猛进的发展，如校舍安全，食堂、宿舍改扩建，运动场地标准化、类型多样化，校园美化和校园文化环境建设等变化最大；贫困地区教育规模方面，通过控辍保学、学前教育不同程度普及、包含中等职业教育的高中阶段教育迅速普及、贫困地区办学规模扩大、纳入教育体系的学生增加；贫困地区教师队伍人数有所增加，平均学历层次逐渐提高；教育系统整体发展迅速。这些成就可认为是教育系统表层结构在外界系统的强力推动下，发生了迅猛且激烈的变化。同时，在教育观念、教学手段和方

---

① 李志厚，张铁明. 教育系统结构的特点与转型［J］. 教育评论，1992（2）：16－20.

法、管理方式等方面改变较为缓慢，教学质量提升尚不明显，贫困地区教育系统在培养人才的水平和层次上还处于较低水平。因此，在强力的教育反贫困大政策环境下，贫困地区教育系统处于表层结构和深层结构之间激烈的不协调中：表层结构正在急剧膨胀，深层结构更新缓慢。

教育系统结构要素发展欠佳，难以达成良好的教育质量，继而影响教育反贫困功能的发挥。教育系统孱弱是一种更深层次的教育不公，表现为较低的教育质量。教育质量体现教育功能性，体现了教育对培养人的服务规定性的量度表达。① 在我国农村九年义务教育基本普及和高中教育获得较大发展之后，提高农村教育质量，实现"有质量的教育公平"已成为主题。② 实证研究也得出了教育系统较弱对改善贫困作用较小的结论。由于基础教育对人的发展作用极其重大，贫困地区基础教育质量对学生成年后的劳动生产影响巨大，对外出打工的劳动力而言，教育质量回报非常显著，农村教育质量越高，劳动力外出打工的回报率越高，并且增幅高于城市增幅。③ 教育教学质量改进可以大大增加社会经济提升的可能性。④ 农村贫困地区教育系统发展滞后，教育体系和培养目标与农村发展实际不符，这使得教育减贫作用无法发挥或者正在减弱。⑤ 在教育系统的内部结构要素中，尤其以人的因素对教育系统发挥影响最大，比起经费投入、固定资产，以专任教师为代表的人力投入对我国教育产出及教育生产率贡献影响最为显著。⑥ 贫困地区教育系统要发挥反贫困功能，要促进贫困地区经济和社会发展，要提升贫困人口人力资源水平，需改变自身结构，从惰性的、影响力弱的教育系统，向活跃的、正向作用强的教育系统转变。表层结构快速变化，反映了社会发展趋势，对深层结构变化提供了条件；而深层结构变化反映了教育系统中教育者和受教育者的身心发展规律，是教育系统功能的决定性因素。因此，尤其要注重表

---

① 王军红，周志刚. 教育质量的内涵及特征 [J]. 河北大学学报（哲学社会科学版），2012（5）：70 – 73.

② 盛连喜. 提高农村教育质量的几点思考 [J]. 教育研究，2008（3）：29 – 31.

③ 詹鹏. 教育质量与农村外出劳动力的教育回报率 [J]. 中国农村经济，2014（10）：21 – 34.

④ Fourie J. The South African poor white problem in the early twentieth century：Lessons for poverty today [J]. Management Decision，2007（8）：1270 – 1296.

⑤ 陈全功，程蹊. 长期贫困为什么难以消除？——来自扶贫重点县教育发展的证据 [J]. 西北人口，2006（3）：39 – 42，46 – 47.

⑥ 孙大文. 我国教育生产率及其增长方式研究 [D]. 长春：吉林大学，2006：233.

层结构到深层结构的转变，这样才能从根本上改变教育系统的内部结构，才能适应外部环境的变化，满足快速发展的社会中贫困人群的教育需求。

二、教育和其他社会子系统间的结构性条件

前文已经阐述，教育反贫困功能基于教育生产和提升人的劳动力的基本作用。人的劳动力形成，既包含身体方面的生理因素，也包含知识、能力、素质等方面的因素。现代社会的绝大多数职业对劳动者身体生理要求并不占主要部分，除了少量职业对个体的容貌、体型等身体因素有较高要求以外，大部分个体无论从事简单劳动或复杂劳动，对体力的消耗并不大；而所有工作都要求技能，大部分工作对劳动力的知识技能要求甚至越来越高，很多工作都具备一定的知识技能门槛，纯粹依靠体能和简单技能进行的劳动越来越少，这样的劳动可持续性也很差。劳动力的技能是由教育、培训、工作实践对劳动者的禀赋发生作用而产生的。

劳动者接受教育后，要通过生产劳动获取报酬，通过复杂的社会交换获取生活资料。因此，教育产生的劳动力要素，要通过劳动力在社会大系统中进行复杂交换，获得收益。教育作为社会大系统的内部结构，要发挥反贫困功能，需要与其他社会结构要素共同作用。当然，教育系统本身并不独立存在，教育系统整体运行无时无刻不与社会其他子系统发生交互作用，同时社会各子系统之间都存在结构性的相互制约和相互作用。本书以教育生产和提升劳动力为前提，主要从劳动力以及劳动产品进入市场进行交换，从而产生收益的角度来阐述教育与其他社会子系统之间存在的结构性关系。也就是说，教育反贫困功能的实现是间接的，教育对贫困者劳动力的生产和增值要在社会流通中实现，教育产出和教育收益要通过市场中的生产部门来实现。

市场对教育产出的实现，并非投入产出的必然直接简单关系。"投入教育—提升技能—获得收益"是一个影响因素很多的过程。教育投入和技能提升之间掺杂着个人禀赋、努力以及教育系统本身的影响，具有技能和获得收益之间也存在诸多变量。理论上，劳动力的定价由其投入和产出共同决定。人力资本理论把教育投资、培训投资、劳动力流动投资、卫生保健投资和

"干中学"投资计算为人力资本的成本，[①] 培训是教育的一种形式，但投入并非只是成本问题。投入和产出的中间变量是劳动力的技能水平。劳动力产出如何影响劳动力定价又有很多变动。在市场竞争条件下，工资不由教育程度决定，而是由供求关系决定；供应约束造成受教育程度较高的工人工资较高，从而产生更大的边际产品，这也只能解释为"受更多教育"是一个紧缺的资源。总体而言，市场需求决定劳动力产品和劳动力商品价格，但是市场的需求有区域、行业等差异，还有很大的时间变化。劳动产品和劳动力的价格在市场中都是波动的，受很多因素影响。人力资本理论的前提假设是更多的教育和培训能够形成较高的劳动力技能；而另一个前提假设是个体在市场中风险中立并且人们一生都在充分工作。这些假设正说明了劳动者在市场中的境遇对劳动力收益、人力资本回报的影响很大。

对劳动力而言，市场环境是复杂的。由于市场需求和社会制度的阶层区隔特征，虽然总体上受教育程度更高的人获得更多收入，但是不同人群在市场中的劳动收入却呈现不同模式：收入随着教育支出的增加而增加；随着年龄增长，收入增长速度递减；收入随着其他劳动力参与而贬值；对于那些预期间歇性劳动力参与的人来说，收入增长较小；男人挣的钱比女人多；已婚妇女的收入相对较单身妇女少；职业分布具有性别差异；年轻人更普遍地在不同地区和不同工作之间流动；在职任期减少了人员流动；对技术人员来说，失业率较低。[②] 这些劳动收益的多样性和差异性，并非简单由技能的高低或复杂程度造成，具有更加复杂的社会分工、市场需求、社会制度和历史文化原因。

劳动技能越是复杂，其提升途径越无法单一描述，单纯通过增加生活消费和教育培训消费，并不能保证复杂技能的提升；与此同时，即使是复杂技能或凝聚了复杂技能的劳动产品，也未必在市场中具有必然的高定价并能成功实现交换。结构功能主义曾解释过比较有代表性的一种技能得不到回报的情况：在工业化迅速发展中，原有经济体系瓦解；一方面，技术更新之后，只有旧技能而缺乏生产部门所需的新技能的人被解雇、淘汰；另一方面，由

---

① 裴劲松. 人力资本投资方式 [J]. 中国人力资源开发，2001（4）：23-25.
② Polachek S W. Earnings over the life cycle: What do human capital models explain? [J]. Scottish Journal of Political Economy, 1995（3）：267-289.

于市场需求变化，或者有同类型升级产品替代，一些生产部门生产的产品被市场淘汰，工人失业，纵然具备一定的技能，也无法获得劳动收益。[1] 就个体而言，手工业时代一个熟练的手工业者所掌握的全过程生产技能比工业时代一个流水线工人所掌握的技能要复杂得多，需要投入的学习时间、精力甚至个人禀赋和努力更多，在进行生产时调用的心智加工模式也更加精细，但是这个技能不是工业化生产部门所需要的，很多复杂工艺已经被机器生产替代，于是即使更精细、更复杂的技能也可能因为不被市场需要而失去价值，为学习这些技能而投入的教育成本便很难获得收益。如果对贫困者进行的培训提升了他们不具有市场价值的劳动技能，那么这些教育和培训的投入属于无效投入，对贫困者获取劳动收益改善生活无益，教育反贫困功能发挥出现障碍。因此技能本身并不能保障获得收益，技能要能够满足市场需求，才能在市场中得到适当定价，实现市场交换才能获得收益。

市场对教育产出的实现，不仅存在复杂的"投入教育—提升技能—在市场中获得收益"关系，教育系统本身也和市场具有互相影响和复杂互动的关系。前面谈到，某种劳动技能在市场上的需求造就劳动技能的价值，但是，劳动技能价值和劳动力定价并不直接挂钩。教育除了提升个体技能以外，还对社会产生外溢作用。教育水平的社会收益对私人收益有正向影响，[2] 即人口的受教育水平对工资产生正的溢出效应。这意味着受过教育的人在受教育程度更高的环境中更有生产力。有研究表明，劳动力市场对工资的预设根据所面对的市场中平均人力资本水平而决定。[3] 这表明，个体受教育的结果应在群体受教育的环境中发挥作用，即贫困者要通过受教育获得更高回报，除了获得市场所需的技能，还要寻找平均受教育水平更高的市场去交换自己的劳动力，才能获得更高收益。换一个角度说就是，要使贫困者通过发挥劳动价值获得更多的教育收益，提升市场中整体的受教育水平是一个可行方法。教育对生产力的推动有行业差异，在教育程度较低的行业，例如农业，教育

---

① 查尔斯·H. 扎斯特罗，卡伦·K 科斯特－阿什曼. 人类行为与社会环境 [M]. 师海玲，孙岳 等，译. 北京：中国人民大学出版社，2006：606.

② Rauch J. Productivity gains from geographic concentration of human-capital-evidence from the cities [J]. Journal of Urban Economics, 1993 (3): 380－400; Psacharopoulos G. Returns to investment in education: A global update [J]. World Development, 1994 (9): 1325－1343.

③ Bassetti T. Education as a social agreement [J]. The Journal of Socio－Economics, 2012 (1): 8－17.

可以对生产力产生积极影响。① 我国农业领域集中着最多的贫困人口，他们通过教育提升的劳动力价值，能够产生较多收益。关于"蚁族"的研究也说明，接受教育获得技能不一定能在市场中获得足够多的收益，贫寒的大学生在大城市可能只是艰难生存，也可能陷入新的贫困。② 如果贫困家庭对子女教育的投资没有在市场上获得适当收益，那么，贫困家庭对教育的追求非但不能打破贫困陷阱，反而在叠加高昂私人教育成本和子女接受高等教育却仅获得低回报之后，加深了家庭贫困程度。③

对我国贫困地区教育反贫困的调查也说明教育产出依赖于市场实现。我国教育扶贫相关政策明确"教育—技能—就业"定位，"就业导向，重在技能"是教育反贫困的原则之一，大力发展职业教育和培训，提升贫困人口的基本文化素质和技术技能水平，全面提升贫困地区人口就业创业、脱贫致富能力。④ 不少贫困地区将国家的脱贫"五位一体"⑤ 拓展为"六位一体"，将就业脱贫一批与发展生产脱贫一批、易地扶贫搬迁脱贫一批、生态补偿脱贫一批、发展教育脱贫一批、社会保障兜底一批并列起来，凸显就业这一劳动力价值实现的关键环节。

下面的调查材料说明，贫困地区的干部群众对就业和市场在脱贫中的作用有或多或少的认识。

（我们做农民工培训的）方针是"培训一人，就业一人，脱贫一家"。培训之后为每一个学员推荐就业（机会）。（职业技能培训教师访谈记录ZHZ011）

结业之后开展招聘会，职教中心引进了比如酒店、保安公司等企业，来进行招聘。摩托车修理、电工之类，本地需求量大，本地人才供不应求，能

---

① Womiak G D. The adoption of interrelated innovations：A human capital approach ［J］. Review of Economics and Statistics，1984（1）：70 – 19.

② 廉思. 蚁族：大学毕业生聚居村实录 ［M］. 桂林：广西师范大学出版社，2009.

③ Zhang H. The poverty trap of education：Education-poverty connections in Western China ［J］. International Journal of Educational Development. 2014（5）：47 – 58.

④ 中华人民共和国教育部，国家发展改革委，民政部，财政部人力资源社会保障部，国务院扶贫办. 教育脱贫攻坚"十三五"规划 ［Z/OL］.（2016 – 12 – 27）［2019 – 02 – 02］. http：//www. moe. gov. cn/srcsite/A03/moe_1892/moe_630/201612/t20161229_293351. html.

⑤ 中共中央国务院. 关于打赢脱贫攻坚战的决定 ［Z/OL］.（2016 – 12 –03）［2018 –09 –20］. http：//www. cpad. gov. cn/art/2016/12/3/art_46_56101. html.

够消化完；但是像保洁这些工种，本地需求量很小，主要是过年节有部分年轻人有需求，大量的需求来自外地的酒店、企业等。（职业技能培训教务主任访谈记录 JWZ752）

我们这里一个初中毕业生能干什么？染个黄头发，骑个摩托车，到处溜达。像你们内地可能就不一样，他初中毕业了，如果因为成绩不好无法继续升学，他就可以在旁边打工务工，还有一技之能学得到。（村干部访谈记录 HPL101）

培训是为了能够将提升的技能带入市场进行交换获得劳动报酬，实现脱贫。贫困地区经济发展欠佳，本地市场发育不全，能够吸纳的劳动力数量和类型都比较有限，不仅对复杂技能的劳动力吸纳不足，对低技能劳动力也吸纳不足。缺乏市场经验的贫困人群进入外地市场，面临着更多不确定性。现在我国大扶贫格局下的常见做法是，对口帮扶方常常被指定接纳一部分贫困地区的劳动力，安排就业并尽量保证就业稳定。为了能保证稳定就业，对口帮扶方的工厂企业还额外配套了相应政策，例如增加奖金、组织贫困地区劳工的员工之家、发放生活用品等，从多方面增加贫困地区劳动力的收益。这说明在贫困人群技能升级之后，必须进入市场，才能将教育培训投入转换成劳动收益，必须有适当的收益，才能实现脱贫，教育的反贫困功能也才能实现。

如果不以劳动技能本身进入市场换取收益，就需要以凝结劳动技能的产品进入市场换取收益。如果贫困者采用新技能生产了新产品，例如种植了新作物收获了不同以往的农产品，但是却没有合适的市场吸纳这些产品，或者产品定价由于市场供求关系出现"增收降价"，那么教育给贫困者带来的劳动技能升级就会产生损失。扶贫中对口帮扶方同时也负责销售一定的扶贫产品，例如购买"定向牛肉""高原土豆""爱心大枣"等，这些产品的售价还可能略高于一般市场价格，就是为了创造适当的市场空间，为贫困人群的生产带来更多收益。如果种植的新品种产出之后销售不出去，会极大地打击贫困户的积极性。

在上面所举例子中，还可以看到教育系统、行政系统、市场系统的互相影响。对贫困人口进行教育和技能培训，行政力量形成了强大支持，不仅是政策和资源支持力度很大，在培训工种选择、保障培训人员到场等方面，都有行政力量深入细致的参与；同时，在贫困劳动力吸纳、扶贫产品销售方面，行政力量也对市场形成了非常有力的干预，通过分配指标、指定对口任务、规定年限等方式，为贫困人口劳动力和劳动产品制造了市场空间和收益空间，使贫困人群的教育投入能够顺利产生回报。这进一步说明教育反贫困功能得以实现，有赖于其他社会子系统的共同作用，教育反贫困功能实现需要具有与其他社会子系统之间的结构性条件。

总之，贫困人群通过接受教育获得新劳动技能，或劳动技能得以升级后，必须通过市场来实现劳动技能的价值，这是教育与其他社会子系统之间存在的结构性关系。教育反贫困功能的实现，要通过教育和社会其他子系统进行物质和信息的复杂交换来实现。我国经济社会发展不均衡，市场需求不断升级与更新，产业转型、劳动力需求转型、就业市场变迁已成常态，不同地区劳动力层次和结构差异巨大，这些都成为贫困者在劳动技能获取、升级并获得劳动收益时必须要面对的结构性风险。

第三节 指向性条件

社会系统功能具有指向性，教育反贫困指向教育缺失的贫困。教育无法解决所有的贫困问题，这是教育反贫困功能实现的指向性条件，是教育系统本身特点所决定的。在系统论中，功能与系统结构相对应，结构是系统的内部规定性，是功能系统和环境交互作用的外在表现，[①] 教育系统作为社会的子系统，具有特定功能，这种功能的独特性具有两方面含义。一方面，该系统的功能不能被其他系统所替代。社会系统中的某些变化只能由这个特定的子系统所造成，例如，培养人、塑造人、传承文化等功能，只能由教育系统实现，其他系统无法替代。另一方面，该系统的功能也不能替代其他的子系统功能，即各长期存在的社会子系统都具有各自的独特功能，不能互相替代；独特性造就了多个社会子系统长期并存的局面。因此，社会子系统的功能是有限度的。子系统各自在自己的领域发挥作用，又在彼此交互中共同维系社

① 廖盖隆，孙连成，陈有进，郭继严，康绍邦. 马克思主义百科要览［M］. 北京：人民日报出版社，1993：220.

会大系统的运转和发展。因此，教育反贫困功能的独特性就体现在：一方面，教育在反贫困中具有不可替代的独特作用；另一方面，教育系统的反贫困功能也是有限度的，它只是教育功能的一部分，同时教育系统也只是具有反贫困功能的社会子系统的其中一种。贫困是长期存在的社会现象，反贫困是一种长期的人类行动。从功能主义的角度来说，要反贫困，有多种社会子系统可以发挥作用。不同的子系统从各自角度出发，都可以在一定范围和一定程度上实现反贫困，例如，经济系统、政治系统等，教育系统是其中之一，但教育并非社会实现反贫困的唯一结构，这是必须明确的。站在反贫困立场，作为一种理论上的探讨，教育系统仅能解决功能范围之内的贫困，即教育缺失的贫困。

一、贫困成因的多样性

贫困成因多种多样，可分为不同维度，常见的有以下几种。

第一，自然原因和人为原因。自然的致贫原因如自然资源贫乏、可供开发的资源资质较差，使人们缺乏充足的生活资料从而导致贫困；地理上的隔绝，使人们无法有效进入市场，无法利用生产优势，造成贫困。人为的致贫原因如社会排斥，由于社会在资源分配和机会分配时具有歧视性和排斥性，被排斥的人群通常容易陷入贫困或者正处于贫困之中。农村人口、妇女、老人、儿童通常是被排斥的人群。家庭破碎也是一个重要的可能致贫原因，这主要是由于破碎家庭中劳动力短缺。同时，教育也是一个可能的人为致贫原因，这主要是教育投资和消费占比过高，超出了家庭的可支配收入水平，为了保障子女受教育而导致家庭陷入贫困。

第二，社会原因和个人原因。不公是一种典型的社会致贫原因。如果社会制度倾向于保护一部分人的利益而持续大幅度剥夺另一部分人的利益，就容易导致被剥夺者陷入贫困，并且这种分配制度造成社会中的弱势区域和弱势群体贫困程度日渐加深。在全球范围内，贫困基本上是第三世界的、发展中国家的和南部的现象，[①] 这是国际框架下的社会制度不公所造成的。个人

169

---

① Bhola H S. Adult and lifelong education for poverty reduction: A critical analysis of contexts and conditions [J]. International Review of Education, 2006 (3–4): 231–246.

原因主要是指个体能力缺乏，以及个体主观意识和品格问题，例如懒惰造成贫困。

第三，历史原因和突发原因。历史原因是指，某些地区由于历史上生产力一直处于较低水平，没有产生或者抓住生产发展、社会发展的关键性机遇，或由于历史上被殖民、掠夺而长期处于生活低水平循环中。技术更新导致社会生产和劳动力市场产生结构性突变可以视为一种不可预料的突发原因，同时，不可抵挡的灾害、疾病致贫也是重要的突发致贫原因。

以上致贫原因的分类并非绝对，有的具体原因可以分别归到不同类别中，具有多重性质。例如，长期处于低水平循环之中，即处于贫困陷阱之中，既有历史上生产水平低、缺乏积累的原因，也可能因为该群体长期处于被排斥的社会制度中。因此，应从多个角度理解致贫原因。所以，反贫困路径可能有很多，但基本上所有的反贫困实践都是多种路径综合的。

二、反贫困路径的多维性

基于对贫困原因的理解不同，采取的主要路径也不同，形成了多样的反贫困理论，比较有代表性的反贫困路径有以下几种。

第一类反贫困路径可称为人口学生物方法，以马尔萨斯为代表，在《人口原理》中，他阐述了贫困的原因及反贫困路径。马尔萨斯认为食物是人类生存所必需并且两性之间的性欲是必然；社会人口按几何数列增加，而生活资料因土地有限只能按算术数列增加，因此食物充足时人口增长速度快于食物供应增长速度，必将最终导致人口过剩从而导致贫困，于是饥饿、疾病产生以协调人口数量。① 马尔萨斯认为这就是支配人类命运的永恒的和自然的人口规律，人口过剩无法避免，因此，若要消除贫困，办法是抑制人口增长。抑制人口增长的方式有"道德抑制"和"积极抑制"。马尔萨斯提倡的道德抑制是用节育、晚婚等方法减少人口增加，但他认为这不会被大多数人接受；积极抑制通过繁重的劳动、战争、饥荒、疾病以及瘟疫等办法消灭多余的人

① ［英］马尔萨斯. 人口原理［M］. 朱泱，胡企林，朱和中，译. 北京：商务印书馆2011：7，9-17.

来减少人口数量，这是有必要的强制性人口控制。[①] 这一方法反对救济穷人，[②]反对平等制度。[③]马尔萨斯的"抑制人口增长"反贫困理论忽略了技术进步和社会生产力发展，存在着很多片面、极端甚至反人类的观点。除对当时的英国政策产生一定影响外，已不被采纳。但是，基于人口理论的经济发展和反贫困理论却有所发展，如"低水平均衡陷阱"理论。纳尔逊（Richard R. Nelson）1957 年提出了一个理论模型，说明欠发达经济的人均收入稳定在一个仅能维持生存的均衡水平上，与人口增长率、可耕地的开发、人均收入的投资倾向和生产方法的效率有关，[④] 因此，要解决贫困问题，要从以上 4 个角度入手，人口数量仍是非常重要的关键因素。

第二类反贫困路径可称为"经济学的反贫困路径"，即资本方法。其主要论点是，贫困由资本不足造成，主张依靠大规模的投资缓解贫困问题。而可供投资的对象有多种类型，自然资源、生产力投资、人力资本都是促进减贫的投资途径。学术界有以下一些典型的经济学反贫困路径成果。

"涓滴理论"是通过投资扩大生产提高社会整体物质水平而减贫的理论。涓滴理论认为，经济增长是减少贫困的强大力量，但社会发展初期必然产生贫困和不平等，这是穷国发展必须付出的代价。因此，不需要给予贫困阶层、弱势群体或贫困地区特别的优待，可由优先发展起来的群体或地区通过消费、就业等手段带动贫困阶层或落后地区的发展，从而达到反贫困目的。[⑤]"大推进理论"与此类似，认为发展中国家摆脱贫困、实现经济发展的途径是对各个工业部门全面地、大规模地投资资本，才能实现工业化，发展经济，从而摆脱贫困。[⑥]"贫困恶性循环理论"也主张大规模的全面投资。讷克斯（Ragnar Nurkse）认为，资本匮乏是阻碍发展中国家发展的关键因素。发展中国家人均收入水平低，投资资金和产品需求都不足，于是限制了资本形成，使发展中国家长期陷于贫困之中。因此实施全面增

---

①②③ ［英］马尔萨斯. 人口原理［M］. 朱泱，胡企林，朱和中，译. 北京：商务印书馆 2011：7，22 – 38；28 – 39；67 – 81.

④ ［美］纳尔逊. 欠发达经济中的低水平均衡陷阱理论［J］. 李德娟，译. 中国劳动经济学，2006（3）：97 – 109. 原文载于《美国经济评论》杂志第 46 卷第 5 号（1957 年 12 月）.

⑤ 李星伯，刘秀柱，李健. 马太效应与涓滴效应：一个收入差距演化的新格局［J］. 当代经济研究，2005（8）：35 – 36.

⑥ Rosenstein – Rodan P N. Problems of industrialization of eastern and south-eastern Europe［J］. Economic Journal, 1943（210 – 11）：202 – 211.

长的投资计划，使许多工业部门之间相互提供投资引诱，形成资本，从而摆脱贫困的恶性循环。①

人力资本理论主张通过投资人力本身来减贫，其重点在于通过投资人口，提高人口素质而达到减贫脱贫目标。"改进穷人的福利之关键因素不是空间、能源和耕地，而是提高人口质量，提高知识水平"。② 人们所能看到的很多贫困程度的降低，主要是因为劳动收入增长的结果，而工人们的收入增加是高技术的需求，也在不断增加，③ 因此，人力资源是一种值得投资的稀缺资源。而"当前仍然存在的贫困，很大程度上是人力投资机会遭到挫折的结果"。④ 胡鞍钢关于知识贫困的观点也可以认为是人力资本理论的延伸和发展。他提出贫困地区最稀缺的知识资源也是发展的最大制约因素，贫困人口最缺乏的是受教育机会，最缺乏的能力是知识能力，对贫困人口最大的剥夺是教育剥夺和知识剥夺；因此，对知识基础设施和对人民的人力资本投资就是对贫困地区和贫困人口最重要、最经济、最有效率的投资，能从根本上提高贫困人口的获取知识、吸收知识和交流知识的能力，从而提高贫困人口的发展能力。⑤

第三类反贫困路径可称为"社会学的反贫困路径"，即权利方法。社会学的反贫困理论主要认为社会不公正造成了贫困，其反贫困的主要路径在于改造社会的分配制度、减少社会排斥、提供公共服务等，减轻社会不平等，从而达到减贫目的。

马克思主义减贫理论可说是典型的社会学反贫困理论。马克思主义减贫理论认为，资本主义生产的本质具有剥削性，剩余价值被资本家无偿占有，形成剥削，这便是社会制度本质上的不公正。"工人阶级处境悲惨的原因不应当到这些小的欺压现象中去寻找，而应当到资本主义制度本身中去寻找。"⑥ 如果这个剥削制度不改变，资本增长越大剥削越严重，贫困始终存

---

① ［美］讷克斯. 不发达国家的资本形成问题［M］. 谨斋，译. 北京：商务印书馆，1966：6－26.

②③④ ［美］西奥多·舒尔茨. 论人力资本投资［M］. 吴珠华 等，译. 北京：北京经济学院出版社，1990：40，65，67.

⑤ 胡鞍钢，李春波. 新世纪的新贫困：知识贫困［J］. 中国社会科学，2001（3）：70－81，206.

⑥ 马克思，恩格斯. 马克思恩格斯选集（第4卷）［M］. 中共中央马克思恩格斯列宁斯大林著作编译局，编译. 北京：人民出版社，1965：274.

在，"一极是财富的积累，同时在对立的一极，即在生产资本本身的阶级方面，是贫穷、劳动折磨、无知、粗野、道德堕落和受奴役的积累"。① 因此反贫困的途径是通过暴力革命推翻资产阶级统治，"用建立新社会制度的办法来彻底铲除这一切贫困"。②

阿马蒂亚·森的反贫困理论是反对社会不公的减贫理论代表。森指出，饥饿源于不能获得足够的食物而不是食物数量不足，饥饿是"食物所有权"③的反映。所有权关系是权利关系之一。④ 当前的市场机制使粮食从饥荒地区流向其他地区，⑤ 因此，饥荒是一种经济灾难而非粮食危机。⑥ 社会政治结构失衡与分配制度的不公是贫困国家出现的主要原因，因此，反贫困的途径是建立和加强民主制度，穷人更应具有政治自由和民主。⑦

博格从历史和国际的视角考察这样的不平等。博格认为许多发达国家的经济优势从历史上说很大程度上建立在殖民时代对被殖民地人民的奴役、剥削之上，造成非洲等欠发达国家地区发展起点远远低于发达国家，对经济、社会和文化发展造成了极大障碍。时至今日，全球化的经济制度和世界秩序通过跨国公司等机构，以金融投资、贸易关税、环境保护、资源使用等面貌出现；欠发达地区继续承担着环境污染、资源耗竭等负担，贫困国家和地区继续在这不公平的话语体系中受到剥削和掠夺。因此博格建议通过建立平等合理的国际秩序等方式来解决世界贫困问题。⑧

除以上三种较为宏观的反贫困理论以外，还有其他一些针对具体问题提出的反贫困理论，如"自然禀赋反贫困理论"。"空间贫困"理论中对自然条件造成贫困有较多论述。这种贫困归因主要认为地理区位不利、自然

---

① 马克思，恩格斯. 马克思恩格斯全集（第23卷）[M]. 中共中央马克思恩格斯列宁斯大林著作编译局，编译. 北京：人民出版社，1972：708.

② 马克思，恩格斯. 马克思恩格斯全集（第4卷）[M]. 中共中央马克思恩格斯列宁斯大林著作编译局，编译. 北京：人民出版社，1965：364.

③④⑤⑥ [印度] 阿马蒂亚·森. 贫困与饥荒 [M]. 王宇，王文玉，译. 北京：商务印书馆，2001：1，197，198.

⑦ [印度] 阿马蒂亚·森. 以自由看待发展 [M]. 任赜，于真，译. 北京：中国人民大学出版社，2013：148－160.

⑧ [美] 博格. 康德、罗尔斯与全球正义 [M]. 刘莘，徐向东 等，译. 上海：上海译文出版社，2010：413－519.

资源匮乏（如耕地少且质量低）、灾害频发是造成贫困的主要原因。① 这类贫困理论主要针对特定地区的自然资质而言，反贫困的路径是实现人与不利自然条件剥离，或通过修路等方法改善或弥补自然条件之不足来达到减贫目的。还有其他一些路径，如针对精神贫困提出的加大精神文明和正向文化建设等。

我国的反贫困实践非常丰富，多年以来取得的成效举世瞩目。我国几代领导人发展了马克思主义减贫理论，② 理论界也对马克思主义减贫理论有很多中国化发展，呈现出一种综合式的理论整合思路。我国诸多学者论述了马克思主义反贫困理论的机理、原理、可行性、路径、哲学意涵等问题，并针对我国的扶贫脱贫实践，进行了很多探讨。③ 有学者梳理了发展的马克思主义贫困理论体系，总结出自然因素、社会文化因素、制度安排因素，因此反贫困的路径为制度变革、发展生产力、构建多元反贫困主体、以共同富裕为目标几个部分。④ 多种反贫困理论倡导的多维扶贫路径体现在我国扶贫攻坚的具体政策布局中。我国扶贫局面从"大扶贫"转换到"精准脱贫"，但"大扶贫"时代的很多特征仍然保留，即全社会多个部门参与，⑤ 多元扶贫手段并存等。国家文件提出的"五个一批"主要途径，充分表现了多元扶贫理论主张，如"发展生产脱贫一批"表现了"加大投资，扩大生产"的反贫困主张；"发展教育脱贫一批"表达了人力资本理论的主张；"易地扶贫搬迁脱贫一批"表达了"自然禀赋论"的脱贫主张。这种综合性可认为是中国反贫

① 喻国华. 广东农村贫困的类型及原因 [J]. 仲恺农业技术学院学报，2003（3）：53 - 58；巩前文，张俊飚. 农业自然灾害与农村贫困之间的关系——基于安徽省面板数据的实证分析 [J]. 中国人口. 资源与环境，2007（4）：92 - 95. 黄国勇，张敏，秦波. 社会发展、地理条件与边疆农村贫困 [J]. 中国人口. 资源与环境，2014（12）：138 - 146.

② 诸多研究梳理了新中国建立后多位领导人对马克思主义减贫理论的继承与发扬，如：华正学. 胡锦涛同志对马克思主义反贫困理论中国化的新贡献 [J]. 毛泽东思想研究，2012（3）：76 - 79；谢撼澜，谢卓芝. 习近平减贫思想研究 [J]. 探索，2016（2）：11 - 16；仇荀. 马克思主义贫困理论及当代中国贫困治理实践研究 [D]. 长春：吉林大学博士学位论文，2016.

③ 张磊. 关于当前我国贫困与反贫困几个基本问题的新认识——马克思主义经济学关于贫困问题的理论及其时代涵义 [J]. 理论前沿，2007（18）：14 - 16；王朝明. 马克思主义贫困理论的创新与发展 [J]. 当代经济研究，2008（2）：1 - 7，73；于开红. 马克思主义视阈下的中国生态贫困问题研究 [D]. 成都：西南财经大学博士学位论文，2016.

④ 仇荀. 马克思主义贫困理论及当代中国贫困治理实践研究 [D]. 长春：吉林大学博士学位论文，2016：45.

⑤ 申秋. 中国农村扶贫政策的历史演变和扶贫实践研究反思 [J]. 江西财经大学学报，2017（1）：91 - 100.

困实践的一大特色。

三、教育反贫困路径指向教育缺失的贫困

教育反贫困指向教育缺失的贫困，这也可以认为是一种能力方法。教育缺失的贫困具有多层含义。有学者认为教育缺失的贫困是"指以教育作为主因导致的贫困现象"，① 并称之为"教育缺失型贫困"。② 但是，如何确定这个致贫原因是"主导"，却存在实际困难。

第一个层面便是教育致贫。"教育致贫"是指家庭生活水平原本不在贫困线以下，却因为子女教育而降至贫困的情形。③ 教育致贫有一个暗含的背景，即家庭本身经济条件并不宽裕，为子女教育进行投资，使家庭经济情况进一步恶化，以致陷入贫困。这种致贫并非由教育内在规律所造成，而是教育作为一种投资性活动，对其经济投入程度不合理，或者由于投入比例在国家、集体及个体家庭之间分配不合理，使家庭承担超出现有经济水平的教育投资而造成的。因此，教育致贫的解决办法并非在教育，而在于经济。就我国当前的现实情况来说，随着农村义务教育经费保障体系、家庭经济困难学生国家资助制度、农村义务教育学生营养改善计划等政策和措施的不断推进，基础教育阶段因教致贫现象已鲜有发生。高中以上阶段教育经济投入远高于基础教育阶段，纵然在国家强大的贫困生资助体系之下，但实际上贫困家庭具有更多经济负担。④ 但总体而言，解决教育致贫的方法不在教育本身，而在于财政和经济。

第二个层面是教育缺失主导的致贫。基于和科学文化素质社会平均水平的比较，并结合贫困村民的"假设排除法"，顾建军提出了四种教育缺失的贫困。⑤ 第一种是贫困人群生产能力低下。贫困人群的生产方式比较落后，

---

① ② 顾建军. 教育与反贫困 [M]. 北京：人民出版社，2000：117.

③ 谷宏伟. "教育致贫"及其后果：转轨时期中国低收入家庭的教育困境 [D]. 长春：东北财经大学博士学位论文，2007：14.

④ 鲁子箫. 农村教育扶贫的"因教致贫"困境及观念转向 [J]. 教育理论与实践，2017（2）：10 – 12.

⑤ 顾建军. 教育与反贫困 [M]. 北京：人民出版社，2000：117 – 163.

缺乏先进的生产工具和生产技术。这在"富饶的贫困"① 中尤其明显。生活在资源富集地区或者资源潜力丰富地区的人们，面对丰富的生物资源、矿产资源、旅游资源，却没有意识和技能进行合理开发，不能将富饶转换为财富，生活于贫困之中。第二种是人的自生产失调。人的自生产指人口生产。人口增长过多过快与物质生产发展速度过缓，精神生产过少，从而形成了物质和精神的双重矛盾和双重贫困。第三种是自然资源的盲目开发。为了提高收入，贫困者以不科学、不可持续的方式开发自然资源，短期内带来了一点点增长，可能是多收获了一点农作物，多放牧了几只牛羊；但在长期甚至只是稍微长一点的时间内，却造成更大的损失和灾难，例如造成土地退化，水土流失，牧场荒漠化等，加重贫困程度。第四种是落后的文化观念。包括保守的生产观念排斥新的劳动形式，不注重生产性积累和扩大再生产，文化排斥、文化浅薄、文化无用等保守的文化意识，抱残守缺的伦理价值观，消极无为的生活态度以及愚昧畸形的消费心理几个方面的表现，主要是一种精神贫困。

就当前的社会发展理念和阶段而言，以上所谈到的教育缺失主导的贫困已经发生了一些变化。首先，贫困人群生产能力低下已经不完全是绝对低下。例如，随着工业产品的生产能力日益上升、价格日益走低，农村地区、贫困地区获得工业产品的渠道日渐多样化，加之国家推行的农业、农村现代化已经产生了一些效果，很多贫困人口要获取升级的、更加先进的生产工具已经方便了很多。在笔者走访的很多深度贫困地区，小型机械化农业生产工具在村子里经常可见。而随着农业机械化的推广，对农民生产技能提出了更高的要求，他们需要掌握农业机械的使用以及简单维护技能。又比如，随着外界信息引入和多维扶贫措施推进，农民种植、养殖的品种和方式都与原来不同，这就要求他们具备更先进、更复杂精细的种植和养殖技能。因此，可以说，生产能力低下，成为一种相对的低下、变化中的低下，是一种淘汰与更新中的技能低下。其次，人口大幅度增加的问题在我国已不再是突出的主要问题。计划生育政策的宣传和执行，我国近20年来大规模的城镇化，大规模的人口流动，这些都使我国贫困地区人口增长不再剧烈，甚至贫困地区人口在减

---

① "富饶的贫困"是指贫困地区资源富饶，但经济贫困的这种巨大矛盾和反差。这个概念提出之后被人不断引用，至今仍生动地解释了我国很多深度贫困地区的脱贫矛盾。参见：王小强，白南风．富饶的贫困——中国落后地区的经济考察［M］．成都：四川人民出版社，1986.

少。我国 2017 年全国人口自然增长率为 5.33‰，乡村人口自然增长率为
-22.23‰，[①] 这表明实际上乡村人口在大幅度减少，因此人口问题不再成为
贫困突出的重要影响因素。同时，我国近年来在脱贫攻坚战略中倡导精准扶
贫，也指出贫困人口在大幅度下降，贫困区域在减少，这也从另一个侧面说
明了人口增长已经不再是我国贫困的表现，便更谈不上是教育缺失的贫困。
再次，自然资源盲目开发的形式已经发生了很大转变。盲目放牧、盲目开荒
的现象已经得到遏制，随着环境保护成为国家治理的重要方面，环保治污、
低碳减排、造林植草、治沙清水、绿化环境、新能源开发等方面已经取得了
很多成绩。党的十九大以来更将环境治理提上了新的高度，提出"绿水青山
就是金山银山"[②] 的发展理念。整体上，对自然资源的盲目开发很大程度上
减少了。最后，落后的文化观念仍然存在，这仍是一些深度贫困地区群众发
展的一个重要障碍。例如一些贫困地区早婚显像仍然存在，成为阻碍个体发
展的一种影响因素。

（我们这里）娃娃结婚的年龄普遍偏低，十四五岁结婚了。（村民访谈记
录 LAL166）

对成绩不好的学生，会引导他们不要在不适合的年纪干不适合的事情，
不要过早的开花，但还是有很多初中毕业了就结婚生子了，我就会说，还是
要等自己成熟了，有经济条件了再考虑这样的事情。（教师访谈记录 LZX015）

贫困地区正在快速发展，其社会迅速向外界打开，人们的观念也在发生
着一些变化，人们看待这些地方性文化的方式也在发生变化。

孩子"只要她有心愿（想上学到什么程度）我就有（会随着她的）心
愿"。以后孩子做什么"那不一定了，希望成绩好一点，工作好一点，去县
城里面发展。"（家长访谈记录 SQS554）

第三个层面的教育缺失的贫困，指的是施予教育能对反贫困产生较大作
用，而因为教育的缺失，反贫困效果受阻。我国扶贫脱贫政策将教育反贫困
的目标凝炼为"扶智"与"扶志"两方面：要"坚持群众主体，激发内生动

---

① 数据来源：国家统计局网站. ［2018 - 12 - 18］http：//data. stats. gov. cn/index. htm.
② 习近平. 决胜全面建成小康社会 夺取新时代中国特色社会主义伟大胜利——在中国共产党第十九
次全国代表大会上的报告 ［Z/OL］. （2017 - 10 - 18） ［2019 - 01 - 25］. http：//cpc. people. com. cn/n1/
2017/1028/c64094 - 29613660. html.

力"，又要"注重扶贫先扶智，增强贫困人口自我发展能力"。① 教育反贫困指导性文件指出，"集聚教育脱贫力量"，应聚焦到"引导贫困群众树立'宁愿苦干、不愿苦熬'的观念，发扬自力更生、艰苦奋斗、勤劳致富精神，传承中华民族重视家庭教育的优秀传统，注重扶贫先扶智，不断增强贫困地区造血功能和贫困群众自我发展能力"。② 这也意味着教育缺失的贫困，乃是缺乏脱贫信念、信心，缺乏脱贫知识水平和劳动技能的贫困。贫困群众在扶贫脱贫过程中不主动、没有动力，表现出"干部干，群众看""等、靠、要、望"等现象，甚至是"不等、不要、不靠"这样更加消极的现象。这在调研中得到验证。

> 国家给他（某些贫困户）送电，他说不要。国家给他挖路，他不要。国家给他拉了水，他说不行，我们自己拉。（干部访谈记录 NLD101）

缺乏反贫困的知识水平和劳动技能，贫困群众对当前社会、经济、文化和技术发展缺乏了解，贫困群众客观上缺乏适应当前社会生产的脱贫能力基础。在贫困地区，很多人也是从这两方面来认识教育缺失的贫困。

> 就农民来看，最重要的是思想教育……他们思想落后也不能怪他们，因为他们没有机会了解政策，没有机会到城里接触（各种新的信息）。也只有农民自身的思想改变，才能实现"自下而上"的需求。改变他们思想的方法主要是：政策宣传、基层动员中传递外界的信息，但最好的办法是让他们到外面的世界多看看。（技术人员访谈记录 NLZ208）

> 老百姓在（过去这）10 年的扶贫过程中变得越来越懒，2005 年还能感受到他们想要发展的动力，现在"等靠望"思想严重，有时候发展产业，国家给土地，由企业雇工种植，老百姓连种都不种了……致富带头人一般是比较有能力有眼界的人，也是受过教育、比较能接受新鲜事物的人。（干部访谈记录 LCF079）

可以看出，一线的反贫困主体认为贫困群众缺乏动力和能力，正是缺乏

---

① 中共中央，国务院．关于打赢脱贫攻坚战的决定［Z/OL］．（2015－11－29）［2019－01－30］. http：//www. xinhuanet. com//politics/2015－12/07/c_1117383987. htm.

② 中华人民共和国教育部，国家发展改革委，民政部，财政部人力资源社会保障部，国务院扶贫办．教育脱贫攻坚"十三五"规划［EB/OL］．（2016－12－27）［2019－01－28］. http：//www. moe. gov. cn/srcsite/A03/moe_1892/moe_630/201612/t20161229_293351. html.

教育所造成的。这里的教育可能是思想教育，也可能是学校教育。

综合以上观点并结合对贫困地区的调查，可以发现，当下教育的缺失，主要表现是社会急速发展中的观念滞后和技能缺乏。其中，观念滞后既包括缺乏发展生产、摆脱贫困的动力，即我国有关文件中常说的"扶贫先扶志"的"志"，还表现为"安于贫困"的生活理念。同时，眼光短浅、缺乏筹划，对当前人类社会总体发展形势缺乏认识，意识不到社会生产方式和市场结构已经更新换代，跟不上整体的发展理念。技能缺乏的根源在于社会整体生产力已经发生了重大提升，农业、畜牧业、种植业这些传统的贫困人口谋生手段都已经发生了很大变化，更加紧密地接入市场、更加深刻地融入技术，贫困人口的技能急需升级、扩充，不仅需要学习新的农牧技术，还需要理解市场变化形势，转变自身观念。这些贫困表现，更多地指向一种主体性原因，指向教育对人的独特性意义。这种内发性的贫困，才是真贫困，才是反贫困、防返贫必须面对的真问题。在我国大扶贫格局下，多种致贫原因都得到改善，如自然条件差、基础设施不足、自然灾害频发、缺乏支柱产业、缺乏医疗保障、无法投资子女教育等多种致贫短板得到弥补，全方位地帮助群众解决贫困问题。这些主要解决了外在问题，可说是外在性脱贫。教育的目的是使贫困群众的知识、情感、态度和技能发生转变，从而提升生计能力、改造生产生活行动，是主体性的内在改变。教育对人的作用是基础性和长期性的，是由内而外的。教育在促进扶贫、防止返贫方面的作用，是根本性、可持续的。基于教育的这种特性，从另一种意义上，也可以将教育缺失所致的贫困描述为接受教育可以对摆脱贫困产生巨大作用的那些贫困类型，是个体主体性受限的那些贫困。这种贫困类型的针对性，既说明了教育的独特作用，也是教育反贫困功能实现的指向性条件。

第七章 教育反贫困功能的
行动路向

　　教育反贫困功能的发挥受多种因素影响，既有社会大系统结构性因素的影响，也有教育系统内部因素的影响。教育系统是人造的社会系统，是人的行动和建构的结果。人是环境和教育的产物，而教育亦是人的产物，不仅教育者本身要受教育，教育系统及其各项因素也是人所创造的。教育系统既有稳定性又有变革性。教育系统持续存续，但是教育系统的具体特征和要素却在发生变化。教育系统要为所有社会成员的发展提供机会，特别是保障贫困人群的受教育和发展机会，这是社会发展阶段所决定的。为更好地发挥教育反贫困功能，应优化和改进教育体系，特别是贫困地区的教育系统，将反贫困明确地作为教育目标之一，有效发挥教育为贫困人群提供发展可能性从而摆脱贫困的功能。教育活动中明确反贫困指向，提出清晰的反对贫困的教育方向和路径，使贫困群体更加迅速、直接地通过受教育摆脱贫困、实现发展。

　　结合教育反贫困功能实现的当下方式和未来方式，针对教育反贫困功能实现中存在的问题，从可持续性政策、发展性观念、激活教育系统要素、改善外部环境四个方面，提出充分发挥教育反贫困功能的行动路向，以推动贫困者的内生、长远和可持续发展。

第一节　建立可持续政策体系，实现共同发展

一、坚守教育公共性保障贫困者受教育权利

　　保障贫困人群的受教育权以教育的公共性为基础。贫困人群缺乏受教育的意识、能力和机会。在经济发展早期阶段，穷人必须把维持生计的消费优

先于子女教育，只有富有的人才能充分教育他们的孩子，此时，教育是一种奢侈品。在这个阶段，贫穷家庭和富裕家庭之间的人力资本差距扩大了。① 贫困人群的受教育问题已不仅是贫困家庭的责任，必须将贫困人群的受教育问题作为一种特殊的公共问题来对待，突出教育的公共性。通过国家力量弥补贫困人口受教育短板，利用政策工具，通过保障贫困人群受教育机会、降低贫困人群受教育门槛、扩大贫困人群受教育渠道等方式来实现教育反贫困。

教育的公共性是现代国家的标志之一。现代国家公共教育制度的表现是以国家为单位建立了相对统一的教育体制和学校系统，国家承担教育经费、颁布教育法令、培训教师、控制课程内容和教育目标。② 在雅诺斯基（Thomas Janoski）的框架下，现代社会结构有联系紧密但运行方式不同的四个领域，即国家领域、公共领域、市场领域和私人领域。③ 教育被归纳为公共领域，特别是具有福利性质的教育机构，在公共生活中起很大作用，属于典型的公共领域。在我国，教育是一种重要的民生，涉及社会和谐发展，立足于总体小康基础之上。④ 中西部和农村教育得到不断加强，和六千多万贫困人口稳定脱贫一起，被列为近年来我国民生发展的重要成就；幼有所育、学有所教是新时代我国社会主义建设"坚持在发展中保障和改善民生"基本方略的重要目标。⑤ 教育是一种重要的社会福利。社会福利起源于对社会弱势群体特别是贫困人群的关注。社会福利是帮助人们满足社会的、经济的、教育的和医疗的最基本需要的国家项目、待遇和服务制度，也是一个社会共同体的集体幸福和正常存在状态。⑥ 在我国当前的福利政策制度下，教育福利是面向全体社会成员的教育制度安排。其中包括为使适龄儿童获得受教育的公

---

① Matsuoa M，Tomodab Y. Human capital Kuznets curve with subsistence consumption level［J］. Economics Letters，2012（3）：392－395.

② ［英］安迪·格林. 教育与国家形成：英、法、美教育体系起源之比较［M］. 王春华，王爱义，刘翠航，译. 北京：教育科学出版社，2004：21－46.

③ ［美］托马斯·雅诺斯基. 公民与文明社会：自由主义政体、传统政体和社会民主政体下的权利与义务框架［M］. 柯雄，译. 沈阳：辽宁教育出版社，2000：21－40.

④ 赵中源，梅园. 回顾与反思：理论界关于民生若干问题的研究［J］. 当代世界与社会主义，2010（4）：101－104.

⑤ 习近平. 决胜全面建成小康社会 夺取新时代中国特色社会主义伟大胜利——在中国共产党第十九次全国代表大会上的报告［Z/OL］.（2017－10－18）［2018－11－25］. http：//cpc. people. com. cn/n1/2017/1028/c64094－29613660. html.

⑥ Barker R L. The social work dictionary 4th Edition［M］. Washington D. C. ：NASW Press. 1999.

平机会，而对贫困地区和贫困家庭子女提供物资援助（这是教育救助的一种类型）；也包括面向全体社会成员的免费或低费用教育福利体系；同时，还包括针对残疾儿童兴办的特殊教育体系。①

反贫困的教育应最大限度体现公共性，这是由贫困者的教育特殊性所决定的。首先，贫困者由于物质、经济、权利、途径及意识的缺乏，难以凭自身力量支付教育支出、获取教育资源，贫困者很难利用私人家庭资源介入教育市场。贫困者教育机会的实现更依赖于国家的支持和供给，要通过国家的教育政策和教育制度来体现。于是，教育的福利性质更加凸显。其次，贫困者的家庭教育存在缺失、薄弱、偏差等问题，可借由公共教育进行补充。父母必须承担子女教育责任，也应当行使对子女的教育权，但是，父母在多大程度上享有对子女的教育权、父母应当如何教育子女，对贫困者及我国社会中的所有家庭而言存在很大争议。一般认为，家庭不仅是儿童获取生活资料的地方，更是获得关爱与精神成长的地方。父母不仅有责任有义务为子女提供适当的生活条件和照料，更肩负管教子女行为、传递价值等重要责任。但是，贫困人群家庭教育的特殊性在于，很多贫困家庭父母缺乏教育子女的条件和能力，例如缺乏养育子女的方法、本身存在不恰当的价值观念等。在价值问题上，严格来说，并不存在"什么知识才有价值"以及"什么样的价值观念才是正确的"唯一答案，但是，从贫困的、极其局限的、短视的、消极的观念影响人的发展、影响社会发展的角度来说，很多贫困家庭特别是深度贫困家庭的观念和文化，并不利于儿童的长远发展。社群主义者甚至认为，儿童不是家庭和父母的私有财产，而是"未来的公民"，贫困家庭的儿童亦是如此，因此贫困家庭父母把他们局限的思想和价值观念强加给孩子反而是非正义的，父母教育权应有所限制。本书调查也显示，贫困家庭父母大都希望子女以后的生活能够更加富裕、能找到好工作、能赚到更多钱、能过得比自己更好，而他们却很难对子女实施帮助子女朝向这个方向发展的教育。因此，公共教育对贫困家庭教育的补充作用应充分体现出来。公共教育可在技能、观念等方面对贫困家庭教育形成有效补充，但不能替代来自家人的关爱、亲情、家庭伦理等，因此公共教育对贫困家庭教育并非完全替代。

---

① 韩克庆. 转型期中国社会福利研究［M］. 北京：中国人民大学出版社，2011：378.

二、建立契合市场经济的教育反贫困公共政策

教育作为公共事务，超越任何特殊的利益集团，是人人参与并共享的公共实践，是每个公民参与其中的共同体的关键性实践。[①] 当前的教育形态多样，教育不仅属于公共领域，在其他领域也有突出体现。例如，军事教育、国防教育、思想政治教育、意识形态教育体现了很强的国家意志，可归类为国家领域的教育；私立学校、贵族学校、艺术类培训、类型丰富的兴趣班等教育机构和形式，其运作方式主要基于市场规律，不属于公共财产，属于市场领域；而家庭教育是以家庭为核心的私人领域活动。[②] 教育在公共领域、国家领域、市场领域和私人领域之间相互影响、互相交织在一起。

在教育反贫困中尤其需要注意平衡市场力量、商业利益和教育公共性之间的关系。我国当前的经济体制是社会主义市场经济体制，是讲求效益、讲求竞争的自由经济，以公有制为主、多种所有制并存，私有制经济占据重要作用，这是我国经济的基本面。教育反贫困虽然具有不同于市场经济逻辑的独特特征，但教育反贫困活动应在一定程度上，以恰当的方式与市场经济合理共存，才能持续性发展。

在改革深入的社会转型期，政府探索购买教育公共服务，私人教育发展壮大，在教育反贫困中也有很多私人力量和市场力量介入。不仅如此，从教育成果实现的角度，贫困者要能够在学校中有效习得工作技能、态度和气质，从而具备进入市场中进行竞争性劳动的能力，并通过生产劳动换取收益，改善生活、摆脱贫困。有学者认为，这种培养学生具备特殊技能以成功投入自由市场的教育，反而更像是私人教育的宗旨和内涵，背离了公共教育的初衷。[③] 因此，必须谨慎处理教育公共性连接个人和社会之间的作用，明确教育公共性和教育经济功能之间的区别和联系。从目标上说，教育公共性要体现国家对全体儿童的保护，培养个体、家庭和社会各方受益的劳动者和公民，

① 金生鈜. 保卫教育的公共性 [J]. 教育研究与实验, 2007 (3): 7–13.
② 樊改霞. 教育公共性——公共教育的现代性转 [M]. 福州: 福建教育出版社, 2012: 95.
③ Giarelli M James. Educating for public life [M]// Kohli W. Critical conversations in philosophy of education. New York: Routledge. 1995.

保障全社会的共同利益、维护现代民族国家的共同价值。①

我国教育扶贫过程中，很多教育帮扶行为并不符合人力资本流动的基本经济规律；劳动力转移培训之后，在国家政策框架下，常常由某些帮扶方企业指定接收培训之后的贫困劳动力，提供岗位和甚至高于市场价格的工资，以实现贫困者的有效就业。这些做法短期内有助于贫困者脱贫，可从长远来看就充满不确定性。脱贫的稳定性不能一直依赖教育政策的福利性实现，必须能够适应市场经济规律、适应在市场经济中其他要素之间的竞争性。反贫困的教育公共政策需寻求一个在经济规律和市场规律中的平衡点，形成可持续发展。

三、建立兼顾多方利益的教育反贫困倾斜政策

教育反贫困的基本价值是追求公平正义和协同发展。这种公平与正义，是所有人的共同正义；协同发展是大家都在原有基础上有所进步和发展，是在有限的空间和资源条件下，利益各方均有的权利和机会争取最大的发展空间。个人与他人、个人与集体的根本利益实现内在统一；整体利益的实现不以束缚和压迫个体为代价，个体利益的合理争取也不与集体的要求冲突和对立。教育反贫困的多方主体包括学生、家长（和其他家庭成员）、教师、社区人员、扶贫工作人员、外界帮扶人员（如支教人员）等。在教育反贫困中，多方主体的个体利益应得到合理兼顾。

一方面，要在教育反贫困中兼顾扶贫主体的利益。为达成教育脱贫、教育防返贫的目标，多方主体在不同的教育反贫困岗位上辛勤工作默默奉献，这是非常伟大的。但不应过分渲染帮扶人员、支教人员、基层教育人员的牺牲。特别是牺牲个人健康和生命的极端案例，并不符合个体利益的合理存续。长期忽视基层教育者的辛劳和苦楚，并以"吃苦"为荣，不利于教育反贫困的可持续发展，与教育反贫困的总体方向即追求更美好的生活相违背。以牺牲教育扶贫主体的利益去追求教育脱贫主体的利益，不符合互惠共赢的价值追求。因此，在教育反贫困的过程中，要充分考虑教师、帮扶人员等扶贫主体的利益，平衡他们在反贫困中的付出和收益，制定多方兼顾的教育脱贫考

---

① 郑新蓉. 教育公共性：基于儿童保护和全面发展［J］. 中国教育学刊，2012（5）：28–30.

核政策和奖惩措施，充分保障他们的生活，帮助其长远发展。

另一方面，要以历史和发展的眼光看待贫困地区的教育发展和贫困人群的教育获得。教育脱贫攻坚集中瞄准最贫困的地区和最贫困的人群，近年来这些地区和人群获得了大量的资金、人员、物资和政策倾斜，贫困地区教育发展很快，贫困人群受益良多。但是，由于历史欠账多，区域发展差异大，即使在密集的、高强度的资金、人员、物资和政策倾斜之后，并不表示他们已经获得充足的资源和机会，贫困地区和贫困人群可享有的教育仍未达到发达地区的一般水平，并且部分地区差距仍旧很大。贫困人群的利益必须持续得到重点倾斜和保障，教育反贫困政策力度和时间应持续，并根据贫困人群的教育状况发展情况进行精准调整，以持续增强贫困人群的教育权利。

兼顾多方利益的教育反贫困政策，不仅要充分考虑到对贫困者的倾斜，还要保护其他反贫困主体的合理利益，充分考虑国家、地区和个体之间利益的互相让渡，在教育反贫困政策中宽严相济，既有原则又充分体现人性化。

第二节　树立发展性教育观念，防范贫困风险

一、平衡反贫困的教育的工具性和价值性

能够反贫困的教育并不一味强调教育作为脱贫手段的工具性。不能局限地将教育定位于满足贫困者当前和短期的脱贫需求，局限于技能层面的提升和利益获取。

对事物工具性和价值性的二元判断，来自韦伯（Max Weber）关于工具理性和价值理性的思想。工具理性是"通过对外界事物的情况和其他人的举止的期待，并利用这种期待作为'条件'或者作为'手段'，以期实现自己合乎理性所争取和考虑的作为成果的目的"。[①] 这符合我们定义的教育反贫困功能的某种含义：教育作为一种手段和途径，可以帮助人们摆脱贫困。为达

---

① ［德］马克斯·韦伯. 经济与社会（上卷）［M］. 林荣远，译. 北京：商务印书馆，1997：56.

到反贫困的目的，在考虑当前可行的各种反贫困手段及其后果之后，例如搬迁扶贫、产业扶贫等，在各种手段的反贫困功能之中，发现了教育对于脱贫主体"人"的特殊价值，因此把教育作为反贫困的一个有效手段加以选择。我们提倡教育对贫困者是一个有效的脱贫手段，并不等同于强调人们在教育反贫困活动中的工具理性。因为工具理性存在这样一个推论，即持工具理性的人，并不看重所选行为本身的价值，看重的是行动是否能达成目的、是否对达成目的有效、是否成本小而收益大。在实现目的的过程中，人和事物作为达成目的的手段加以利用，或者作为阻碍目的达成的障碍存在。但这并非教育反贫困中的全部事实。因为，教育除了作为反贫困的手段以外，它还是反贫困的目的和结果，这在教育反贫困含义中进行过明确阐述。也就是说，教育本身也是反贫困活动追求的目的，这正与价值理性的规定相符合。价值理性是"通过有意识地对一个特定的行为——伦理的、美学的、宗教的或任何其他阐释的——无条件的固有价值的纯粹信仰，不管是否取得成就"。① 价值理性指导下的行动将实现价值意义作为唯一目标，不衡量如何运用手段，也不计较实现价值目标所花费的"成本"。② 韦伯提出工具理性与价值理性，是为了揭示西方现代性中工具理性过分膨胀而价值理性相对暗淡的现状。人类的理性应是工具理性和价值理性的平衡，工具理性在价值理性所倡导的目标和前提下发挥作用，才是健全而积极的。③ 工具理性在现代社会不可避免，但是过分膨胀的工具理性使人对象化、客体化，人不再是主体、不再是目的而窄化为手段。④ 在反贫困实践中，工具理性超越价值理性是多元扶贫主体行动中，精准扶贫基层实践困境的重要原因，⑤ 而价值理性和工具理性的平衡已被纳入贫困治理评价。⑥

① ［德］马克斯·韦伯. 经济与社会（上卷）［M］. 林荣远，译. 北京：商务印书馆，1997：56.

② ［德］马克斯·韦伯. 社会学的基本概念［M］. 顾忠华，译，桂林：广西师范大学出版社，2005：32.

③ 张康之. 公共行政：超越工具理性［J］. 浙江社会科学，2002（4）：3－8.

④ 王锟. 工具理性和价值理性——理解韦伯的社会学思想［J］. 甘肃社会科学，2005（1）：120－122.

⑤ 方菲，张恩健. 工具理性：精准扶贫实践困境的一个伦理学解释——基于我国中部地区 Z 村的调查［J］. 华中农业大学学报（社会科学版），2018（3）：116－122，158－159.

⑥ 刘俊英，时帅. 论贫困治理绩效评价——价值理性与工具理性的双重分析［J］. 长白学刊，2018（4）：121－128.

对教育的价值理性和工具理性相互关系的探讨，一直存在于学界和政策领域。例如，教育的价值理性和工具理性之间的螺旋式发展体现在联合国教科文组织不同阶段的理念中，其成立之初的"基本教育"强调教育价值本身，到20世纪60年代提倡"教育规划"以工具理性为导向，70年代价值理性在终身教育思潮中回升，而90年代以后开始注重价值理性和工具理性在全民教育中的融合。① 过分膨胀的工具理性导致不良后果是现代教育的一个长期问题。在教育反贫困中，学界、法律界虽然已经清晰明确地提出、定义了教育作为一种人的基本权利和基本活动，明确教育作为行动目的的存在，是突出教育行动的价值理性的，但是实践中过分注重教育作为反贫困手段的工具理性偏向依旧比较普遍。过分强调教育的工具理性，是教育在反贫困中不易争取到更多资金、教育扶贫政策执行不力，贫困学生辍学和"新读书无用论"的重要原因。有学者指出农村基础教育"投入不断增大，问题依旧突出"的"怪圈"，认为其根源在于农村基础教育偏重其工具理性，过多强调基础教育的功利性和实用性，而忽视了根本的"人的全面发展"主题，因此不断投入却没有用于解决根本问题，导致问题一直存在。② 而在与教育反贫困关系极其密切的职业教育改革中，也正在探讨职业教育的"全人教育"，在倡导价值理性的"人"与倡导工具理性的"职"两种培养目标之间寻求平衡，倡导技术教育与职业信念教育的结合。③ 总体而言，反贫困的教育追求在人的价值为根本和导向之下实现教育工具性。在社会和经济特征上，贫困者和社会其他人有明显的区别，但是在人的发展的本质和权利上，所有人皆是平等，这是人基本的价值理性根基。同时，反贫困的教育必须回应贫困者摆脱贫困、追求更好生活的需求，必须有力地发挥作为反贫困手段的作用，使贫困者通过教育获得有用的观念和技能。因此提倡反贫困的教育的有效性，正是时代背景下，在具体情形中倡导工具理性和价值理性辩证统一的教育实践。

---

① 滕珺. 价值理性与工具理性的抉择——联合国教科文组织教育政策的话语演变 [J]. 教育研究, 2011 (5)：92-101.

② 贺能坤. 基础教育的工具理性错位与价值理性回归 [J]. 中国教育学刊, 2016 (7)：32-37.

③ 和克纯, 邱开金. 基于工具理性与价值理性的现代职教问题研究 [J]. 职教论坛, 2012 (36)：11-13, 73.

　　将贫困者需求纳入教育目标，立足于贫困者的发展来考察反贫困的教育。高质量的反贫困的教育不是追求贫困地区向发达地区教育看齐，而是以贫困者的发展及其生活改善为价值追求，探索适合贫困地区发展的教育之路。贫困地区的发展自有其地方特点，不一定要复制发达地区的发展道路，而是在完全不同的社会经济大环境下，在不同的发展理念下探索适合贫困地区的发展道路。贫困者的发展也不是简单为了"像别人"那样生活，而是有贫困者自己的需求和追求。要在当今贫困地区和贫困人群所面临的区域环境、区域间环境、国家环境和全球化环境中，去思索反贫困的教育的内涵特质，构建能帮助贫困者在全球化、技术化飞速发展的时代中可持续发展的教育体系。国家在大力促进教育公平的同时，将高质量的教育推向更广层面，《关于深化教育教学改革全面提高义务教育质量的意见》安排部署推动义务教育优化和质量提升，使贫困人群享受更高质量的教育公平、接受高质量的教育，有机会充分发展自身，成长为高素质劳动者；不仅自身学有所用、学以成人，更带动全家，斩断穷根，阻断代际贫困。

二、重申面向生产生活的"实用"教育质量观

　　教育活动能否达成目标、能否实现功能，体现于教育质量中。质量是产品或工作的优劣程度，[①] 是教育系统和外界系统互相作用过程中体现出来的特征。教育质量表示教育作为一种公共产品和一种系统工程的优劣程度，体现了教育系统要素及其关系的运行情况。教育质量是"对教育水平高低和效果优劣的评价""最终体现在培养对象的质量上"。[②] 从目标模式的角度看，教育质量的"衡量标准是教育目的和各级各类学校的培养目标。前者规定受培养者的一般质量要求，亦是教育的根本质量要求，后者规定受培养者的具体质量要求，衡量人才是否合格的质量规格"。[③] 教育目标各不相同，教育质量内涵不一、层次丰富，不能用统一尺度衡量。教育质量具有主体性特征，[④]

---

　　① 中国社会科学院语言研究所词典编辑室. 现代汉语词典［M］. 北京：商务印书馆，2001：1623.

　　②③ 教育大辞典编纂委员会. 教育大辞典（第一卷）［M］. 上海：上海教育出版社，1990：24.

　　④ 王军红，周志刚. 教育质量的内涵及特征［J］. 河北大学学报（哲学社会科学版），2012（5）：70－73.

即对谁而言是高的教育质量。反贫困的教育应对贫困者而言是高质量的，是有助于贫困者摆脱贫困、追求更美好生活的。因此，教育要有效实现反贫困功能，应首先将贫困者的需求纳入教育目标。具有反贫困功能的教育定位于贫困者、贫困地区以及整个社会期望教育作为反贫困的重要和可持续途径中，要切实地发挥作用。

就教育反贫困而言，教育只有助于贫困者的发展，对贫困者摆脱贫困、追求更美好生活有切实的帮助，才是"实用"的；"实用"的教育才是有质量的教育。适当的实用和有用，是教育存在的根本，教育的价值正在于对人们有用。实用是教育对人有用的重要方面。"致用"在我国传统文化中有悠久的历史。儒家文化倡导人格独立、经世致用的精神内核，治学要"学而时习之"，① 要"以实事程实功，以实功程实事"，② 既反对只会吟诗作赋、纸上谈兵的碌碌无为，又反对脱离现实、求名求利的烦琐学风，无论是德育、智育还是体育，都强调紧密贴合社会生产和生活，③④ 这在当今时代极具意义。能够学以致用的学问才是好学问，能够帮助人们学以致用的教育才是实用的教育。

就反贫困而言，实用的教育须指向对贫困的反抗，高质量的教育应对于反贫困而言是切实的、可助益的。这是因为贫困者要摆脱贫困，诉诸教育的首先是要生产劳动能力、提升劳动技能，能生产获得更多收益的劳动能力，能使人的劳动技能适应社会需求，使劳动力和劳动产品在市场上能够进行交换，获得能够提升贫困者生活水平的报酬。前面的章节中已经展现，贫困者对受教育的认识虽然有局限，但是他们的诉求非常清晰，就是要让子女受教育之后找好工作、赚更多的钱、过"比我好的生活"。这是反贫困的教育必须正视的需求，必须将此纳入教育质量标准中。另外，贫困者的需求是不断发展的。例如，民国时期以及新中国早期面对广大民众开展教育，"能上点课，识点字，有点技能就已经很满足了，可是现在老百姓不是这么想的，他

---

① 朱振家. 论语全解 [M]. 上海：上海古籍出版社，2014：1.
② （清）魏源. 海国图志（卷一）[M]. 长沙：岳麓书社，2011：2.
③ 荀丽芳. 德育与经世致用——论王阳明的教育学习理念 [J]. 贵州社会科学，2017 (3)：99 – 103.
④ 王瑜. 颜元实学教育思想的实践探索——以漳南书院为例 [J]. 理论月刊，2006 (6)：58 – 60.

们的平等意识增强了，公民意识增强了——虽然我是草根，但是我也会寻求往上发展的机会"。① 在一定意义上，教育的目的可以分解为不同方面；教育价值的不同层次和不同方面，对不同的人而言是有程度差异和先后顺序的。对贫困个体而言，知识的价值就是要学了就能用，而不是作为一种休闲、娱乐和消遣，此为第一层次；第二层次是为了适应迅速变化的社会，培养观念、学习习惯、技能等。这些都指向实用的教育质量观。

对贫困者而言，实用的高质量教育至少满足以下几个条件。首先，贴近贫困者的生活。"教育从其最广泛的意义上讲，就是社会生活的延续"。② 而社会生活不仅是当下的活动、习俗和体验，也包括希望、信仰和理想。当前学校体系教育存在城市中心化、离农化等问题，和贫困者的当下生活相隔较远，贫困儿童在学校中学习和体验的可能是和家庭生活完全不同的经验；同时，贫困家庭中的教育未必符合贫困者摆脱贫困的希望和目标。生活和教育之间存在割裂，教育实用性无法满足，对贫困者而言就不是高质量的教育。其次，实用的教育对贫困者的职业帮助很大。教育是发现人的天性、帮助人确定工作以在社会中定位的途径；③ 职业是生活的一部分，教育即生活，因此职业本身就是一种教育方式而且还是一种比较有利的教育方式。④ 实用而有效的教育不仅帮助人们发现自己的能力倾向，从而在生活中选择某种职业形成准备和启示；这种对能力的发现和对职业的选择是持续进行而不是一旦确定即终生不变的。当前存在的问题是，贫困者获得的基础教育培养素质不全面、应试导向严重的问题，职业技术教育发掘个体特长、满足社会需求方面仍待提高，这些都是对贫困者而言教育质量有待提高的空间。最后，实用的教育有助于贫困者在社会中增权。教育的任务在于让人"有能力参与共同生活"。⑤人作为群体而生存于自然环境中，人与自然共存，与他人共存，"群居而一"⑥。贫困是不平等的结果，贫困者是权利被剥夺者，是可行能力受限

---

① 劳凯声. 平民教育：从弱者出发的意识与行动 [J]. 中国教师，2007（2）：4–5.

②④⑤ ［美］约翰·杜威. 民主主义与教育 [M]. 陶志琼，译. 北京：中国轻工业出版社，2014：2，7，307.

③ ［古希腊］柏拉图. 理想国 [M]. 王铮，译. 重庆：重庆出版社，2016：150–156.

⑥ （战国）荀况. 荀子 [M]. （唐）杨倞 注，耿芸 标校. 上海：上海古籍出版社，2014：38.

者。① 受教育是具有可行能力的公民的基本特征。高质量的教育能够切实助力贫困者通过受教育而具备可持续发展的可能性。通过重建个人能力来避免和消除贫困，使贫困者具有可行能力，具备在更广阔的社会空间中，参与生产、获取报酬、脱离贫困、改变家庭的生活轨迹，实现选择不同的生活方式的自由。

三、营造终身教育理念氛围

教育对人发挥着短期和长期的影响，促进人的终身发展和全面发展。减贫措施包括紧迫和直接的措施，教育反贫困也包括短期和长期的教育、社会化与不断再社会化的过程。一般情况下，人的一生历程中，童年期和青年期是集中学习时间，但终身学习已深入人心；青年期和成年期是集中的劳动时间。贫困是一种变动的状态。可能由于家庭原因，有的人少年时处于贫困中，但成年之后由于适当的机遇、能力和努力，摆脱了贫困；也可能在成年之后由于社会的急速变迁，技能淘汰、行业变换或者其他不可预期的外部冲击而陷入贫困。因此，树立终身学习观念，营造终身学习氛围，使不同年龄的劳动者以不同的方式学习，从而改变视野、转变观念、提升技能，以减少陷入贫困的风险、增加摆脱贫困的可能性。如果说教育对贫困者意义重大，那绝不是因为教育反贫困功能一蹴而就、一劳永逸。

针对当前贫困地区主要问题，儿童接受义务教育基本被绝大多数贫困群众所认同，终身学习观念的重点在于提升"两头"的学习意愿，即提升更低年龄段和更高年龄段的学习意愿，改变"年纪太小不用学""年纪大了也不学"的陈旧观念。

第一，要普及早教观念，弥补贫困人群的早教缺失。童年早期是儿童智力、语言、认知和学习能力发展的关键期，儿童早期的成长对于人的一生有极其关键的持续作用。一方面，童年早期处于贫困的儿童缺乏营养，影响身体和智力发展，对其一生的长远发展都会产生局限作用；另一方面，是否接受学前教育、接受什么质量的学前教育，不仅影响儿童的行为、情感、态度

---

① ［印度］阿马蒂亚·森. 以自由看待发展［M］. 任赜, 于真, 译. 北京：中国人民大学出版社，2013：85 – 99.

和性格，还影响他们未来的智力发展和人格发展等，也对其未来的生活具有长期的作用。这些已经被营养学、医学、心理学、教育学和脑科学等方面的研究所证明。但是，贫困地区的学前教育还很缺乏。贫困儿童在家庭通常缺少父母合理科学的教养，更很少有机会进入学前教育机构接受专门的学前教育，学前教育方面有较大缺失。结合扶贫宣传，向贫困家长普及早教知识，提升家长让孩子入园接受早教的意愿。充分考虑贫困地区的地理特点和家户分布特点，注重幼儿园的辐射范围和布局，减少贫困幼儿入园难现象。加快实现贫困地区幼儿园免费营养餐供应，将"学生营养改善计划"从义务教育扩展到学前教育阶段，使入园儿童在不增加贫困家庭负担的前提下，保障基本营养，这作为鼓励贫困家庭送子女入园的激励之一，也可进一步帮助扩大贫困幼儿接受学前教育的可能性。

第二，巩固加强义务教育。强调义务教育是适龄儿童和家长的法律义务观念，稳固发展根基。部分贫困地区特别是深度贫困地区仍存在不同程度的失学辍学现象，"如果不加以解决而任其蔓延，不仅会使失学辍学家庭难以摆脱贫困命运，而且会极大影响国家民族的发展未来"。[①] 初中阶段儿童不读书和找工作是双重违法。让子女接受义务教育是家长的法定义务，对没有尽此义务的家长应进行宣传教育督促改正；同时，强调学生接受义务教育是我国适龄儿童的义务，要对儿童的主观学习意愿进行合理引导，劝导家长建立长远眼光。让"子女读书升学不如早务工赚钱"这种做法不仅违法，也不符合子女和家庭的长远利益。

第三，加强职业教育观念，应对生计转换。职业教育在反贫困中的作用极其重要。很多研究把基础教育、职业教育和普通高等教育进行区分。基础教育是普通高等教育和职业教育的前序，普通教育与职业教育一起，是"惟冀普通教育与职业教育同时并进"，方可逐渐"救生计之穷"。[②] 职业教育可促进贫困者直接经济收益有效增加，贫困个体通过职业教育获得各类毕业证书、职业资格证书等，同时带来机会补偿、健康收益、避免犯罪等"摸不到的收益"，各类收益互相关联，最终转化为经济性收益，从而达到改善贫困

---

① 王小涵，李克强：加强控辍保学 让寒门子弟都有机会通过义务教育改变自身命运阻断贫困代际传递 [J]. 中国应急管理，2017（7）：17.

② 黄炎培. 新大陆之教育（上编）[M]. 上海：商务印书馆，1917：141.

者的经济能力与经济条件、摆脱贫困的目的。① 这些观点要广为宣传，使之深入人心。改变不正确的职业教育观念，抛弃"职业教育低人一等""学技术要找师傅而不是进学校""务农不用学技术"等错误观念，改变职业教育作为"不得已的选择"的传统。我国当前的义务教育不包含职业教育，但在很多深度贫困地区已经将中等职业教育逐渐"义务化"。这种探索很有价值，在转变职业教育观念和地位方面具有重要作用。

第四，宣扬成人教育观念，防范返贫风险。学校教育为儿童做好了未来生活的准备，但成人教育可以使贫困成年人做好现在参与生活的准备。家庭贫困是家庭中的成年人贫困导致的。成人教育可以把成年贫困者的基本读写能力和其他生活技能结合起来，使基本读写能力更能发挥其功能。除此以外，成人教育对减贫的贡献还包括农业推广、职业教育、社区发展和积极公民培训等。② 就我国当前贫困人群的成人教育来说，应针对动力不足、机会较少的主要困难，从以下几个方面展开工作。首先是加大宣传、积极投资，形成号召和政策环境，以服务贫困人群为导向，整合各类成人教育资源，理顺制度，推动成人教育在贫困地区快速发展。通过补贴和资助等形式向贫困人群提供各种培训和教育，吸引更多贫困者加入成人教育，使贫困地区成人教育在规模、类别上都有较大发展。其次是针对贫困成年人接受教育的动力不足问题开展宣传和思想教育。很多对学习和发展的观念陈旧，如"年纪大了，不学习了"的落后观念亟待改变。移风易俗和穷人发声同时进行，千方百计调动成年贫困者学习积极性，形成贫困人群主动寻求成人教育的风气。最后是充分调动社会力量开展反贫困的成人教育。充分调动社区和非政府组织的力量，营造浓厚的社区成人学习氛围。社区与贫困者关系接近，更了解贫困者需求，这为成人教育提供了很大便利。贫困地区的社区建设、乡村振兴与教育反贫困同步进行，有望形成教育推动与社区建设的良性互动。

---

① 李鹏，朱成晨，朱德全. 职业教育精准扶贫：作用机理与实践反思 [J]. 教育与经济，2017 (6)：76-82.

② Vander Veen R，Preece J. Poverty reduction and adult education：beyond basic education [J]. International Journal of Lifelong Education，2005 (5)：381-391.

第三节　激活贫困地区教育系统要素，提升质量

前文已经谈到，贫困地区教育质量羸弱、要素乏力是阻碍教育反贫困功能实现的严重问题。教育系统包含诸多要素。在教育反贫困实践中，提升最大、最快和最容易的，是校园建设、物资设备等物化要素，但这些不是最重要的，本书仅就最具突破意义的两种要素提出建议。一是教师，他们是教育系统中最具生产性的要素，是决定教育系统质量的关键点。二是技术，技术是当今社会最活跃的变革要素，在贫困地区教育系统中，其作用和活力还充分开发。这两种要素是提升贫困地区教育质量的有力抓手。

一、激发教师队伍活力

无论什么阶段、什么类型的教育，师资力量都是教育系统中最具有生产性的要素，教师是教育的实施者，是决定教育质量的关键。我国贫困地区教师的业务水平和整体能力与发达地区相比仍有较大差距，与时代发展的要求也有较大差距。贫困地区教师数量不足、教师队伍不稳定、教师生存状态急需改善、教育观念相对落后、知识技能结构比较过时、教育教学能力素养相对较弱、教学方法手段较为陈旧，这些都是当前贫困地区教师队伍质量的突出问题。提升教师队伍质量，不仅是提升贫困地区学校教学质量的核心，还关系贫困地区学校教育功能的辐射作用，是扶弱促强、推进教育公平的核心问题。只有教师能力素质能够实现"关注学生的个体差异，因材施教"，[1] 才能促进学生充分发展，使贫困学生也能享受到质量相对均等的教育，实现教育过程平等；也只有教师能力素质能够"按照确定的教育教学内容和课程设置开展教育教学活动，保证达到国家规定的基本质量要求"，[2] 才能实现贫困学生的教育结果平等。贫困地区高水平师资队伍建设以保证数量供给和提升

---

① 见《中华人民共和国义务教育法》第二十九条。
② 见《中华人民共和国义务教育法》第三十五条。

教学水平为目标，可以从以下几个方面着手。

第一，提升发展保障性。充分考虑到在经济水平、社会物质和文化生活相对缺乏、信息相对封闭的贫困地区办教育的困难，从物质、机会等方面保障教师自身和家庭的发展。生活环境方面，积极改善乡村生活环境，在教师住房、子女就读等方面给予保障；突出舆论导向，营造尊师重教的社会氛围，宣扬教师工作的伟大，肯定教师工作的价值，提升贫困地区教师的精神回报。待遇方面，兼顾教师劳动的公共性质和经济性质，即贫困地区教师的劳动力收益不能完全由市场机制决定，而应通过倾斜性政策进行补充。将工资待遇、职称制度作为提升贫困地区教学岗位吸引力、提升教师职业吸引力的有力手段，才能让优秀教师"愿意去、留得下、稳得住"，在贫困地区扎实工作、安居乐业。当前我国提升边远贫困地区工资水平的政策力度很大，乡村教师生活待遇水平得到有效提高。① 工资待遇向贫困地区倾斜已经效果明显，贫困地区不同行业之间的差距还比较大。例如，本书调查中发现，同样是"三区三州"某深度贫困乡村，普通教师工资比普通公务员工资要少 2000～3000 元，容易形成教师不平衡感。贫困地区教师待遇问题需进一步提高。教师职称制度改革已在逐步推行。当前的主要改革方向是推翻原来的科研导向和城市导向的职称评定标准，向农村地区倾斜，评定权限下沉，使贫困地区获得更多的职称评定自主权，教师的实际教学工作获得更多权重。但是职称改革实施中也存在一些负面效应，例如激励降低、平均主义、论资排辈、精英俘获等情况，使职称改革的积极效果有所降低。职称评审、评奖评比等方面应进一步向贫困地区倾斜，充分鼓励教师的积极性。

第二，增加双向流动性。既要增加贫困地区师资队伍的稳定性，同时还要增加流动性。一方面是"走进去"，即加强优质师资的流入。根据贫困地区学校的发展情况，结合高校毕业生的供求关系和学生求职需要，灵活调整特岗计划政策，岗位设置精准投放在最需要的地区和薄弱学校，提升特岗计划效果。依托全国优秀高等师范院校，探索定向就业式优秀师资培养。对于贫困地区缺口较大的学前教育师资，还可以结合地方需求，跨院校联合培养

---

① 打通新时代教师队伍建设改革"最先一公里"——《中共中央国务院关于全面深化新时代教师队伍建设改革的意见》颁布实施一周年综述 [EB/OL]．（2019－02－18）［2019－02－25］．http：//www.moe.gov.cn/jyb_xwfb/s5147/201902/t20190218_369830.html.

订单式的合格师资，例如除具备合格的学前教育师资素养之外，还培养双语学前师资等，更能适合民族贫困地区儿童需要。进一步鼓励发达地区优秀教师对口帮扶支教，并进一步探索对口帮扶支教的有效工作方式，对对口帮扶中优秀教师、优秀管理者就如何切合贫困地区地方特色发挥带动作用进行重点探索。我国还在探索退休优秀教师向贫困地区流动的方式，鼓励有意愿、有丰富教学经验的优秀教师到贫困地区义务教育学校讲学，发挥优秀退休教师引领示范作用，为农村学校提供智力支持。① 另一方面是"走出来"，即加强贫困地区原有师资交流学习。教育脱贫攻坚开始后，贫困地区教师外出培训的机会大大增加。需进一步改进的主要问题是优化培训方案和培训人员选拔制度，避免培训资源过度向部分教师集中和向部分学科集中的情况，也要避免人员选拔和培训课程不对口的情况。进一步创新培训方式和培训课程设计，避免教师培训中的灌输式学习，避免培训中的单一价值主义，避免一味强调"向发达地区看齐"的教育技能发展观，注重开发贫困地区教师结合当地特色和学生特征开展特色教学的能力，提升师资培训效果。

第三，增加制度均衡性。主要是指改变原有默认"贫困地区可以弱一些"的假设，从师资配备标准制定上逐渐实现城乡统一标准，使贫困地区教师队伍建设在高标准指导下进行。当前的一些教师制度是默认农村地区、贫困地区相对于发达地区标准更低，例如生师比标准就存在较大差异。按照国家现有标准（见表5），农村地区学校编制要求的教师数量远远小于城市地区。而在本书调查中，很多贫困地区义务教育学校校长都反映，教师编制不足是当前学校运行中的大问题。贫困地区学校比城市需要更多的优秀师资，主要原因有三。一是现有教师人数少。贫困地区招聘教师存在吸引力困难，偏远地区没有编制保障的合同制招聘教师对优秀师资缺乏吸引力，低水平代课教师对教学质量提升还有负面作用。二是教师专业结构亟待改善。随着教育脱贫攻坚的快速推进，贫困地区学校的校园活动不断丰富、课程教学专业性也在提升，需要包括音体美心理健康科学教育以及医疗健康等多种专业的优秀师资，但较难满足。三是贫困地区学校工作量巨大。很多贫困地区学校

---

① 中华人民共和国教育部，财政部. 银龄讲学计划实施方案［Z/OL］.（2018 – 07 – 04）［2019 – 02 – 25］. http：//www. moe. gov. cn/srcsite/A10/s7151/201807/t20180719_343448. html.

都是寄宿制学校，提供营养餐，教师每日管理学生经常超过 14 小时，还有大量家访、控辍保学工作。学生家庭在地理分布上比城市要广很多，家访、劝学工作量更大，贫困地区农村学校的日常工作类别和工作量其实比城市地区都更大。以上这些实际需求要求更多更好师资进入贫困地区，但是从制度上就得不到满足，很多学校在派教师参与学习的时候人手紧张，教师进修就面临学生停课危机。这种情况必须改变。应从师资配备的数量、标准和类型上，对贫困地区一视同仁，让贫困地区获得优质师资队伍。

表5　　　　　　　　　　　　　中小学职工编制标准

学校类别		教职工与学生比
高中	城市	1∶12.5
	县镇	1∶13
	农村	1∶13.5
初中	城市	1∶13.5
	县镇	1∶16
	农村	1∶18
小学	城市	1∶19
	县镇	1∶21
	农村	1∶23

　　资料来源：中央编办，教育部，财政部．关于制定中小学教职工编制标准的意见［Z/OL］．（2001－10－11）［2019－02－25］．http：//www. gov. cn/gongbao/content/2001/content_61159. htm.

　　第四，注重多样性。贫困地区优质教师队伍建设，在数量充足基础上，还要优化结构增加多样性，增加教师科目多样性是当前最迫切的目标。本书调查中发现，有的贫困地区初中还存在语文教师兼教体育的情况，有的小学由于缺乏英语教师，只能让新上岗的特岗音乐教师兼职教英语。这些虽然短期内保障了贫困地区学校开课类目的齐全，但并不能很好地保障教学质量。因此，通过引进专业性师资，重点在英语、音乐、体育、美术、科学、技术和心理健康等科目上增强师资，使贫困地区学校能丰富而专业地开展不同科目教学，提升素质教育质量。如暂时不具备引进专门师资条件，短期内也可以考虑选拔部分在岗师资进行紧缺科目的教学培训，通过提升跨学科教学能力来提升教学水平，尽可能保障各学科教学质量达到基本要求。在成人职业培训中，根据培训内容纳入多样角色，能工巧匠、技术员、学校教师、工程师、致富带头人等都是技能培训的合理师资，实行灵活弹性地师资聘用制度，规范多样师资教学的基本标准，保障技术培训的质量。

二、推广新技术教育运用

新技术是推动现代社会发展最有活力的因素，它对教育的影响和推动日渐深远而巨大，是贫困地区教育实现跨越式发展的突破口。目前贫困地区教育信息化在优质教育资源共享、学习信息获取、提升教学效率等方面已经发挥着重要作用。贫困地区教育还将进一步借助技术优势，实现教育教学的转型与变革。在贫困地区落实新技术运用，应完全摒弃新技术运用的"涓滴思维"，即新技术以大城市和发达地区为中心，逐渐缓慢地向边远、贫困地区渗透。而要推动贫困地区新技术的快速全面教育运用，以教育信息化的"发展快"弥补"起点低"的劣势，减少试错，少走弯路，寻找后发优势，以技术优势弥补贫困地区教育系统要素不力短板，以技术激发和带动教育发展。

将当前以大数据技术为基础的"互联网＋"教育新模式倾斜性地应用于贫困地区。大数据深深影响了社会生活，在教育研究领域也已经积累了不少经验。在贫困地区优先落实大数据支持的教育教学，首先要保障校园信息化建设和更新。"校校通工程""薄弱学校改造工程"等实施后，贫困地区校园已联通互联网，基本实现信息化教学设备按学校全覆盖、宽带网络全部覆盖、数字教育资源全覆盖、电子白板按学校全覆盖。但手持式设备、智慧教室、智慧校园建设尚待加强。随着移动技术升级、移动设备价格下调，这些基础信息化设施向贫困地区倾斜指日可待。可尝试在以下几个方面探索大数据新教育在贫困地区的运用。

一是以大数据促进贫困学生个性化高效学习。学生对优质信息化教学资源的利用不能停留在浅显的"听课""看材料"层面。基于大数据的学习分析技术，可通过网络平台对学生学习行为进行追踪和分析，从而得出学生的行为特征，依此提供课程、开发和推送资源、给出学习建议。可尝试在课堂内外使用学习分析技术，以弥补贫困地区学生关注度不够、缺乏学习指导的劣势，并在某些程度上减轻教师工作负担。将学习分析技术应用在课外辅导中，更贴合贫困地区大部分学生住校学习并且在家庭中得不到家长学习辅导的实际情况。现有经验中，大数据运用于学生评估，主要解决了传统评估方式和内容太过单一、片面的问题。传统评估主要由教师根据片段性的学业水平测试结果对学生进行评价，例如通过测验、作业结果来判断等，易导致评价重结果、客观性不够等问题。基于大数据的学生评估，可推动多元化学生评价落实。教育评价改革倡导新的评价方法和理念，如形成性评价、全面评价、发展性评价、档案袋评价等。在大数据支持下，这些评价方法需要搜集和分析的海量数据得以便利完成，有利于纾解贫困地区应试严重但又应试结果不佳的矛盾，多方面发掘贫困学生才能，践行教育评价改革中提倡的"多元化"评价。

二是以大数据促进贫困地区教师成长。培训是提升教师专业技能的重要手段，目前主要的培训方式有贫困地区教师到外地培训和外地人员送教到县乡等形式。贫困地区常常山高路远，培训的时间成本很大。当前开展的一些网络培训，以教师利用业余时间看讲座视频、看优秀课例为主，教师们缺乏监督和参与感，收获不大。基于大数据进行智能化教师培训，可大大改善以上问题。一方面，利用大数据对优秀教师及其教学进行细致的个案研究，抓取和描述他们教学过程、状态数据，在大数据技术支持下进行详细分类和分析，形成易于模仿和推广的优秀案例。另一方面，可抓取新手教师的日常教学行为，不仅与优秀模型比对，也可更好地把握新手教师的问题所在，制定个性化的成长方案。将学习分析技术用于教师培训中，可个性化地抓取到贫困地区教师们关注的问题、掌握主要的教学技能短板、行为习惯、教学风格等，推送个性化的培训资源，制定个性化的培训方案。通过大数据分析每个新教师的行为特征，还可更好地刻画其风格特征，使新教师成长为个人风格鲜明的优秀教师。利用新技术，拓宽教师培训渠道、增加培训机会、丰富培训形式、提升培训效率。

三是利用大数据进行智能化校园管理。把校园建设成为富媒体、富网络的学习环境，网络无缝互通、海量数据支撑、学习环境开放，并对师生提供个性化服务。① 智慧校园收集学生和教职工信息、资产占有情况、教学和科研等各种数据，为学校管理决策形成有力支撑。如根据贫困学生校园一卡通在校消费产生的账目清单，分析学生的支出情况，进而对偏离平均值较大的学生食堂消费流水予以分析，提供家庭经济困难学生的预警。还可以探索基于大数据的教师考核，提升学校管理工作效率。

四是基于大数据展开贫困地区成人教育。信息化学习资源已经构成成人学习、泛在学习和终身学习的重要网络。基于大数据的大规模在线开放课程（massive open online courses，MOOCs），对学习者的行为特征和需求比较了解，能够为学者提供受欢迎的课程，近年来产生了爆发式增长。互联网相关的新技术新方法，期待可以突破长久以来向边远地区贫困者提供教育的障碍。我国近几年在贫困地区的互联网建设持续加强，已经初步建立起深度贫困地区和外界连通无障碍的信息通道。借助"互联网＋教育"的优质教学资源优势，有机会搭建更加个性化的高质量成人学习网络。

在贫困地区推广使用新技术教育运用，既要基于互联网优质教学资源，借助发达地区优势智力资源破解贫困地区师资队伍短板难题，又要避免完全照搬发达地区经验。要结合贫困地区本地实情和特色，探索新技术教育运用的对症模式。借助"互联网＋教育"的优势，为贫困地区提供多种渠道追寻优质教育，实现新时代个性化的、灵活的高质量教育品质。

第四节 改善贫困地区整体环境，形成良性互动

一、提升基础设施质量增加上学吸引力

基础设施建设是发展的基本保障。继续大力加强基础设施建设，铺设畅通的物、人、信息交流通道。

---

① 黄荣怀，张进宝，胡永斌，杨俊锋. 智慧校园：数字校园发展的必然趋势 [J]. 开放教育研究，2012（4）：12－17.

首先，加速建设交通网络，提升贫困地区整体便利性和流通性。加强高速公路、高等级公路以及桥梁建设，加强与外地、全国以及国外的互联互通主干道，大力实施乡村道路硬化、安全工程，进一步加快航空、水运、铁路建设，搭建高效畅通的综合交通运输网络，使贫困地区与外界形成高效安全的物资人员流通，加快贫困地区纳入全国、全球的市场体系。在当前我国基础教育学校布局基本稳定的前提下，尤其要加大乡村道路建设，减少学生上学困难，减少安全隐患，降低学生和家长的时间成本。

其次，加强互联网建设，实现有线网、无线网高速连接，建设贫困地区和外界连通无障碍的信息通道，使贫困地区的物、人、信息具备与外界通畅、高速流通的基本条件，增强贫困地区和外界的联系、融合，使贫困地区逐渐成为一个与外界频繁交换物质流和信息流的活跃系统，为实现利益互通、观念和文化的互相理解并达成共识提供基础保障，促进贫困群众转变发展观念，开阔眼界，吸收现代文明，转变教育理念，为贫困地区教育发展提供基本保障。提升校园网和其他信息化教学设备的易用性和可获得性，建设信息资源充裕的校园。

再次，优化高等教育布局结构，增加高等教育在贫困地区的分布。改变当前地区间高等教育资源配置差异过大的局面，尤其要填补某些深度贫困地区完全没有高等教育机构的空白。可采取现有高校在贫困地区因地制宜办分校、办特色专业的方式，增加贫困地区高等教育机构力量。对贫困地区原有的教学力量，以整合、升级等方式提升办学层次，也是可行方式。改革贫困地区原有高等教育，提升办学水平突出办学特色也是重要方向。

最后，改善学校教育环境，为课程和教学提供设备和环境保障。继续改善贫困地区学校环境，在校舍硬件已经具备的基础上，将校园基础设施建设的重点逐渐转移到校园环境质量升级促进校园环境内涵式发展上来。不仅要让贫困地区的学校有教室、有操场，还要让教室宽敞明亮，环境舒适；操场规范安全，运动设施齐备，适用于不同年龄段的学生锻炼身体、发展爱好；宿舍食堂卫生、舒适、安全，进一步改善寄宿生沐浴清洁环境。逐步完善校园功能，建设完备的图书室、实验室、计算机室、艺术教学室、医务室、心理咨询室；拓展学生兴趣活动空间和少年儿童组织活动空间。建设集体活动和科技活动开展条件，并且要与全国整体发展趋势同步，特别要迅速发展机器人、人工智能、STEAM 活动等新科技设备，使贫困学生可获得与社会发展接轨的设备条件。建设有文化、有特色的学校和社区环境，充分发挥环境育人作用。幼儿园环境建设注重补齐当前贫困地区幼儿园爆发性增长的短板，不仅盖起校园、装饰校园，而且要注重根据学前教育的特点增加功能区域和玩具、教具。增强校园环境的互动性，增加学生在校园建设、维护和管理中的参与性，充分发挥校园环境隐性课程的育人功能。

二、改善经济环境增加生计多样性

增加贫困者生计多样性，拓宽生计途径，提升生计质量，使贫困者学有所需、学有所用、学有所成。拓宽就业口径，丰富就业渠道，增加就业选择，提升学习成果向生产成果转换效果，是教育反贫困功能实现的关键环节。

一方面，大力发展贫困地区产业，促进贫困人口本地就业，促进劳动力投入生产。这符合当前很多贫困地区的现实状况。很多贫困者由于家庭和传统文化的原因，不愿意外出就业，宁愿留守家乡维持较低生活收入。贫困地区产业发展，不仅能为本地劳动力提供丰富的就业机会，也能留住更多人力资源，实现人力资源和地区发展的良性循环。发展贫困地区产业，可从升级传统农业入手。以提高农业经济效益、提升农民生产收益为中心，因地制宜探索农业生产供应、加工、销售一体化、现代化，实现农业产业化；打造生态农业、休闲农业、"互联网＋农业"等多样性农业样态，转变农民收入增长方式。在国家整体产业结构调整、经济改革深入、发展理念转变的大环境下，开发贫困地区优势资源，形成特色产业发展。

另一方面，扩大贫困地区产品消费，促进劳动产品流通，实现劳动产品转换增加收益。"社会各界通过消费来自贫困地区和贫困人口的产品与服务，帮助贫困人口增收脱贫"。① 将贫困地区的劳动产品推向全国和全球市场，吸引全国和全球的消费者到贫困地区消费文化资源和旅游资源、休闲娱乐等服务，鼓励贫困群众逐渐实现消费升级，扩大贫困群众自身内需，充分发挥"互联网＋"销售平台作用，助力贫困地区产品销售。

---

① 中华人民共和国国务院. 国务院办公厅关于深入开展消费扶贫助力打赢脱贫攻坚战的指导意见 [EB/OL]. （2019－01－14）［2019－03－20］. http：//www. gov. cn/zhengce/content/2019－01/14/content_5357723. htm.

三、形成宽松社会氛围包容教育多元发展

首先积极引导促进形成多元化的社会环境。人的发展不仅是教育的结果，更不仅是学校教育的结果，人的发展受遗传、环境、教育、自身主观努力等多方面因素影响，教育系统也受社会多方面因素的推动和制约。因此，评判人的发展不能仅从教育内部来进行，教育质量也不能仅从受教育者的结果状态来评判。无论是评价学生发展还是评价教育质量，都应将眼光从教育内部转向教育外部，转向教育在社会大环境中运行的全局视野。社会舆论环境影响着人们对教育的看法，也影响着人们对教育的评价。既要全覆盖、高强度地营造教育氛围，配合强力的就学措施，也要引导贫困社区对学校多些包容和理解。杜绝对学校、家长和学生评价结果的歪曲理解和标签化。认为上职高的学生都是"废柴"，学生成绩差的"还不如不读"，成绩好的孩子读出来就要"拿国家的饭碗"当公务员或去事业单位，除此之外都是"打工"，而"打工是很不好的"等偏颇观念，都不利于贫困地区教育的多元化发展。这些片面观念短视而局限，不利于教育成果的实现，与现代社会的经济和生产形式背道而驰，对贫困者而言无异于压缩了教育成果转化为生产力的空间，限制了教育反贫困功能的发挥。因此，要通过多种渠道引导多元的、发展性的就业观。

其次是探索和落实教育反贫困行政行为柔性管理和评价机制。调和刚性的行政行为和柔性的教育行为之间的矛盾，避免教育反贫困变成急功近利的短期行为。在数字管理框架下，为教育反贫困的特殊性寻求发展空间，避免"填表式扶贫""指标式脱贫"弊端。要使多方行动主体在参与教育反贫困实践时，既符合多方角色的行动逻辑，也充分体现教育规律，发挥教育反贫困功能。在教育反贫困行政柔性管理和评价中，不仅仅以资助人数、校舍面积、资金投入、入学人数、数量指标作为工作和评价的依据，还要充分利用教育评价的相关研究成果，注重教育活动中贫困者的体验和发展性，实现多样教育反贫困成果的显性化。在行政行为较短的时间周期和评价周期上，充分考虑行政行为和教育行为的不同规律，合理设置短期行为目标，并有机结合长期目标作为教育反贫困行政行为的导向。用刚性的管理和评价形成约束，用柔性的管理和评价促进发展。

最后是创造贫困地区学校多元化发展环境。考试强校、高分大校不是贫困地区学校发展的唯一方向，甚至不是一个正确方向。精英化的办学目标、选拔性过强的教育评价体系容易使贫困地区师生产生教学和学习失败感，是当前贫困农村地区学校教育"离农化"的重要原因。学生易形成对教育的狭隘观念，对终身学习和发展不利。贫困地区后发优势难以在单一的应试竞争中实现，也不符合教育改革的大方向。国外一些贫困地区的探索表明，薄弱学校在技术、语言、运动、艺术等多方面寻求发展突破，反而容易产生特色，能够提升学校的办学实力和社会吸引力。^① 这就要求必须突破传统单一的应试目标导向，走向多元发展的教育改革之路。贫困地区办学方向是在一定基准之上的多元化：一方面强调国家统一办学基本标准，确保每所贫困地区的学校都达到国家统一要求；另一方面因地制宜探索差别化弹性空间，给学校特色化发展留有余地。学生多元化发展也要建立在学生达到国家要求的基本学业能力水平基础之上，充分重视学习过程和学习体验，重视学生智能发掘，多角度鼓励学生进步，兼顾共性与个性发展。改变教育主体单一观念，学校管理者要发掘学校的办学特色，教师要发挥教学特色，学生要发展自己的特长。

---

① 李均，郭凌. 发达国家改造薄弱学校的主要经验 ［J］. 外国中小学教育，2006（11）：8 - 11，29.

结　　语

　　教育反贫困功能生发于教育的基本功能，是教育基本功能在贫困问题解决中的体现。它是教育系统与社会经济系统互动过程中表现出来的属性，也体现了教育作为一种活动满足反贫困需求的价值。反贫困作为教育的一个目标，源自教育对人生存发展的必要性；教育作为反贫困的途径也源自教育促进人的发展、促进社会经济发展的基本功能。在现代社会，教育反贫困功能以教育的公共性体现着现代福利社会追求全民幸福的时代特征。由于人的一生中教育、劳动和贫困具有时间波动性，教育能够在当下和未来实现反贫困功能。贫困人群因参与特定的教育活动，即可脱离当下贫困；通过教育结果在未来劳动生产中进入市场进行转化，可在未来摆脱贫困。教育反贫困功能实现中出现政策依赖性强、观念错位、要素乏力、逻辑冲突等问题，并非偶然，而与教育内在规律、与教育－社会互动关系密切相关。这种内在的规律和关联，构成了教育反贫困功能实现的条件。主体性条件体现了教育和劳动生产规律中的主体能动性，结构性条件体现了教育系统自身结构、要素水平及其与社会其他系统互动的影响，指向性条件说明教育反贫困功能与教育的价值和目的明确关联，教育反贫困功能指向教育缺失的贫困。本书结合教育反贫困功能实现的当下方式和未来方式，针对教育反贫困功能实现中存在的问题，建立持续性政策，树立发展性教育反贫困观念，抓住教师和新技术两个要素激活贫困地区教育系统，并改善贫困地区整体经济和文化环境，形成教育系统与社会系统的良性互动，可期更好地发挥教育反贫困功能，推动贫困者内生、长远和可持续发展。

　　本书基于我国教育扶贫脱贫大背景下集中连片贫困地区的实地考察，探讨了教育反贫困功能的内涵、依据、实现方式、条件、存在问题和行动路向。教育反贫困功能是重要和独特的，它可以有条件地实现，也可以通过可行路径进行优化，以使教育反贫困功能最大化。以上结果一定程度上拓展了教育功能理论框架、丰富了反贫困理论体系，并为教育反贫困实践提供参考。

　　本书虽然有所发现，但仍有一些相关问题尚待解决，值得继续探索。首先是教育有效激发脱贫内生动力的机制和实现方法值得进一步探明。一般认为，教育能够激发人的内生动力，促使人有提高生产能力、摆脱贫困的主观意愿。但在实践中，缺乏脱贫意愿的主体通常也缺乏学习意愿，为他们提供受教育机会常常收效甚微，不仅技能提升效果不佳，对主观脱贫意愿的改变也很小，常常造成教育机会和教育资源的浪费。基层扶贫工作人员认为贫困人员外出打工而造成生活环境及同伴观念的改变对其脱贫意愿的改变反而效果更好。那么人改善生活的主观愿望如何产生，教育和环境如何在其中发挥作用，教育、环境改变、脱贫愿望之间是否存在某种互为因果的关系？这些问题亟待探索。其次是本书揭示的教育反贫困功能在不同人群中的解释力有待进一步确认。本书考察深度贫困地区教育反贫困的焦点是原本处于深度代际贫困的人群如何通过教育摆脱贫困。虽然对现代性的贫困风险和返贫脆弱性也进行了一定讨论，但由于人群特征存在差异，对城市贫困、流动人群贫困、老年贫困等其他人群的解释力尚待确定，这些问题不仅涉及教育的公共性问题，更与教育的现代化和终身性有关，可在后续研究中进一步推进。

附　　录

一、扶贫干部访谈提纲

1. 记录基本信息：年龄，性别，职务。

2. 当前本地（本校）教育扶贫方面有什么主要做法？请介绍一下具体实施情况。你认为教育扶贫方面主要取得了哪些成绩？这些成绩主要是怎么产生的？为什么？

3. 你认为教育是否可以成为主要的扶贫手段，为什么？

4. 当前本地（本校）教育扶贫方面的主要困难是什么？为什么会产生这些困难？你认为应该如何解决这些困难？

5. 和其他扶贫方法相比，你认为教育的作用如何？在整体扶贫中，教育的地位如何？除教育以外，你认为最有效的方式是什么？（最适合本地的情况）

6. 本地（本校）在教育扶贫方面的特色是什么？有没有特色的措施？

7. 你认为教育对本地（对贫困人群/对贫困学生）而言有什么意义，有什么作用？

8. 你认为2020年之后，本地（本校）教育扶贫应该怎么办？本地（本校）教育应该怎么发展？

二、教师访谈提纲

1. 记录基本信息：年龄，性别。

2. 你现在主要负责哪些教学和管理工作？工作量和工作负担如何？工资和晋升机会如何？你的经济状况是否得到改善？

3. 你是否参加过教师培训？什么时间，什么方式，什么内容，您觉得效果如何，有什么问题？你希望参加什么样的培训？

4. 你觉得教育扶贫都做了哪些？教育扶贫政策有效果吗？你认为近几年

学校/你的教学/学生的学习有变化吗？发生在哪些方面？还有哪些方面欠缺？你认为目前最迫切需要教育扶贫政策解决哪些问题？

5. 你认为现在工作中的主要问题是什么？这些问题是怎么产生的？你如何看待你的工作？

6. 你如何看待教育对贫困学生的意义？你如何教育贫困学生？

7. 你对学生的未来/自己的未来/本地的未来发展如何看待？

三、家长访谈提纲

1. 记录基本信息：年龄，性别，文化水平。

2. 你家是否是贫困户？贫困的原因是什么？家里的主要收入来源是什么？主要支出项目是什么？提高家庭收入的主要困难是什么？你觉得你家要脱贫的话，要怎么做？

3. 你是否能够识字/写字/算账？你是否受过技能培训？你有学习一门技术/手艺打算吗？为什么？

4. 你的孩子上什么学校？几年级？怎么去上学（交通）？你觉得孩子上学的主要障碍是什么？你希望孩子达到什么文化程度？你是否支持他上学？打算如何支持他未来的学习计划？

5. 你平时如何教育您的孩子？你是否知道他在学校学些什么？你觉得孩子在学校里生活、学习是否放心？觉得教育能为你的孩子带来什么好处？

6. 你是否了解孩子受到的教育扶贫资助？有哪些？这些是否确实帮助到您？

7. 你对孩子的未来有什么设想？有什么期待？希望他做什么工作？希望他成为什么样的人？

四、学生访谈提纲

1. 记录基本信息：年龄，性别。

2. 你现在上几年级？学习成绩如何？毕业之后的计划是什么？你觉得这个计划能实现吗？有什么障碍吗？为了实现这个计划你觉得需要怎么做？需要什么帮助？

3. 你觉得自己上学给家里造成负担了吗？你获得了哪些减/免/奖/助/贷/补？获得这些对你有帮助吗？这些钱都怎么花？

4. 你觉得学校环境怎么样？近些年有变化吗？你喜欢在学校住宿/吃饭吗？你觉得学校（包括学校的活动）有什么不足之处？要如何改进？

5. 你喜不喜欢学习？喜欢学校的什么课程/活动？你通过一些什么方法/行为来学习？在家里父母怎么管你的学习？

6. 学习让你有什么收获？你觉得学习对你有什么用？对你的未来有什么好处？你对未来有什么规划？你的梦想是什么？希望自己以后做什么？为什么会有这样的想法？

五、劳动力培训学员访谈提纲

1. 记录基本信息：年龄，性别，文化水平。

2. 当前的主要生计是什么？家庭主要负担是什么（致贫原因）？脱贫的主要困难是什么？

3. 你都参加过什么样的技能培训？什么时间？什么内容？什么方式？效果怎样？你在培训中学到了什么？这个培训是否是你想要的？培训之后是否顺利就业？从事什么行业？从事这个行业你是否满意？

4. 你愿意参加这个培训吗？你喜欢这些培训吗？你是如何来参加这个培训的（选拔方式，获得信息的途径等）？

5. 培训是否增加你的负担（经济、时间等）？你还愿意参加其他培训吗？希望学习什么？

6. 你觉得你家庭要有更好的生活，应该怎么做？你对未来的规划是什么？

7. 你对孩子未来的生活有什么设想？